Internet für Architekten

Herausgegeben von
Christian v. Ditfurth

Wilfried H. Busch ist Studienrat, hat aber den Lehrerjob wegen seiner EDV-Begeisterung vor sechs Jahren aufgegeben. Seitdem arbeitet er als selbständiger Entwickler von Datenbank- und Internet-/Intranet-Anwendungen. Außerdem ist er als Journalist tätig und publiziert regelmäßig in Architekturfachzeitschriften. Wilfried H. Busch ist ein EDV-Profi, der die Entwicklung des Internet von Beginn an aktiv mitgemacht hat.

Wilfried H. Busch

Internet

für Architekten

Campus Verlag
Frankfurt/New York

Autor der Kapitel 1 bis 8
Christian v. Ditfurth

Die Deutsche Bibliothek – CIP-Einheitsaufnahme

Internet für Architekten / Wilfried H. Busch. [Hrsg. von Christian v. Ditfurth]. – Frankfurt/Main; New York: Campus Verlag, 1997
ISBN 3-593-35817-4

Umschlaggestaltung: Guido Klütsch, Köln
Umschlagmotiv: © Tony Stone und The Image Bank
Satz: Fotosatz L. Huhn, Maintal-Bischofsheim
Druck und Bindung: Druckhaus Beltz, Hemsbach
Gedruckt auf säurefreiem und chlorfrei gebleichtem Papier.
Printed in Germany

Inhalt

Eine Leseempfehlung

Sie haben keinen Computer, kein Modem und keine Ahnung vom Internet?
Dann könnten Sie Ihre Lektüre mit Kapitel 1 beginnen.

Sie haben einen Computer, ein Modem, aber keine Ahnung vom Internet?
Dann könnten Sie Ihre Lektüre mit Kapitel 2 beginnen.

Sie haben einen Computer, ein Modem und Ahnung vom Internet?
Dann könnten Sie Ihre Lektüre mit Kapitel 9 beginnen.

Sie könnten das Buch natürlich auch von Anfang bis Ende lesen. Es sei denn, Sie wissen schon alles über Computer und das Internet.

Das können Autor und Herausgeber von sich leider nicht behaupten. Deshalb sind Sie herzlich eingeladen, Kritik und sonstige Hinweise zu diesem Buch per E-Mail kundzutun an *cditfurth@t-online.de* (Wie E-Mails geschrieben und versendet werden, erfahren Sie in Kapitel 6.)

Konventionen

Wir haben es uns und Ihnen einfach gemacht:

- Alle Tastatureingaben sind kursiv gesetzt, desgleichen alle Bildschirmeintragungen.
- MS-DOS-Dateinamen sind in Großbuchstaben gesetzt, wobei es für Sie egal ist, ob Sie die Dateinamen groß oder klein schreiben. Das gleiche gilt für MS-DOS- oder Windows-Verzeichnisnamen.
- Verzeichnisnamen im Internet folgen hinsichtlich der Groß- und Kleinschreibung der Vorgabe und sind kursiv gesetzt.
- Internet-Adressen sind ebenfalls kursiv gesetzt. Beachten Sie bei Internet-Adressen aber bitte, daß in vielen Fällen zwischen Groß- und Kleinschreibung unterschieden werden muß.
- Ein Pfeil (⇒) verweist auf einen (kursiv gesetzten) Begriff, der im Glossar erläutert wird.
- Befehlsfolgen (z. B.: erst *Datei*, dann *Speichern*) schreiben wir so: *Datei > Speichern*.

Zur Einstimmung

Sie haben vom Internet gehört, jenem globalen Verbund von Millionen von Computern? Bestimmt – sonst hätten Sie dieses Buch nicht in der Hand. Vielleicht haben Sie auch schon die bunten Bilder gesehen, »Homepages« genannt, die Journalistenlegionen in Verzückung versetzen. Bewegte Bilder, Texte und Ton – »Multimedia« – im Netz der Netze verändern die Welt.

Klar, es ist toll, am Bildschirm kontinenteübergreifend durch die »Cyberwelt« zu »surfen«, sich mit der Maus von Homepage zu Homepage zu klicken und natürlich auch in die daran anschließenden Seiten. Da gibt es eine Menge zu entdecken. Hierbei zeigt sich nicht nur die große Phantasie kreativer Zeitgenossen, sondern natürlich auch viel Grafikmüll und Sprachschrott.

In den Massenmedien dreht sich viel um die neue farbige Kunstwelt, die nie zum Stillstand kommt, weil minütlich neue Teilnehmer ins Netz strömen. Das Gesamtwerk kennt keinen Urheber, es entspringt einer spontanen Massenbewegung.

Bilder beeindrucken mehr als Texte; daher rührt der Erfolg der Illustrierten und vor allem des Fernsehens – und besonders auch der Erfolg des Internet. Doch für Studenten, Wissenschaftler, Redakteure, Journalisten, wissenschaftlich oder politisch interessierte Menschen eröffnet das Internet Möglichkeiten, die viel wichtiger sind als die globale Daueranimation. Das Internet bietet nämlich eine unüberschaubare Menge an Informationen von oft erstklassiger Qualität, und dies fast für jeden, egal, welche Ausbildung er macht, welchem Beruf er nachgeht oder welchem Hobby er frönt. Diese Informationen zu finden ist zunächst zwar ein bißchen schwieriger, als sich von Seite zu Seite zu klicken, auf Dauer jedoch viel befriedigender.

Wissenschaftliche Untersuchungen zeigen, daß fünfzig Prozent jener, die ins Internet einsteigen, bald wieder aussteigen. Viele von ihnen sind gewiß nicht übers Surfen hinausgekommen, und irgendwann sind alle Bilder ziemlich gleich.

Wenn Sie den Ratschlägen dieses Buches folgen, werden Sie nicht aussteigen, sondern statt dessen das Internet als ein Mittel begreifen, mit dessen Hilfe Sie besser arbeiten werden – und das mit Spaß. Nie zuvor haben Sie aktuellere Literaturlisten erstellen können, nie zuvor konnten Sie vom Schreibtisch aus (oder wo immer Ihr Computer steht) schneller und umfassender recherchieren. Nie zuvor haben Sie sich besser mit entfernt lebenden Kommilitonen und Kollegen austauschen können. Und schon bald werden einige Leser ihre Beiträge im Internet publizieren, statt Monate darauf warten zu müssen, bis die entsprechende Fachzeitschrift endlich erscheint.

Aber auch jenseits von Studium und Beruf kann man das Internet benutzen, um sich auf allen erdenklichen Gebieten Informationen zu beschaffen. Sie interessieren sich für Unterwasserexpeditionen, Satellitenbilder aus dem All, die CIA, Sportereignisse, die Haltung von Parteien zu aktuellen Themen, Bundestagsprotokolle, für Rosen, Computerspiele, Fernsehen, Zeitungen, Wein oder Ferrari? Über dies und unendlich vieles mehr erfahren Sie im Internet fast alles.

Was den Einstieg und technische Fragen angeht, erfahren Sie in diesem Buch weniger als in vielen anderen Büchern über das Internet. Hier geht es nur darum, was Sie wissen *müssen*, um mit dem Internet klarzukommen. Wenn Sie mehr wissen wollen, dann helfen Ihnen die Buchempfehlungen im Anhang.

Sie werden in diesem Buch nicht mit High-Tech-Jargon traktiert. Wo Spezialbegriffe unumgänglich sind, werden sie so erklärt, daß der Laie begreift, was gemeint ist. Außerdem werden wichtige Begriffe im Glossar im Anhang des Buches erläutert, auch wenn wir uns bemüht haben, sie bereits im Textzusammenhang zu erklären.

Um ins Internet zu kommen, brauchen Sie Programme. Diese erhalten Sie auf den unzähligen CD-ROMs, die Computerzeitschriften oder -büchern beiliegen. In allen Kaufhäusern und Computerläden sowie in vielen Buchhandlungen gibt es für ein paar Mark CD-ROMs mit allen wichtigen Internet-Programmen. Vielleicht haben Sie auch einen Freund oder eine Freundin, der oder die solche Programme besitzt. Dann können Sie sich diese Programme kopieren oder kopieren lassen – das ist nicht verboten, sondern von den Programmautoren sogar erwünscht.

Wenn Sie einen Freund mit Internet-Zugang haben, dann könnten Sie ihn bitten, die gewünschten Internet-Programme aus dem Netz zu holen, etwa von dem FTP-Server *ftp.uni-stuttgart.de* im Verzeichnis */pub/systems/pc/win3/internet* (was FTP heißt und wie Sie es nutzen können, erfahren Sie in Kapitel 7). Den Netscape-Navigator für Windows 3.1 gibt es im Verzeichnis */pub/systems/pc/win3/internet/WWW-Browser* oder */pub/systems/pc/win3-cica/winsock*. Internet-Software für Windows 95 können Sie sich im Verzeichnis */pub/systems/win95/internet* besorgen.

Einige dieser Programme dürfen Sie eine Zeitlang, meistens dreißig Tage, kostenlos nutzen, erst dann wird eine Registrierungsgebühr fällig (⇒ *Shareware*). Manche Programme sind auch gänzlich kostenfrei (⇒ *Freeware*).

Sie benötigen folgende Programme, um mit diesem Buch sinnvoll zu arbeiten:

- Trumpet Winsock, Version 2.0 (es sei denn, Sie arbeiten unter Windows 95 und wollen per DFÜ-Netzwerk die Verbindung zum Provider herstellen)
- Netscape-Navigator, Version 3.0 (oder 2.0)
- WS-FTP 2.0
- EWAN Telnet 1.0
- PC Eudora 3.0

(oder höhere Versionsnummern). Lassen Sie sich von den Ziffern nicht beeindrucken: Softwarehersteller bringen immer wieder verbesserte Programmversionen auf den Markt, die zu Zwecken der Übersichtlichkeit numeriert werden. Je höher die Versionsnummer, um so neuer das Programm.

Wenn Sie unter Windows 3.1 (oder 3.11) arbeiten, benötigen Sie 16-Bit-Versionen (Bit und Byte finden Sie auf S. 20 erklärt) dieser Programme; benutzen Sie Windows 95, können Sie 16-Bit- und (besser) 32-Bit-Programme verwenden. Programme, die eigens für Windows 95 geschrieben worden sind, gibt es in aller Regel im 32-Bit-Format, Programme für Windows 3.1 nur im 16-Bit-Format. 32-Bit-Programme tragen im Programmnamen oft die Zahl 32, so hieß etwa eine 32-Bit-Vorabversion des Netscape-Navigators 3.0 *N3230B5S.EXE*.

Um die genannten Programme benutzen zu können, brauchen Sie einen Personalcomputer und ein Modem – die sogenannte Hardware, die in Kapitel 1 erläutert wird. Danach erfahren Sie, wie Sie an Ihren Internet-Anschluß kommen. Die oben bereits aufgezählte Software (die »weiche Ware«, die Sie zwar nicht anfassen können, mit der Sie aber immer arbeiten werden) wird in den nachfolgenden Kapiteln beschrieben, wobei der Umgang mit den Internet-Diensten jeweils anhand von Beispielen geübt wird. Am besten ist es, Sie probieren diese am Computer gleich aus.

Ungefähr in der Mitte des Buches haben Sie das Internet dann so gut kennengelernt, daß Sie sich mit dem fachspezifischen Teil vertraut machen können. Sie erfahren eine Menge über Informationsressourcen, die das Internet Architekten bietet. Die unüberschaubare Zahl von Informationen von oft erstklassiger Qualität kann hier zwar nicht einmal ansatzweise ergründet werden; doch lernen Sie hier immer wieder Verfahren kennen, wie Sie an die Informationen zu bestimmten Themen herankommen können – von der Suchmaschine bis zum Verzeichnis, von der Bibliothek bis zur Diskussionsgruppe. Manche Internet-Adresse ist möglicherweise überholt, wenn das Buch erscheint. Aber Sie werden nach dessen Lektüre wissen, wie man neue Ressourcen findet. Das ist fast die Hauptsache.

1// Floppys und Modulatoren

Hardware fürs Internet

Sie brauchen einen Personalcomputer (PC) und ein Modem. Der PC kann vieles. Er rechnet unglaublich schnell – schneller als die Säle ausfüllenden »Rechenmonster« vor nicht allzu langer Zeit. Alle paar Monate kommen nicht nur leistungsfähigere PCs auf den Markt, sondern fallen auch die Preise für Computer sowie für Bildschirme, Drucker, Modems und anderes PC-Zubehör.

Der Prozessor

Ein PC besteht aus verschiedenen Komponenten. Sein Herz ist der Prozessor, ein Chip, der rechnen kann. Die Leistungsfähigkeit des Chips ergibt sich vor allem daraus, wie viele Rechenoperationen er in einer bestimmten Zeit durchführt. Als Zeitmaßstab dient eine Sekunde. Die Zahl der Rechenoperationen pro Sekunde bestimmt die Taktzahl (im Fachjargon: die Taktfrequenz). Die Taktfrequenz bei Computern wird in Megahertz (MHz) angegeben. Ein Hertz ist eine Operation pro Sekunde, ein Kilohertz sind tausend Operationen pro Sekunde und ein Megahertz eine Million Rechenoperationen pro Sekunde (Experten sprechen von Schwingungen).

Die PC-Fachleute und der Handel unterscheiden Computer vor allem danach, mit welcher Taktfrequenz der Prozessor arbeitet: Ein 100-MHz-PC ist um einiges schneller als ein 60-MHz-PC. Wenn Sie also in der Werbung oder auf Preislisten von Soundsoviel-MHz-PCs lesen, dann wissen Sie, daß ein PC um so schneller ist, je flotter sein Herz, der Prozessor, schlägt. Allerdings ist ein 133-MHz-PC keineswegs doppelt so schnell wie ein 66-MHz-PC, denn ein PC besteht nicht nur aus dem Prozessor, sondern auch aus anderen wichtigen Teilen, die seine Leistung beeinflussen.

Es gibt zwar einige Hersteller von Mikroprozessoren, doch geht es in diesem Buch ausschließlich um PCs mit Mikroprozessoren des US-amerikanischen Marktführers Intel. PCs, in denen Intel-Prozessoren stecken, nennt man auch IBM-kompatible Computer (allerdings erheben mittlerweile auch andere Prozessorhersteller zu Recht den Anspruch, IBM-kompatible Chips zu bauen). Im ersten IBM-PC sowie in allen Nachbauten (Klones) steckte ein Intel-Prozessor, doch verkaufen die Nachbauer viel mehr Computer als IBM selbst. Es gibt Intel-Prozessoren verschiedener Leistungsklassen, genauer: Generationen. Jede neue Generation ist leistungsfähiger als ihre Vorgängerin. PCs sind unter anderem mit 8088er, 286er, 386er, 486er und Pentium-Prozessoren ausgestattet. Pentium-Prozessoren werden nur deshalb nicht als »586er« bezeichnet, weil sich Intel von der Konkurrenz verfolgt sieht und sich Ziffernfolgen wettbewerbsrechtlich nicht schützen lassen.

Heute werden praktisch nur noch PCs mit Pentium-Prozessoren angeboten. Die leistungsschwächsten sind mit 75 MHz getaktet, die schnellsten erreichen 200 MHz und nach Drucklegung dieses Buches sicherlich noch mehr. Kaufen Sie auf keinen Fall einen PC mit einem 486er Prozessor oder mit den ersten Pentium-Prozessoren, die mit 60 oder 66 MHz getaktet sind, denn diese Rechner lassen sich schlecht aufrüsten. Aufrüsten heißt, daß man Computer nicht neu kauft, sondern leistungsfähiger macht, indem man bestimmte ältere Einzelteile gegen modernere austauscht, also zum Beispiel einen 75-MHz-Pentium-Prozessor gegen einen Prozessor mit 166 MHz. Diese Prozessoraufrüstmöglichkeit sollten Sie sich beim Kauf eines PCs vom Händler bestätigen lassen. Verlangen Sie, daß Sie in Ihren PC Prozessoren bis zu einer Taktfrequenz von 200 MHz einsetzen können. Ob das geht, hängt von der Hauptplatine ab, die auch Motherboard genannt wird.

Bei der Hauptplatine handelt es sich um eine Platte mit Chips, Leitungen und Schaltern, auf der der Mikroprozessor steckt und die diesen mit den anderen Komponenten eines PCs verbindet. Angaben zur Prozessoraufrüstmöglichkeit finden Sie auch im Handbuch zu Ihrem Computer oder zur Hauptplatine Ihres PCs.

Die Laufwerke

An der Hauptplatine werden unter anderem die Disketten- und Festplattenlaufwerke angeschlossen. Bei den Disketten handelt es sich um kleine Scheiben, auf denen Sie Daten speichern können. Heute sind Disketten mit einem Format von 3,5 Zoll (der PC stammt aus Amerika!) üblich, von denen es zwei Sorten gibt: mit einer Kapazität von 720 Kilobyte oder einer Kapazität von 1,44 Megabyte. Kaufen Sie am besten immer 1,44-MB-Disketten, dann haben Sie haben das beste Preis-/Leistungs-Verhältnis. Allerdings werden Sie sich wundern, wie schnell auch die Disketten mit der größeren Kapazität voll sind. Um mit den Disketten arbeiten zu können, müssen Sie diese formatieren, damit das Betriebssystem Daten auf sie schreiben oder von ihnen lesen kann. Beim Formatieren werden eine Art Inhaltsverzeichnis sowie die Bereiche angelegt, in denen Dateien gespeichert werden (siehe auch ⇒ *FAT*). Sie können auch Disketten kaufen, die schon formatiert sind. Alle Windows-Versionen, aber auch OS/2, benötigen Disketten im MS-DOS-Format.

Das Festplattenlaufwerk besteht meist aus mehreren magnetisch beschichteten Scheiben, auf deren Ober- und Unterseiten Schreib- und Leseköpfe Daten schreiben oder lesen. Stellen Sie sich ein Festplattenlaufwerk wie einen Superplattenspieler vor, der mehrere Platten gleichzeitig abspielen kann. Festplatten, im Fachjargon »Harddisks« oder »Hard Disk Drives« (HDD) genannt, können viel mehr Daten speichern als Disketten, und dies auch viel schneller, nicht zuletzt, weil sie sich erheblich schneller drehen: Sie erreichen einige tausend Umdrehungen pro Minute (weshalb sich manche mit einem nervigen Pfeifton bemerkbar machen). Heute sind Platten mit einer Kapazität von einem Gigabyte oder mehr Standard. Ein Gigabyte sind rund tausend Megabyte oder eine Milliarde Bytes, also eine Milliarde Zeichen, was in etwa 550 000 Buchseiten entspricht. Nicht schlecht, oder?

Heutzutage gibt es nur noch zwei Typen von Festplatten: Bei IDE- (oder AT-Bus-)Platten ist die Steuerungselektronik integriert (IDE heißt folgerichtig »Integrated Device Electronics«). Sie werden (seltener) mit einer simplen Anschlußkarte auf der Hauptplatine oder direkt (bei allen moderen PCs) mit dem Motherboard per Kabel verbunden.

Mittlerweile werden auch Enhanced IDE(E-IDE)-Platten hergestellt, wobei ein wesentlicher Vorteil gegenüber der Vorläufertechnik darin besteht, daß statt zwei bis zu vier Festplatten (oder drei Festplatten und ein IDE-CD-ROM-Laufwerk) in den PC eingebaut werden können.

Technisch aufwendiger und seltener vertreten ist das Small Computer System Interface (SCSI, sprich: »Skasi«), das den Anschluß von sieben und mehr verschiedenen Geräten wie Festplatten, CD-ROM-Laufwerken, Scannern u. a. erlaubt. Die Vielseitigkeit hat aber ihren Preis, SCSI-Platten sind durchweg teurer als gleichwertige IDE-Hard Disk Drives. Um SCSI-Geräte zu betreiben, benötigen Sie fast immer eine spezielle und nach wie vor teure Steuerungskarte, wohingegen praktische alle modernen Hauptplatinen zwei Anschlußstellen für je zwei IDE-Platten oder CD-ROM-Laufwerke besitzen. Wenn Sie also nicht gerade ein Grafikstudio oder ein gigantisches Netzwerk aufbauen wollen, dann reicht Ihnen E-IDE auf alle Fälle, zumal sich AT-Bus- und SCSI-Platten hinsichtlich Kapazität und Geschwindigkeit nichts mehr nehmen.

Auch CD-ROMs (Compact Disc Read-Only Memory) können viele Daten aufnehmen, und zwar bis zu 650 MB. CD-ROMs sind im Prinzip nichts anderes als die üblichen Musik-CDs, nur enthalten sie andere, nämlich für Computer verwertbare Daten. Sie unterscheiden sich von Disketten und Festplatten vor allem dadurch, daß der PC-Benutzer auf ihnen keine Daten speichern kann (read-only). Viele Programme werden auf CD-ROMs verkauft, so daß ein CD-ROM-Laufwerk mittlerweile zur Standardausrüstung eines PCs gehört. Wenn Sie einen Walkman-Kopfhörer haben, können Sie auf diesen Laufwerken auch Ihre Musik-CDs ablaufen lassen. Die Geschwindigkeit von CD-ROM-Laufwerken wird in bezug auf die Geschwindigkeit von CD-Playern angegeben (»Single speed«: einfache Geschwindigkeit), wobei es alle paar Wochen schnellere Laufwerke, solche mit sechsfacher, achtfacher oder gar zwölffacher Geschwindigkeit, zu immer günstigeren Preisen gibt. Für die meisten Verwendungszwecke reicht aber ein Vierfachlaufwerk aus. Um Programme zu installieren, ohnehin.

Um Laufwerke unterscheiden zu können, haben sie Namen, die dem Alphabet entnommen worden sind. Früher beschäftigte sich nur ein sehr kleiner Kreis erlesener Technofreaks mit der Computerei, und das spürt man in manchen Fällen heute noch, so etwa bei der kryptischen Benennung von PC-Laufwerken. Für Diskettenlaufwerke sind die Buchstaben A und B reserviert. Man schreibt sie allerdings mit Doppelpunkt, um dem PC zu sagen, daß es sich nicht um den ordinären Buchstaben A oder B handelt, sondern um ein Computerlaufwerk, also *A:* und *B:*. Während die PCs heute nur ein Diskettenlaufwerk, das Laufwerk *A:*, aufweisen, waren es früher oft zwei: zum einen, weil es PCs ohne Festplatten, aber mit zwei Diskettenlaufwerken gab, zum anderen, weil zwei verschiedene Diskettengrößen verwendet wurden. Die ersten Disketten hatten ein Maß von 5 ¼ Zoll und ließen sich ziemlich leicht verbiegen, weshalb sie auch »Floppy disks« (engl. »to flop«: flattern) genannt werden. Noch heute heißen Diskettenlaufwerke oft Floppy Disk Drives (FDD) im Gegensatz zu Hard Disk Drives (HDD), den Festplatten.

Ungerechterweise wurde für Disketten der folgenden, heutigen Generation kein neuer Name ersonnen. Sie sind zwar kleiner, 3,5 Zoll, können jedoch mehr speichern, 1,44 MB statt 1,2 MB, und stecken vor allem in einer stabilen Plastikverpackung, so daß sie sich nicht mehr wie ihre Vorgänger verbiegen lassen. Das Laufwerk *A:* ist in allen modernen PCs ein 3,5-Zoll-Diskettenlaufwerk. Das Laufwerk *B:* gibt es praktisch nicht mehr.

Weil die ersten beiden Buchstaben im Alphabet für Diskettenlaufwerke reserviert sind, beginnt die Numerierung von Festplatten und CD-ROM-Laufwerken bei C. Die Festplatte, von der der PC das Betriebssystem startet, heißt *C:*. Meistens ist eine Festplatte vollkommen ausreichend. Wenn Sie weitere einbauen (lassen) wollen, dann werden diese als *D:*, *E:* usw. bezeichnet. Das letzte Laufwerk ist immer das CD-ROM-Laufwerk und trägt die Bezeichnung *D:*, wenn in Ihrem PC eine Festplatte – *C:* – sitzt, und die Bezeichnung *E:*, wenn es zwei Festplatten – *C:* und *D:* – gibt. Groß- und Kleinschreibung ist hier übrigens egal, das Diskettenlaufwerk kann also auch *a:* heißen.

Manchmal trägt ein Laufwerk noch einen zusätzlichen Namen, der eigentlich ohne Bedeutung ist, aber der Orientierung dienen kann. Oft ist einfach die Herstellerbezeichnung eingetragen: *c:scirocco* heißt zum Beispiel, daß das Festplattenlaufwerk *C:* von der Firma Quantum stammt, die wie andere Festplattenfabrikanten dem Trend folgt, Festplatten mehr oder weniger hübsche Namen zu geben. So soll »Fireball« anscheinend für Rasanz stehen, und »Caviar« dürfte anzeigen, in welche Kategorie die US-Firma Western Digital ihre Festplatten einordnet. Für Sie mag es möglicherweise einfacher sein, zwischen Feuerball und Kaviar zu wählen, statt sich durch technische Daten wie Kapazität, mittlere Zugriffszeit oder Datentransferrate quälen zu müssen.

Wenn Sie unter dem Betriebssystem (siehe unten) MS-DOS vom Festplattenlaufwerk *C:* zum Diskettenlaufwerk *A:* wechseln wollen – etwa um zu überprüfen, welche Dateien auf der Diskette sind –, dann müssen Sie ein *a:* oder *A:* eintippen und dies mit der EINGABE-Taste bestätigen. Das Diskettenlaufwerk fängt dann an zu dröhnen oder zu klappern.

CD-ROMs, Disketten und Festplatten nennt man auch Massenspeicher, weil sie viele Daten aufnehmen können. Eine andere Form des Speichers ist der Arbeitsspeicher.

Der Arbeitsspeicher

In den Haupt- oder Arbeitsspeicher lädt der Prozessor die Programme, mit denen er arbeitet. Wenn das Programm zuviel Platz im Arbeitsspeicher beansprucht, wird es zum Teil auf die Festplatte ausgelagert.

Da früher die Programme kleiner waren als heute, genügten viele Jahre 640 Kilobyte (KB). »Byte« bedeutet »Binary term«, und es besteht aus acht »Bits«, ausgeschrieben »Binary Digits«. Ein Bit ist entweder eine 0 oder eine 1, etwas anderes als diese beiden Ziffern kennt der Computer nicht. Aus den beiden Möglichkeiten werden aber eine ganze Menge, wenn man mehrere Bits aneinanderfügt. 2 Bits verkörpern 4 Werte, 8 Bits 256 Werte usw. Bits werden meist zu größeren ⇒ *digitalen* Einheiten zusammengefaßt, den bereits erwähnten Bytes. Ein Byte kann so aussehen: 00110100. Auch die Buchstaben oder Ziffern einer Textverarbeitung bestehen aus jeweils einem Byte (das die Textverarbeitung erst in Buchstaben und Ziffern übersetzen muß – insofern besteht auch dieses Buch eigentlich nur aus Nullen und Einsen). Ein Kilobyte sind rund tausend Bytes (genau 1024), also tausend Zeichen. 640 Kilobytes umfassen demnach 640 000 Zeichen, was einem Buch entspricht, das erheblich dicker ist als dieses.

Der Arbeitsspeicher besteht aus Chips, die auf die Hauptplatine in sogenannte Speicherbänke gesteckt werden, von denen gibt es in der Regel zwei (mit jeweils zwei Steckplätzen für Speicherbausteine). Die Chips sind auf kleinen Platinen aufgelötet, den sogenannten ⇒ *SIMMs* (Single Inline Memory Module), die heutzutage meist 4, 8, 16 und mehr Megabyte aufweisen. Wenn Sie in die 4 Speichersteckplätze je ein SIMM von 1 MB stecken, haben Sie einen Arbeitsspeicher von 4 MB. Allerdings ist diese Speicherkapazität zumindest für Windows 95 nicht ausreichend, so daß 8 MB, also zwei 4-MB-SIMMs, oder 16 MB, also zwei 8-MB-SIMMs, notwendig sind (⇒ *Speicherbänke*; im Glossar steht auch, warum Sie immer zwei Speichersteckplätze [eine Speicherbank] belegen müssen, also bei einem Arbeitsspeicher von 16 MB nicht einfach ein 16-MB-SIMM in einen Steckplatz stecken dürfen).

Wenn Sie den PC ausschalten oder der Strom ausfällt, geht der Inhalt des Arbeitsspeichers verloren. Aber auch bei Stromzufuhr behalten die SIMMs ihren Inhalt nicht von allein, er muß vielmehr in bestimmten Zeitintervallen immer wiederaufgefrischt werden. Daher spricht man auch vom »dynamischen Speicher« oder im Fachjargon vom »Dynamic Random Access Memory«: ⇒ *DRAM* (gesprochen »dieräm«). Auch die SIMMs sind also »getaktet«. Je nach dem Tempo, mit dem der DRAM-Inhalt wiederaufgefrischt wird, spricht man von schnelleren oder langsameren Speicherbausteinen. Schnell bedeutet hier 60 Nanosekunden (ns), langsam 70 ns oder mehr. Bestehen Sie auf 60-ns-SIMMs. Sie kosten nur wenig mehr, ersparen Ihnen aber die Investition in neue Speicherbausteine, sollten Sie später einmal auf einen Prozessor mit mehr als 100 MHz aufrüsten wollen (was meistens früher der Fall ist, als Sie denken).

Achten Sie außerdem darauf, daß man Ihnen für einen neuen Rechner keine veralteten 30poligen SIMMs andreht, sondern nur solche im sogenannten PS/2-Format mit 72 Polen, also 72 Verbindungskontakten zu den Speichersteckplätzen.

Doch selbst die schnellen SIMMs sind langsamer als moderne Prozessoren und bremsen daher die Leistung des PCs. Um diesen Bremseffekt zu verringern, haben sich die Computerhersteller einen Trick einfallen lassen: Sie verhindern, daß Prozessor und Arbeitsspeicher direkt Daten austauschen, weil dann der Prozessor immer wieder auf den Arbeitsspeicher warten müßte. Statt dessen packen sie zwischen Arbeitsspeicher und Prozessor einen sogenannten ⇒ *Cache-Speicher*.

Ein solcher Cache ist ein Pufferspeicher aus ultraschnellen Chips (ca. 15-30 ns) von meist 256 oder 512 Kilobyte. Bevor der Prozessor im langsamen Arbeitsspeicher nach bestimmten Daten, die ein Programm gerade verlangt, sucht, versucht er, sie im Cache zu finden. Durch einige Tricks ist es den PC-Entwicklern außerdem gelungen, die Trefferquote im Cache-Speicher auf oft achtzig bis neunzig Prozent zu steigern. In diesem Maß können die langsamen Chips den Prozessor nicht mehr bremsen.

Cache-Speicherbausteine, die man auch als »statischen Speicher« (Static Random Access Memory ⇒ *SRAM*) bezeichnet, sind auch deshalb schneller als DRAM-Bausteine, weil ihr Inhalt nicht ständig wiederaufgefrischt werden muß (so ist das in der Computerei: statische Chips sind schneller als dynamische, dem Sprachgebrauch nach eigentlich widersinnig, aber doch wahr).

Nun gibt es verschiedene Verfahren, nach denen Cache-Speicherbausteine arbeiten. Aktuell ist der ⇒ *Pipeline Burst Cache* (PB Cache). Was immer Ihnen ein PC-Verkäufer erzählt, bestehen Sie auf einem 256-Kilobyte-PB-Cache-Speicher – mehr brauchen Sie nicht, aber auch nicht weniger. Nach wie vor werden Computer angeboten, deren Hersteller und Verkäufer behaupten, durch besonders flotte Arbeitsspeichermodule (⇒ *EDO-RAM* oder ähnliches) Cache einsparen zu können. Das einzige, was sie jedoch dabei einsparen, ist das Geld für die teuren SRAM-Bausteine auf Kosten der Leistung Ihres PCs.

Grafikkarte und Monitor

Auf der Hauptplatine sitzen auch Steckplätze. In diese können Sie sogenannte »Karten« stecken (oder vom Fachhändler stecken lassen), also kleine Platinen, die ganz unterschiedlichen Zwecken dienen. Eine dieser Platinen ist besonders wichtig: die Grafik- oder Videokarte. Sie wandelt die Signale des PCs in Zeichen um, die Sie auf dem Bildschirm sehen können. Auf der Rückseite des PCs ragt außerdem eine Buchse heraus, in die Sie das Monitorkabel stecken müssen. Alles, was Sie auf dem Bildschirm erkennen, stammt von der Grafikkarte.

Die heutigen Programme, die vornehmlich auf Grafik beruhen, erfordern leistungsstarke Videokarten. Was nutzen der tollste Prozessor und die schnellste Festplatte, wenn die Grafikkarte den Bildschirminhalt im Schleichtempo aufbaut? Gar nichts.

Genauso wichtig wie die Geschwindigkeit der Grafikkarte ist ihr Auflösungsvermögen. Wenn Sie also eine ⇒ *Bildschirmauflösung* von 1024 mal 768 Bildpunkten brauchen und Ihre Grafikkarte schafft diese Auflösung nicht, dann haben Sie entweder zuviel Geld für den Bildschirm ausgegeben oder zuwenig für die Karte.

Nicht zuletzt muß Ihre Grafikkarte ergonomischen Ansprüchen genügen. Wenn Sie vor einem flimmernden Monitor sitzen, vergeht Ihnen die Lust an der Computerei in Windeseile. Manchmal ist das Flimmern nicht gleich sichtbar, und Sie merken nur, daß Ihre Augen rasch ermüden und Sie erstaunlich viele Tippfehler in Ihrer Seminararbeit oder Ihrem Artikel machen. Allerdings kann einem das sogar passieren, wenn man den ergonomischen Mindeststandards folgt und sich mit einer Bildwiederholfrequenz von 72 Hertz (Hz) begnügt.

Was bedeutet Bildwiederholfrequenz? Bei einem der handelsüblichen Monitore mit Bildröhre muß – so wie beim Fernsehbild – das Bild immer wieder neu aufgebaut werden. Gehen Sie einmal näher an ein TV-Gerät heran, dann stellen Sie fest, daß das Bild flackert. Ihr Auge kann also verfolgen, wie das Bild immer wiederaufgefrischt wird. Das Fernsehbild besteht nämlich in Wahrheit aus vielen Fernsehbildern, die in einem bestimmten Zeitraum viele Male auf dem Bildschirm dargestellt werden. Technisch spricht man von einer ⇒ *Bildwiederholrate* oder Bildwiederholfrequenz. Eine Bildwiederholrate von 70 Hertz bedeutet, daß das Bild 70mal pro Sekunde neu aufgebaut wird. Als ergonomischer Mindeststandard gelten 72 Hz, bei diesem Wert sollten die meisten Menschen kein Flimmern oder Flackern wahrnehmen.

Spätestens wenn Sie einem weiteren Ratschlag der Ergonomen folgen – schwarze Schrift auf weißem Hintergrund –, sind Zweifel berechtigt. Denn je heller der Hintergrund, um so anstrengender ist das kaum oder gar nicht wahrnehmbare Flimmern des Bildschirms. Da es um Ihre Augen geht, sollten Sie dafür sorgen, daß Ihre Grafikkarte in den von Ihnen gewünschten Auflösungen eine Bildwiederholrate von 90 Hz gewährleistet und dabei 256 Farben gleichzeitig darstellen kann. Brauchen Sie mehr Farben auf dem Monitor, zum Beispiel, weil Sie mit Grafikprogrammen arbeiten, dann müssen Sie sich eine Videokarte zulegen, die besagte 90 Hz auch mit mehr Farben schafft.

Dabei ist allerdings Vorsicht geboten, denn 90 Hz sind nicht 90 Hz! Wenn Sie irgendwo in der Beschreibung einer Grafikkarte »interlaced« oder »interlacing« lesen, lassen Sie die Finger davon, jedenfalls dann, wenn sich diese Begriffe auf eine Bildschirmauflösung oder ⇒ *Farbtiefe* beziehen, die Sie vielleicht verwenden könnten. »Interlaced« bedeutet, daß die Grafikkarte und/oder der Monitor nach dem sogenannten Zeilensprungverfahren arbeiten. Wird normalerweise das Bild Zeile für Zeile aufgebaut, so bedeutet »interlaced«, daß in einem Durchgang des Bildaufbaus nur jede zweite Zeile geschrieben wird und im folgenden Durchgang die andere Hälfte. Eine Bildwiederholrate von 50 Hz »interlaced« bedeutet in Wahrheit 25 Hz wie bei vielen TV-Geräten.

Außerdem sollten Sie darauf achten, daß Sie sich nicht zu stark einem unsichtbaren elektromagnetischen Feld aussetzen. Ist dieses Feld nicht drastisch reduziert, dann werden Sie mit Staubkörnchen »bombardiert«, vor allem Ihr Gesicht. Ihr Bildschirm muß daher mindestens der Norm ⇒ *MPR II* genügen, besser noch wäre die Norm ⇒ *TCO*. Die Norm TCO 92 bietet Ihnen darüber hinaus noch Stromsparfunktionen. TCO 95 ist ergonomisch und ökologisch das derzeitige Optimum.

Leider gibt es immer wieder Fälle, daß Bildschirme nicht unbekannter PC-Ladenketten zwar alle erforderlichen Testate haben, aber nicht deren Normen entsprechen. Deshalb folgender Rat: Wenn Sie einen Bildschirm kaufen, investieren Sie ein paar Mark mehr in ein Markenfabrikat. Lassen Sie sich im Laden nicht von bunten Farben beeindrucken, sondern verlangen Sie, daß man Ihnen den Monitor mit der von Ihnen bevorzugten Anwendung vorführt, also zum Beispiel eine Textverarbeitung mit schwarzer Schrift auf weißem Hintergrund. Drehen Sie Helligkeit und Kontrast auf: Sehen Sie die Buchstaben noch scharf? Ist das Weiß auch in den Ecken fleckenfrei? Sehen Sie Verzerrungen? Wenn der Verkäufer Ihrem Vorführwunsch nicht folgt, dann sollten Sie in einen anderen Laden gehen.

Kaufen Sie mindestens einen 15-Zoll-Farbmonitor oder besser noch einen 17-Zoll-Farbmonitor. Ein 15-Zoll-Monitor sollte eine ⇒ *Horizontalfrequenz* von mindestens 64 kHz, ein 17-Zoll-Monitor von mindestens 80 kHz aufweisen. Die Horizontalfrequenz ist maßgebend für die ergonomische Qualität des Computermonitors.

Bei 15-Zoll-Monitoren ist eine Bildschirmauflösung von 800 × 600 Bildpunkten, bei 17-Zoll-Monitoren von 1024 × 768 Bildpunkten

Standard. Eine Bildschirmröhre stellt das Bild in Punkten, sogenannten »Pixel« (für Picture Element), dar. 1024 × 768 Pixel bedeutet, daß das Bild in 768 Zeilen und 1024 Spalten dargestellt wird. In jeder Zeile befinden sich demnach 1024 Pixel im Bild, insgesamt also 786 432 Pixel! Je höher die Bildschirmauflösung ist, um so kleiner sind zum Beispiel die Buchstaben Ihrer Textverarbeitung oder die Icons, also die kleinen bunten Schaltflächen, die Sie anklicken, um ein Programm zu starten. Bei einer höheren Auflösung sehen Sie zwar auf dem Monitor mehr von der Seite Ihrer Examensarbeit, die Buchstaben sind aber kleiner.

Tip

Bei guten Programmen ist es möglich, die Bildschirmdarstellung zu verändern. MS Word zum Beispiel hat eine Art Zoom, der genügend Möglichkeiten bietet, um auf alle Spielereien mit der Bildschirmauflösung von Grafikkarte und Monitor zu verzichten, wenn Sie diese auf den empfohlenen Standardwert (15 Zoll: 800 × 600, 17 Zoll: 1024 × 768) eingestellt haben.

Die Schnittstellen

Auf der Hauptplatine sitzen die parallelen und seriellen ⇒ *Schnittstellen*. In älteren PCs werden diese auf einer oder zwei Karten in Steckplätze gesteckt, in modernen Hauptplatinen sind sie bereits integriert. Was diese Stellen übrigens mit schneiden zu tun haben sollen, weiß keiner so genau. Sie sollten daher besser Verbindungsstellen genannt werden. Benutzeroberflächen – zum Beispiel der Windows-Bildschirm nach dem Starten des PCs – werden als Schnittstellen (Benutzer- oder Bedienerschnittstelle) bezeichnet, aber auch die Steckbuchsen, die (fast immer) an der Rückseite des PC zu erkennen sind, nennt man so. Eine Schnittstelle läßt sich vielleicht so definieren: Sie ist der Ort, an dem der Mensch oder die Peripherie(geräte) mit dem PC in Verbindung treten.

In eine runde Steckbuchse kommt der Anschlußstecker der Tastatur, in mehr oder weniger länglichen Buchsen stecken die Anschlüsse von Drucker, Maus und Modem. Diese sind möglicherweise beschriftet, zum Beispiel mit »Keyboard« oder »Tastatur«, »Parallelport« oder »Printer Port«, »COM 1«, »COM 2«. Manchmal finden Sie noch eine eventuell mit »PS/2« beschriftete kleine runde Buchse, die ein Erbe einer gleichnamigen PC-Generation von IBM ist. Sie können in diesen PS/2-Anschluß auch die Maus stecken, möglicherweise brauchen Sie dazu einen Adapter (für ein paar Mark im Fachhandel erhältlich), weil die Mausstecker oft länglich sind und schon deshalb nicht in die runde Steckbuchse passen.

Stecker oder Buchsen mit Dochten oder Stiften nennen die Experten »männlich«, Stecker oder Buchsen mit Löchern »weiblich«. Wenn Sie auf der Rückseite Ihres PCs eine längliche Buchse mit 25 Löchern finden, dann handelt es sich um den sogenannten Parallelport. Dieser Anschluß kann eine bestimmte Menge von Daten – zum Beispiel ein Byte – gleichzeitig, also parallel, übertragen. Werden Daten hingegen nacheinander, also in Serie, übertragen, spricht man von serieller Datenübertragung. Die parallele Datenübertragung ist schneller als die serielle.

Die Schnittstellen zur seriellen Datenübertragung werden oft auch als COM-Ports (für engl. »communication«) bezeichnet, weil sie für die Kommunikation, den Datenaustausch, gedacht sind. In der Regel gibt es zwei dieser Ports, deshalb werden sie numeriert: COM 1, COM 2 (und eventuell auch COM 3, COM 4).

Tip

Wenn Sie öfter Daten von einem Computer zu einem anderen übertragen müssen, etwa vom Laptop oder Notebook auf den Heim-PC, dann besorgen Sie sich ein Kabel zum parallelen Datenaustausch und verbinden damit die beiden Computer über die Druckerschnittstellen. Mit Programmen wie LapLink, Winlink oder Filex können Sie dann flott und bequem Daten hin- und herschieben. Das Programm Filex ist ⇒ *Shareware*. Mit einem Kabel zum seriellen Datenaustausch, einem sogenannten Nullmodemkabel, können Sie die Computer auch über serielle Schnittstellen miteinander verbinden. Dieser Weg der Datenübertragung ist allerdings langsamer als der über die parallelen Schnittstellen.

Das Druckerkabel wird in die parallele Schnittstelle gesteckt. Wenn Sie keinen PS/2-Port haben, wird die Maus an eine der beiden seriellen Schnittstellen, in der Regel an COM1, angeschlossen. In COM2 stecken Sie das Kabel Ihres Modems (dazu später mehr). Möglicherweise ist der Stecker Ihres Modemkabels viel breiter als die Buchse auf der Rückseite des PCs. In diesem Fall hilft ein Adapter.

Was bei modernen Hauptplatinen Standard ist, gibt es auf vielen älteren Motherboards nicht: die serielle Schnittstelle mit dem Pufferspeicher. Der Pufferspeicher ist in mancher Hinsicht eine Art Cache-Speicher, denn auch er verhindert einen Bremseffekt. Moderne Modems übertragen Daten oft so schnell, daß die einem alten Standard entsprechenden seriellen Schnittstellen überlastet sind, da sie nicht so viele Daten in den PC übertragen können, wie das Modem schickt. Auf dem Bildschirm sieht man in solchen Fällen Buchstabensalat. Um zu verhindern, daß ein COM-Port überlastet ist, wird die Schnittstelle mit einem Chip ausgestattet, der Daten beim Senden und Empfangen zwischenspeichern kann. Aus diesem Pufferspeicher holt der PC die Daten, und in diesen schickt er sie, bevor sie dann ans Modem übertragen werden. Das Modem verfügt ebenfalls über diesen Chip, so daß die Zusammenarbeit von PC und Modem funktioniert.

Eine serielle Schnittstelle mit Zwischenpuffer wird übrigens als UART 16550 (UART: Universal Asynchronous Receiver-Transmitter) oder FIFO-Chip (First in, first out) bezeichnet – das Bit, das zuerst empfangen wird, wird als erstes wieder gesendet. Es gibt noch andere Sender-Empfänger-Bausteine, wie man UART vielleicht übersetzen könnte. Da diese aber keinen Pufferspeicher besitzen, sind sie für eine flotte Datenübertragung nicht geeignet.

Das Betriebssystem

Ein PC ist tote Materie, solange ihn nicht ein spezielles Programm zum Leben erweckt. Ohne dieses Programm kann der PC keine Daten vom Arbeitsspeicher auf die Festplatte übertragen, können keine Dateien von der Festplatte auf Disketten kopiert oder Texte über die Tastatur eingegeben werden. Programme, die den PC steuern, nennt man Steuerprogramme oder Betriebssysteme.

Betriebssysteme unterscheiden sich von den Anwendungsprogrammen, also Textverarbeitungen, Tabellenkalkulationen und auch den Programmen, die man braucht, um das Internet zu nutzen. Anwendungsprogramme nehmen Funktionen des Betriebssystems in Anspruch, zum Beispiel wenn Sie mit Hilfe der Textverarbeitung Ihre Examensarbeit auf der Festplatte speichern.

Wechseln Sie das Betriebssystem, brauchen Sie in der Regel neue Programme, und zwar solche, die zum neuen Betriebssystem passen. Deshalb spricht man von Windows- oder OS/2-Programmen. Macintosh-Programme sind auf das Apple-Betriebssystem zugeschnitten.

Allerdings sind moderne Betriebssysteme wie Windows 95 oder OS/2 weitgehend MS-DOS-kompatibel. Das Microsoft Disk Operating System, wie sich MS-DOS ausschreibt, war das erste Betriebssystem für IBM-kompatible PCs. Programme, die für MS-DOS geschrieben wurden oder werden, funktionieren meist auch unter den neuen Betriebssystemen. Das gilt zum Beispiel für viele Computerspiele.

Dagegen können Sie Windows-Programme nicht unter MS-DOS laufen lassen. Fast alle Programme jedoch, die für Windows 3.1 geschrieben wurden, funktionieren auch unter dem Betriebssystemnachfolger Windows 95. Beim Kauf eines Programms sollten Sie sich dessen ⇒ *Kompatibilität* mit Ihrem Betriebssystem bestätigen lassen.

Tip

Machen Sie von allen wichtigen Daten, etwa von Ihrer Examensarbeit, möglichst täglich eine Sicherheitskopie auf Diskette. Festplatten gehen immer dann kaputt, wenn die Folgen katastrophal sind. Programme brauchen Sie in der Regel nicht zu sichern, außer vielleicht Dateien, in denen wichtige Programmeinstellungen gespeichert sind. Bei Word für Windows gilt dies etwa für die Datei NORMAL.DOT. Eine Sicherung dieser Datei auf Diskette ist auch ratsam, weil sie durch die um sich greifenden Word-Viren gefährdet ist.

MS-DOS ist nicht besonders benutzerfreundlich. Wenn Sie das Programm starten, sehen Sie einen fast leeren Bildschirm, in dem ein karges »Prompt« – die Eingabeaufforderung – auf einen MS-DOS-Befehl wartet. Mit *copy* werden Dateien kopiert, zum Beispiel von der Festplatte auf eine Diskette. Mit *del(ete)* werden Dateien gelöscht, die man nicht mehr braucht. Mit *dir* kann man sich den Inhalt von Disketten oder Festplatten anzeigen lassen, wenn man zum Beispiel eine bestimmte Datei sucht.

Die Benutzung von MS-DOS erfordert einiges Training. Außerdem konnten sich die Betriebssystemhersteller in der Aufbauphase der PC-Entwicklung gar nicht vorstellen, daß es für derartige Computer einmal Programme geben könnte, die mehr Arbeitsspeicher brauchen als 640 000 Zeichen (genauer: als knapp 600 Kilobyte, weil ja MS-DOS selbst Platz im Arbeitsspeicher beansprucht). Daher kann MS-DOS bis heute nicht mehr Arbeitsspeicher verwalten als besagte 640 KB, abgesehen von ein paar begrenzt wirksamen Tricks, mit denen MS-DOS »überlistet« werden kann.

Umständliche Bedienbarkeit und die bald spürbare Knappheit des Arbeitsspeichers haben den Siegeszug der IBM- oder MS-DOS-kompatiblen Computer aber nicht aufhalten können. Da es stets viele Nachbauer gab, drückte die Konkurrenz die Preise, so daß MS-DOS-Computer viel billiger waren als etwa die Konkurrenzprodukte der US-Firma Apple. Außerdem war es für Programmentwickler immer ein größerer Anreiz, Programme für Millionen von Besitzern IBM-kompatibler PCs zu schreiben, statt für die viel kleinere Apple-Gemeinde.

Apple baute zwar lange Zeit die besseren Computer, wollte diese aber nur an Leute verkaufen, die bereit waren, dafür tief in die Tasche zu greifen. Das Betriebssystem der Apple-Computer – sie nennen sich Macintosh – ist viel benutzerfreundlicher als MS-DOS. Mit der Maus konnten sich Macintosh-Besitzer schon immer leicht von einem grafischen Symbol zum anderen klicken. Man nennt derartige Betriebssysteme deshalb auch grafische Betriebssysteme, da sie eine grafische Benutzeroberfläche haben. (Die Benutzeroberfläche sehen Sie auf dem Bildschirm, nachdem Sie ihren PC eingeschaltet haben und dieser das Betriebssystem von der Festplatte geladen hat.) Apple war zu teuer und vergab im Gegensatz zu IBM bis vor kurzem keine Nachbaulizenzen für seine Computer und sein Betriebssystem. Deshalb konnten sich die billigeren, aber schlechteren MS-DOS-Computer durchsetzen.

Daß Microsoft inzwischen zum Softwaregiganten mit fast monopolistischem Anspruch bei manchen Programmen aufsteigen konnte, liegt nicht an technischer Überlegenheit, sondern an Glück und gutem Marketing. Marketingüberlegungen veranlaßten Microsoft, mit einiger Verspätung auch grafische Betriebssysteme zu entwickeln: Windows wurde geboren. Windows entwertete alle älteren Programme und setzte eine unglaubliche Investitionswelle in Gang. Alle Benutzer brauchten plötzlich neue Programme, Windows-Programme eben, und die Microsoft-Kasse klingelte. Zur Zeit ist Windows 95 die aktuelle Version, es gibt aber auch noch viele PCs, die mit Windows 3.1 oder 3.11 arbeiten. (Die Programme, die Sie für dieses Buch brauchen, arbeiten mit allen genannten Windows-Versionen.)

Windows hat einen Nachteil: Das Betriebssystem und die Anwendungsprogramme brauchen viel mehr Speicher als MS-DOS und als die Anwendungsprogramme, die für den Betriebssystem-Urvater geschrieben wurden, und dies nicht nur auf der Festplatte. Heute sind mindestens 8 Megabyte Arbeitsspeicher angesagt, mit 16 MB lebt es sich noch besser. Das ist der Preis für grafischen Komfort (aber auch für die Manie der Softwarehersteller, immer umfangreichere Programme auf den Markt zu bringen). Wenn Sie einen PC kaufen, achten Sie darauf, daß dieser mindestens 8 MB Arbeitsspeicher besitzt. 4 MB wären im Hinblick auf die PC-Benutzung völlig unzureichend. Sie haben sich Ihren Computer schließlich nicht gekauft, um davor ein Nickerchen zu machen.

Anwendungsprogramme installieren

In der Regel werden Sie beim sogenannten Setup eines Programms fast automatisch zum Ziel geführt, gewissermaßen in einem Frage-und-Antwort-Spiel. Wenn Sie ein Programm auf einer Diskette erworben haben, dann müssen Sie bei Windows 3.1 nur folgendes tun: Sie klicken im *Programm-Manager* auf *Datei* (links oben in der Leiste), führen also den Mauszeiger, in der Regel ein Pfeil, auf *Datei* und drücken die linke Taste. In der sich nun öffnenden Auswahlliste klicken Sie auf *Ausführen* und anschließend auf die leere Fläche unter *Befehlszeile:*, dann tippen Sie *a:setup* ein oder - wenn das nicht funktioniert – *a:install*. Danach drücken Sie die EINGABE-Taste. Das Setup- oder Installationsprogramm meldet sich, und das Frage-und-Antwort-Spiel kann beginnen. In der Regel können Sie die Voreinstellungen solcher Programme jeweils mit *OK* bestätigen: Klicken Sie einfach die Schaltfläche *OK* an, manchmal steht dort sogar *JA*.

Eine Auswahlliste mit verschiedenen Befehlen – zum Beispiel *Datei öffnen*, *Datei speichern*, *Datei drucken* – heißt im PC-Jargon »Menü«. Die Ähnlichkeiten mit einer Speisekarte sind in der Tat nicht von der Hand zu weisen. In vielen Fenstern erkennen Sie am oberen Rand nebeneinander aufgereihte Menüs, etwa (bei Microsoft Word): *Datei*, *Bearbeiten*, *Ansicht*, *Einfügen*, *Format*, *Extras*, *Tabelle*, *Fenster*. Diese Leiste heißt daher Menüleiste.

Wenn Sie mit der linken Maustaste ein Menü anklicken, öffnet es sich, und Sie haben mehrere Optionen, die Sie dann auswählen können. Wollen Sie in einem modernen Textverarbeitungsprogramm eine Datei speichern, klicken Sie einfach auf *Datei*, dann öffnet sich das Datei-Menü. In diesem Menü klicken Sie nun auf *Speichern*. (Übrigens können Sie in der Windows-Systemsteuerung die Maustastenbelegung ändern, die rechte Taste gewissermaßen zur linken machen und umgekehrt.)

Bitte beachten

Künftig werden solche Befehlsfolgen (erst *Datei*, dann *Speichern*) so geschrieben: *Datei* > *Speichern*.

A:setup oder *a:install* bedeutet, daß ein auf einer Diskette im Diskettenlaufwerk *A:* befindliches Programm namens »SETUP.EXE« oder »INSTALL.EXE« (manchmal steht nach dem Punkt auch die Endung »BAT«) aufgerufen, also gestartet, wird. Wenn Sie ein Programm von einer CD-ROM installieren wollen, müssen Sie statt *a:* den Buchstaben eingeben, der für das CD-ROM-Laufwerk steht, zum Beispiel *d:*. Der Eintrag würde dann lauten: *d:setup*. Groß- und Kleinschreibung sind nicht maßgebend.

Bei Windows 95 ist es noch einfacher, ein Programm zu installieren: Legen Sie die Diskette oder CD-ROM ein und klicken Sie zweimal schnell hintereinander (Doppelklick) auf das Symbol (»Icon«) *Arbeitsplatz* (links oben). Durch einen Doppelklick auf *Systemsteuerung* und einen Doppelklick auf *Software* öffnet sich ein Fenster mit dem Namen *Eigenschaften von Software*. In der unteren Hälfte sehen Sie die Windows-95-Programme, die schon installiert sind (Programme früherer Windows-Versionen werden leider nicht angezeigt). Etwas weiter oben finden Sie eine Klickfläche mit der Beschriftung *Installieren ...* Klicken Sie mit der Maus darauf. Im folgenden Fenster *Programm von Diskette oder CD installieren* klicken Sie auf *Weiter* >. Windows 95 sucht jetzt automatisch nach dem Installationsprogramm und startet es.

Tip

Manche PC-Benutzer kommen mit dem Doppelklicken nicht klar, sie klicken zu schnell oder zu langsam. Um diese Nerverei zu beenden, kann man die Doppelklickgeschwindigkeit auf seine Bedürfnisse einstellen. In Windows 3.1 finden Sie in der Hauptgruppe ein Icon *Systemsteuerung*. Doppelklicken Sie nun auf das Symbol *Maus*, und Sie werden Möglichkeiten entdecken, wie Sie sich mit Ihrer Maus anfreunden können. Schieben Sie mit dem Mauszeiger bei gedrückter linker Maustaste das Quadrat auf dem Laufband nach links oder rechts, um die Doppelklickgeschwindigkeit zu verstellen. Dies funktioniert bei Windows 95 im Prinzip genauso: Doppelklick auf *Arbeitsplatz*, dann auf *Systemsteuerung*, schließlich auf *Maus*.

Das Modem

Das Modem verbindet den PC über die Telefonleitung mit einem anderen Modem. Auf diese Weise können Daten übertragen werden. Sie müssen das Modem an eine serielle Schnittstelle, an das Stromnetz und an die Telefonleitung (Nebengeräte: linke oder rechte Öffnung der Standard-Telekom-Anschlußbuchse) anschließen.

Wenn Sie den Lautsprecher eines Modems einschalten, hören Sie ein Pfeifen und Zischen, während das Gerät arbeitet. Diese Signale werden lauter und leiser und ändern auch die Klangfarbe. Über diese Tonveränderungen tauschen Modems Daten aus. Datenübertragung per Signalveränderung nennt man »analog«. Auch ein Schallplattenspieler überträgt Daten analog, und zwar über unterschiedliche Schwingungen, die die Schallplatte in der Nadel des Tonabnehmers auslöst. Das Wort »analog« stammt aus dem Griechischen; »analogos« heißt »veränderlich«, »proportional«. Starke Schwingungen der Nadel des Schallplattenspielers lösen laute Töne aus, schwache Schwingungen erzeugen leise Töne.

Inzwischen ist der Plattenspieler weitgehend dem CD-Player gewichen, der in gewisser Hinsicht ein Modem ist. Er verwandelt die als digitale Information auf die CD gepreßte Musik in analoge Klänge um, die in den Verstärker geleitet werden, um schließlich in den Lautsprechern Schallwellen zu erzeugen. CD-Player kann man deshalb auch als Digital/Analog-Konverter bezeichnen: Sie verwandeln Zahlen in Musik.

Ein Modem hingegen verwandelt Zahlen in Daten. Da PCs nur 0 und 1 kennen, also digital arbeiten, müssen ihre Daten in analoge Signale umgewandelt werden, damit sie per Telefonleitung übertragen werden können. (Bis vor einiger Zeit erfolgte die Übertragung über Telefonleitungen ausschließlich analog. Das hat sich in Deutschland mit dem digitalen ISDN mittlerweile geändert, die Telekom sendet immer mehr Informationen in digitaler Form.)

Diese Umwandlung digitaler Information in analoge Signale nennt man im Fachjargon »Modulation«. Sind die modulierten Daten bei dem anderen Modem angekommen, muß es diese wieder in ihre ursprüngliche digitale Form bringen, damit der Computer, der an das empfangende Modem angeschlossen ist, die Daten auch versteht. Diesen Vorgang nennt man »Demodulation«.

Modems sind nichts anderes als Digital/Analog-Konverter, aber im Gegensatz zu CD-Playern können sie nicht nur digitale Information in analoge Signale umwandeln, sondern auch analoge Signale in digitale Information.

Die Übertragungsgeschwindigkeiten sind sehr hoch. Waren früher 1200 oder 2400 Bits pro Sekunde (⇒ *bps*) Standard, so sind es inzwischen 33 600 bps. Da Modems Daten beim Senden komprimieren und beim Empfang entkomprimieren können, erreichen sie de facto sogar noch höhere Übertragungsgeschwindigkeiten.

Damit Modems unterschiedlicher Hersteller problemlos Daten austauschen können, wurden internationale Normen vereinbart (offenbar waren daran nur Techniker und Bürokraten beteiligt, denn einem Normalsterblichen bleiben die kryptischen Typenbezeichnungen auf ewig ein Geheimnis). Die Normen beginnen alle mit einem »V«. Zur Zeit aktuell sind Modems mit der Bezeichnung V.34plus, die mit 33 600 bps übertragen können. Modems mit der Bezeichnung V.32bis erreichen weniger als die Hälfte dieser Geschwindigkeit. Wenn Sie ein Modem kaufen, um mit dem Internet zu arbeiten, sollten Sie ein paar Mark mehr investieren und mindestens ein V.34-Modem (28 800 bps) kaufen. Wenn es nur ein paar Mark mehr kostet, greifen Sie zu einem V.34plus-Modem, es bringt in der Praxis zehn Prozent mehr Tempo.

Voraussetzung ist natürlich, daß auch auf der anderen Seite, beim Internet-Anbieter, ein V.34-Modem steht. Das langsamste Modem bestimmt die Geschwindigkeit. Das schnelle Modem einigt sich am Anfang der Datenübertragung – vor dem »Connect« – mit dem langsamen auf dessen Tempo, wobei ein Pfeifen zu hören ist. Irgendwann endet dieses Pfeifen, und die Meldung »Connect« wird angezeigt – die Modems haben sich also verständigt. Manchmal wird auch genannt, auf welche Geschwindigkeit die Modems sich geeinigt haben – »Connect 14400«. Außerdem kann zum Beispiel noch die Meldung »V.42« erscheinen, bei der es sich nicht um eine Geschwindigkeitsangabe, sondern um die gute Nachricht handelt, daß die Daten, die ein Modem an das andere schickt, überprüft und gegebenenfalls korrigiert werden.

V.42bis wiederum ist die Bezeichnung für ein modernes Datenkompressionsverfahren, das zunehmend an die Stelle seines Vorgängers MNP5 tritt. MNP bedeutet Microcom Network Protocol und ist ein Netzprotokoll, das die Firma Microcom entwickelt hat. Bei einer Datenkompression wird zum Beispiel die Zeichenfolge 11111111, die übertragen werden soll, durch ein Kompressionsverfahren gewissermaßen in 8*1 verwandelt: So werden aus acht Zeichen drei. In Wirklichkeit ist dieser Vorgang natürlich etwas komplizierter.

Gute Modems können auch während der Datenübertragung die Übertragungsgeschwindigkeit der ja nicht immer gleichbleibenden Leitungsqualität anpassen, also langsamer und wieder schneller arbeiten. Sie versuchen immer, die größtmögliche Geschwindigkeit zu erreichen.

Auch ein Modem kann ohne Betriebssystem (die sogenannte Firmware) nicht arbeiten. Mit Hilfe des Steuerprogramms können Sie dem Modem Befehle geben, zum Beispiel »Nehme Anrufe an«, »Wähle die Telefonnummer 12345«, »Schalte den Lautsprecher ein«, »Speichere die Telefonnummer 12345« usw. Diese Befehle schicken Sie von Ihrer Tastatur über die serielle Schnittstelle, den COM-Port, an das Modem. Dazu brauchen Sie wiederum ein kleines Programm, das sogenannte Terminalprogramm, dem Sie – bevor Sie die gewünschten Befehle eingeben – mitteilen müssen, an welchem COM-Port das Modem angeschlossen ist. Das Modem kommentiert eine richtige Eingabe mit »OK« in Ihrem Terminalprogramm.

Terminalprogramme werden heutzutage mit den Betriebssystemen ausgeliefert. Bei Windows 3.1 nennt es sich *Terminal*, bei Windows 95 *Hyperterminal*, das im Gegensatz zu seinem Vorgänger eine den heutigen Anforderungen entsprechende Benutzerfreundlichkeit aufweist. Mit Terminalprogrammen kann man sich in Mailboxen einwählen. Einige PC- und Softwarehersteller bieten in Mailboxen Programme und Programmbestandteile (zum Beispiel sogenannte Treiber) an.

Keine Sorge, wenn Sie sich ins Internet begeben, brauchen Sie kein Terminalprogramm und müssen es auch nicht bedienen können. Aber Sie sollten ein paar wichtige Befehle kennen und diese anwenden können. Denn auch wenn Sie sich ins Internet einwählen, müssen Sie dies zuvor Ihrem Modem mitteilen. Damit Modems Befehle von anderen Daten unterscheiden können, werden jedem Befehl die beiden Buchstaben AT (für engl. »attention«) vorangestellt (was in seiner Klarheit beweist, daß Bürokraten hier eine Chance verpaßt haben).

Angenommen, Sie wollen, daß das Modem eine bestimmte Nummer wählt, um eine Verbindung aufzubauen. Dann lautet der Befehl dazu: *ATD* – AT für »Attention« und D für »Dial« (»Wähle«). Nun gibt es in Deutschland Tonwahl und Pulswahl. Bei Tonwahl hören Sie eine schnelle Folge unterschiedlicher pfeifender Töne in Ihrem Telefonhörer, bei Pulswahl ein Rattern. Wenn Sie Ihrem Modem mitteilen wollen, daß es an einer Leitung mit Pulswahl hängt, dann heißt der richtige Befehl: *ATDP* – P steht für Pulswahl. Mit *ATDT* teilen Sie statt dessen Ihrem Modem mit, daß es auf Tonwahl (T) umschalten soll. Bei Pulswahl könnte Ihr Wählbefehl so lauten: *ATDP12345*, die Telefonnummer wird also einfach an den Befehl gehängt. Wenn Sie mit einem Terminalprogramm arbeiten, müssen Sie nach der Eingabe dieses Befehls nur noch die EINGABE-Taste drücken, und schon hören Sie, wie das Modem wählt.

Ist die Leitung nicht besetzt und wartet am anderen Ende tatsächlich ein Modem, ist ein großes Gepfeife zu hören, das auch »Handshake«, also »Händeschütteln«, genannt wird und bedeutet, daß sich die Modems auf Übertragungsgeschwindigkeit, Fehlerkorrektur- und Datenkompressionsverfahren einigen.

Wenn Sie den Lautsprecher abschalten wollen, dann müssen Sie den Befehl *ATM0* eingeben, wobei M für »Monitor« (Überwachung) steht. Das ist an sich wenig plausibel, läßt sich aber vielleicht am besten so erklären: Mit *ATM* überwachen Sie die Arbeit Ihres Modems über den Modemlautsprecher, *ATM0* bedeutet »aus«, *ATM1* bedeutet »an, bis Verbindung zustande gekommen ist« und *ATM2* »Lautsprecher immer an«. Empfehlenswert ist die Einstellung *ATM1*, weil Sie so kontrollieren können, ob das Modem eine Verbindung herstellt. Wenn dies mit einer bestimmten Nummer immer fehlerfrei funktioniert, dann können Sie mit *ATM0* den Lautsprecher auch ganz ausstellen und am Bildschirm verfolgen, wie der »Connect« zustande kommt.

Wenn Sie den Lautsprecher leiser oder lauter stellen wollen, hilft Ihnen der Befehl *ATL*, wobei L für »Loudness«, also »Lautstärke«, steht. *ATL1* stellt bei den meisten Modems den Lautsprecher leise (manchmal auch *ATL0*), *ATL3* dreht den Lautsprecher auf, und *ATL2* sorgt für eine mittlere Lautstärke.

Hilfreich ist auch der Befehl *ATW*, wobei das W für »Wait« steht, der natürlich nur sinnvoll ist zusammen mit dem Wahlbefehl (*ATDP* oder *ATDT*). Wenn Sie diesen Befehl eingeben, dann wartet das Modem auf den Wählton. Der Wählton signalisiert Ihnen, daß Sie eine freie Amtsleitung haben und Ihren Gesprächspartner anwählen können. Sie hören diesen gleichförmigen Ton, wenn Sie Ihren Telefonhörer abnehmen. Manchmal, vor allem bei Pulswahl, kommt der Wählton mit Verzögerung. Wenn Sie wählen, bevor Sie diesen Ton hören, verwählen Sie sich oft, weil die Ziffern, die Sie vor dem Wählton getippt haben, verschluckt werden. Da das gleiche einem Modem passieren kann, können Sie ihm mit dem Befehl *ATW* folgendes mitteilen: Erst wählen, wenn du den Wählton hörst.

Wichtig ist das W vor allem bei Nebenstellenanlagen, wenn Sie nach der für die Amtsleitung vorzuwählenden 0 (oder 9) auf den Wählton warten müssen:

ATDT0W0221 ...

Wichtig sind noch zwei Befehle, die praktisch die gleiche Bedeutung haben: *ATZ* (manchmal auch *ATZ0*) und *AT&F* (manchmal auch *AT&F0* und *AT&F1*). Die Befehle *ATZ* und *AT&F* bedeuten, daß das Modem auf seine Grundeinstellungen zurückgeführt wird. F steht für »Factory« und heißt also »Einstellung ab Werk«. Mit diesen Einstellungen klappt die Datenübertragung meistens sofort, weil die Hersteller die Modems mittlerweile so präparieren, daß sie ohne große Bastelei funktionieren.

Sie können AT-Befehle in einer Zeile schreiben. Wenn Sie das Modem auf seine Grundeinstellung zurückführen, den Lautsprecher die ganze Zeit mit mittlerer Lautstärke hören, das Modem auf den Wählton warten lassen und die Nummer 12345 mit Pulswahl wählen lassen wollen, dann schreiben Sie:

AT&FM2L2WDP12345

Bei den meisten Modems können Sie zwischen den Befehlen auch einen Abstand lassen:

AT &F M2 L2 W DP12345

Allerdings sollten Sie die Befehle entweder alle ohne Abstand oder alle mit Abstand schreiben. Außerdem müssen Sie sich für Groß- oder Kleinschreibung entscheiden, weil Modems hier nicht so tolerant sind wie etwa MS-DOS. Folgende Schreibweise ist auch möglich:

at&fm2l2wdp12345 oder *at &f m2 l2 w dp12345*

Hier sind nur einige wenige AT-Befehle aufgeführt. Im Handbuch Ihres Modems finden Sie alle Befehle, die es Ihnen erlauben, das Modem auf Ihre Bedürfnisse einzustellen. Ein Blick in Ihr Handbuch ist auch notwendig, weil die Modemhersteller oft vom sogenannten Hayes-Standard abweichen. (Hayes ist ein US-amerikanischer Modemhersteller, der die AT-Befehle entwickelt hat.) Dabei sollten Sie allerdings beachten, daß nicht alles, was sich »Hayes-kompatibel« nennt, es auch ist. Wenn Sie sich aber das Handbuch zu Gemüte führen (und dieses gut ist), können Ihnen die Abweichungen bei den AT-Befehlen egal sein.

Wollen Sie Onlinedienste, Mailboxen oder auch Internet-Anbieter anwählen, fragen die Einwähl- oder Terminalprogramme nach einem »Initstring« oder »Initialisierungsstring«, also nach einer Zeichenfolge (engl. »string«), mit der das Modem initialisiert wird. »Initialisieren« läßt sich übersetzen mit »auf den Einsatz vorbereiten« oder einfach mit »aufwecken«. Wenn Sie von einem Programm aufgefordert werden, einen Initstring einzugeben, dann reicht in aller Regel der Befehl *ATZ*.

Viele Modemprogramme sind jedoch noch komfortabler. Bei der Einrichtung des Programms werden Sie nach dem Typ Ihres Modems gefragt, Sie klicken mit der Maus den richtigen an (siehe Modemhandbuch), und das Programm erledigt den Rest. Bei manchen Modems werden Programme mitgeliefert, die bereits vollständig auf das Modem eingestellt sind.

Modems sind heutzutage erstaunlich vielseitig: Wenn Sie zu faul sind, Telefonnummern zu wählen, kann Ihr Modem das für Sie übernehmen. Brauchen Sie einen Anrufbeantworter, dann wird das Modem auch hier seine Dienste tun (wenn Sie ein sogenanntes Voice-Kit besitzen, das das Modem zum Sprechen bringt, und Sie den PC ohnehin Tag und Nacht laufen lassen). Vor allem aber können fast alle Modems perfekt Faxe senden und empfangen, weshalb sie oft auch als »Faxmodems« angeboten werden. Voraussetzung ist, daß Sie ein Faxprogramm haben. In Windows 95 ist ein kleines Faxprogramm integriert, in Windows 3.1 nicht. Es gibt diverse Faxprogramme, wobei den Standard Delrina WinFax setzt, das es in einer billigeren »Light«- und einer teureren »Pro«-Version gibt. Beide sind recht benutzerfreundlich. Gegen WinFax spricht, daß das Programm erst richtig Spaß macht, wenn man einen Pentium-Rechner hat.

Die Einkaufsliste

Mit der Hardware sind wir soweit durch. Jetzt fassen wir, was wir erfahren haben, in einer Einkaufsliste zusammen. Sie können sie wie eine Art Raster auf die Angebote auf dem Markt legen.

Sie brauchen mindestens einen **Pentium-Prozessor** (oder vergleichbare Prozessoren von Intel-Konkurrenten wie Cyrix oder AMD) mit 75 MHz Taktfrequenz und 8 MB Arbeitsspeicher (60 ns) sowie 256 KB Pipeline Burst Cache. Bevor Sie mehr Geld in einen schnelleren Prozessor investieren, sollten Sie bedenken, daß es oft mehr bringt, den Arbeitsspeicher aufzustocken. Das verringert nämlich die Zugriffe auf die Festplatte, und die bremsen das Gesamtsystem spürbar, vor allem, wenn Sie mit speicherfressenden Programmen arbeiten. Dies gilt schon für Textverarbeitungen wie MS Word, StarWriter oder Corel Wordperfect.

Mindestens eine **serielle Schnittstelle** muß einen UART-16550-Chip besitzen.

Außerdem brauchen Sie eine **Grafikkarte** mit mindestens 90 Hz Bildwiederholfrequenz bei der von Ihnen gewünschten Auflösung. Sie können sich auch eine Grafikkarte kaufen, die bei einer Auflösung von 1024 mal 768 und 256 Farben 90 Hz (oder mehr) Bildwiederholrate leistet. Eine solche Grafikkarte schafft die 90 Hz problemlos auch bei niedrigeren Auflösungen wie 800 mal 600 oder 640 mal 480.

Bei 3,5-Zoll-**Diskettenlaufwerken** gibt es kaum Unterschiede, jedenfalls keine, die hier eine Rolle spielen.

Die **Festplatte** kann nicht groß genug sein. Festplatten haben die unangenehme Eigenschaft, schneller voll zu werden, als man es sich am Anfang vorgestellt hat. Allein moderne Betriebssysteme wie Windows 95 belegen einige zig Megabyte Festplattenspeicher. Auch Textverarbeitungen beanspruchen viel Speicherplatz. WinFax Pro braucht allein knappe 20 Megabyte! Wenn Sie Windows 95 und Programmpakete wie MS Office, Corel Wordperfect Office oder StarOffice installieren, sind meist weit über 100 MB auf der Festplatte belegt. Bevor Sie sich später ärgern, sollten Sie sich daher zu Ihrem PC eine Festplatte von wenigstens einem Gigabyte bestellen. Die Preisunterschiede zwischen größeren und kleineren Platten sind nur noch gering.

Beim **CD-ROM-Laufwerk** reicht in der Regel eine vierfache Geschwindigkeit aus, schnellere Laufwerke können allerdings nicht schaden und kosten kaum mehr. Achten Sie darauf, daß das CD-ROM-Laufwerk dem sogenannten Atapi-Standard entspricht. Das bedeutet, daß es wie eine Festplatte angeschlossen werden kann und keine spezielle Steckkarte dafür erforderlich ist.

Kaufen Sie mindestens einen 15-Zoll-**Farbmonitor**. Die Horizontalfrequenz sollte nicht niedriger sein als 64 kHz, bei einem 17-Zoll-Monitor nicht geringer als 80 kHz. Heutzutage gibt es schon 17-Zoll-Monitore von Markenherstellern, die kaum mehr als 1000 Mark kosten. Zu den Herstellern hochwertiger Monitore zählen Eizo, Sony, Philips, Compaq, NEC, Mitsubishi, Elsa, Samsung, Nokia und einige andere.

Kaufen Sie mindestens ein V.34-**Modem**, selbst wenn es gegenüber einem 14 400-bps-Modem etwas teurer ist – Sie sparen dadurch andere Kosten ein: Je schneller das Modem, um so billiger die Datenübertragung. Außerdem wird das Internet immer bunter. Die längste Übertragungszeit beanspruchen Grafiken, und es ist sehr ärgerlich, wenn Sie pausenlos warten müssen, bis das letzte bunte Bild auf Ihrem Bildschirm steht. Selbst bei einer Übertragungsgeschwindigkeit von 33 600 bps dauert es oft sehr lange. Eine Reihe renommierter Modemhersteller legt ihren Modems nicht nur hochwertige Software (Terminal-, btx- und Faxprogramme) bei, sondern bietet Ihnen auch nach dem Kauf kompetente Unterstützung an. Dazu gehören unter anderem die deutschen Anbieter Dr. Neuhaus und Elsa, wobei Elsa eine vielfach gelobte und wirklich gute Unterstützungsmailbox – im Fachjargon »Support-Mailbox« – betreibt. Vorzügliche Modems bauen aber auch US Robotics, Multitech, Zyxel, Motorola und einige andere Hersteller.

2// Die Herren der Leitung

Wege ins Internet

Es gibt drei Möglichkeiten:

1. Sie gehören zu den Glücklichen, die über die Hochschule oder die Firma Zugang zum Internet haben.
2. Sie nutzen einen Zugang über einen der großen Onlinedienste CompuServe, AOL oder T-Online.
3. Sie melden sich bei einem der Internet-Diensteanbieter, sog. »Provider«, an.

Zählen Sie zur Gruppe der unter 1. beschriebenen Privilegierten, müssen Sie sich mit dem EDV-Beauftragten Ihres Universitätsrechenzentrums oder Ihrer Firma unterhalten. Von ihm erfahren Sie, wie der Internet-Zugang funktioniert. Außerdem wird er Ihnen auch bei Schwierigkeiten helfen.

Gehören Sie zur 2. Gruppe, die einen Onlinedienst nutzen will, so erhalten Sie von diesen Diensten kostenfrei die notwendige Zugangssoftware. Der Zugang zum Internet wird über ein komfortables, fast automatisch laufendes Setup-Programm eingerichtet, bei T-Online werden Sie nicht einmal groß gefragt.

Tip

Wenn Sie per T-Online ins Internet wollen, dann müssen Sie die btx-Anschlußgebühr von 50 Mark nicht in jedem Fall bezahlen, da viele Modemanbieter für Sie die Gebühr übernehmen.

Bei CompuServe und AOL gibt es für den Fall, daß etwas nicht funktioniert, meist recht kompetent besetzte »Hotlines«, also eine telefonische Beratung. Die Nummern erhalten Sie mit der Zugangssoftware.

Der Internet-Zugang ist auch eine Preisfrage. Niedrige Monatsgebühren bedeuten nicht, daß Sie weniger bezahlen als bei höheren Monatsgebühren. Die großen Onlinedienste fordern bei geringeren Monatsbeiträgen (CompuServe als teuerster kostet 15 Mark im Monat) Gebühren pro Stunde im Onlinedienst oder im Internet. Wenn Sie also lange Internet-Dienste nutzen, ist für Sie dieser Weg verhältnismäßig teuer. Noch teurer wird es, wenn Sie den favorisierten Onlinedienst nicht per Ortstarif erreichen können. Nur T-Online können Sie überall in Deutschland per Ortstarif anwählen. Die anderen Dienste expandieren, um gleichzuziehen.

Die großen Onlinedienste bieten neben dem Internet-Anschluß noch weitere Vorteile: Im btx-System von T-Online können Sie vor allem »Home Banking« betreiben, also Ihr Konto von zu Hause aus verwalten, oder verschiedene Datenbanken anzapfen. CompuServe ist am interessantesten für Computerfreaks, da viele Hardware- und Softwareanbieter vertreten sind, die Programme und Hilfe anbieten. Außerdem kann man in CompuServe sehr viele Dateien auf die Festplatte seines PCs laden, was im Fachjargon als »download«, »herunterladen«, bezeichnet wird. AOL ist mehr auf Unterhaltung ausgerichtet und bietet einen fast übergangslosen Wechsel zwischen Internet und Onlinedienst. Bei allen Onlinediensten ist es möglich, elektronische Post, E-Mails, zu versenden und zu empfangen. Elektronische Post bedeutet, daß Ihre Briefe nicht per Post, sondern per Telefonleitung (oder Netzwerkleitung) befördert werden (siehe Kapitel 6).

Als Regel kann gelten: Wenn Sie das Internet oft und lange nutzen, sind Pauschalbeiträge günstiger als zeit- und/oder volumenabhängige Beiträge. Volumenabhängig bedeutet, daß der Provider mit Ihnen nach übertragenen Megabytes abrechnet, also entsprechend der Datenmenge, die durch die Telefonleitung von seinem Computer, dem ⇒ *Server*, auf Ihren Computer, den ⇒ *Client*, übertragen wird. Wenn Sie pro Monat nur wenige »Stippvisiten« im Internet machen, ist dieser Weg günstig, weil dann die niedrige monatliche Grundgebühr zum Tragen kommt. CompuServe und AOL bieten Ihnen mit der Grundgebühr wenigstens zwei »Freistunden« an.

Nur, wer bleibt lediglich ein paar Stunden im Internet? Wenn Sie die Vorzüge der weltweiten Verbindung kennengelernt haben, werden Sie garantiert länger surfen, als Sie sich das anfangs vorgestellt haben. Dann zahlen Sie besser eine hohe Pauschalgebühr ohne weitere Kosten. Wo könnte der Spruch »Zeit ist Geld« besser passen? Dies gilt auch dahingehend, daß Sie auf keinen Fall einen Internet-Anbieter nutzen sollten, der den Zugang nicht mit einer Geschwindigkeit von mindestens 28 800 bps gewährleisten kann. Die Dateiübertragung mit 14 400 bps dauert etwa doppelt so lange. Dementsprechend steigen die Telefongebühren und auch die Beiträge an Provider, die zeit- oder volumenabhängig abrechnen.

Der Autor dieser Zeilen zum Beispiel hat einen Zugang über einen Anbieter zum Ortstarif für 35 Mark im Monat ohne Zeit- und Mengenbegrenzung und ist fest davon überzeugt, daß er soviel Geld schon einmal schlechter angelegt hat. Für eine geringe zusätzliche Gebühr gibt es eine quasi automatische Einrichtung des Programms, das benötigt wird, um sich beim Provider ins Internet einzuwählen.

Auch andere Provider bieten Zugangssoftware an. Fragen Sie danach. Oft gibt es auch sogenannte »Scripts« (oder »Skripts«), die die Verbindung zu Ihrem Internet-Provider automatisch aufbauen, nachdem Sie beim ersten Mal ein paar Fragen beantworten mußten.

Für die großen Onlinedienste spricht in jedem Fall der komplikationslose Anschluß ans Internet. Während Sie bei Internet-Anbietern immer wieder mit technischen Fragen konfrontiert werden (siehe folgendes Kapitel), verläuft die Einrichtung des Internet-Zugangs bei CompuServe & Co. quasi vollautomatisch. Sie müssen lediglich den Typ Ihres Modems kennen, wenn überhaupt.

Internet-Provider in Deutschland, Österreich und der Schweiz

Onlinedienste in Deutschland

America Online (AOL)
Tel.: 0180-5313164

CompuServe GmbH
Tel.: 0130-3732

Microsoft Network (MSN)
Tel.: 0130-823250

T-Online
Tel.: 0130-5000 (oder in jedem Telekom-Laden)

Überregionale Providernetze

Eunet Deutschland GmbH
Emil-Figge-Str. 80
44227 Dortmund
Tel.: 0231-97200
Fax: 0231-9721111

Germany.Net
SysNet GmbH
Kennedyallee 89
60596 Frankfurt
Tel.: 069-632001
Fax: 069-632077

IS Internet Services GmbH & Co.
Harburger Schloßstr. 6-12
21079 Hamburg (Harburg)
Tel.: 040-766291623
Fax: 040-76629507

Vereine, die Internet-Anschlüsse für Privatpersonen anbieten

Individual Network e.V.
Scheideweg 65
26121 Oldenburg
Tel.: 0441-9808556
Fax: 0441-9808667

sub-Netz e.V.
Verein zur Förderung
der privat betriebenen
Datenkommunikation
Postfach 6564
76045 Karlsruhe
Tel.: 0721-699478
Fax: 0721-661937

Eine Liste von regionalen Internet-Providern finden Sie, wenn Sie folgende Adresse eingeben:

http://www.pconline.de/

Sollten Sie keine Möglichkeit haben, diese Liste anzusteuern, um einen Provider im Citybereich der Telekom zu finden, dann sei Ihnen folgendes empfohlen: Testen Sie die beiden Onlinedienste AOL und CompuServe (das sollten Sie übrigens auf jeden Fall tun). In der Probephase kostet Sie das außer den Telekomgebühren nichts. Geben Sie im Web-Browser (dem Surfprogramm für das World Wide Web) von AOL oder CompuServe in die Adressenzeile (die weiße Fläche oben, unter den Menüpunkten und den Symbolen) folgendes ein:

http://www-cache.rrzn.uni-hannover.de/such-prov.html

Es baut sich nun eine Seite mit dem Titel *Suche nach Internet-Provider* auf. Geben Sie im Abfragefeld Ihren Wohnort ein (wenn Sie auf dem Dorf wohnen, dann nennen Sie die größte Stadt, die Sie zum Citytarif der Telekom anwählen können). Vermeiden Sie Umlaute sowie das »ß«, schreiben Sie also »Koeln« statt »Köln«. Binnen einiger Sekunden werden Ihnen die in Frage kommenden Provider genannt. Drucken Sie die Liste am besten aus, und lassen Sie sich von den Providern Informationsmaterial schicken.

Internet-Provider in Österreich und der Schweiz

Besorgen Sie sich eine kostenlose Testmitgliedschaft bei CompuServe (dort finden Sie übrigens per Suchfunktion problemlos sämtliche Programme, die in diesem Buch beschrieben sind). CompuServe erreichen Sie in Österreich unter der Telefonnummer 0660-5056 und in der Schweiz unter der Telefonnummer 155-7286. Sie erhalten dort kostenlos die Zugangssoftware inklusive des Internet-Browsers Netscape-Navigator. Die Installation der CompuServe-Zugangssoftware ist im Begleitmaterial exakt beschrieben und kinderleicht. Es geht praktisch alles automatisch, das gilt auch für die Konfiguration der Internet-Software.

Wenn Sie alles installiert haben, wählen Sie sich in CompuServe ein und starten dann den Web-Browser. In Österreich finden Sie Provider, wenn Sie die folgenden Adressen oben in die weiß hinterlegte Adressenzeile eingeben:

http://www.borg.graz.ac.at/~loehnert/provider.htm

http://www.austria.eu.net:81/public/intdir/comp.htm

http://www.lech.priv.at/HotLinks/Computer/Provider.html

In der Schweiz gibt es eine Providerübersicht unter der folgenden Adresse:

http://www.htl-bw.ch/~ib93klau/dk_html/prv-alph.html

Wenn Sie *trotz aller Versuche* keinen Provider finden, schicken Sie eine E-Mail (siehe Kapitel 6) an: *cditfurth@neuss.netsurf.de*. Aber bitte nur dann.

3// Die Qual der Wahl

Die Verbindung zum Internet

Mit einem Wählprogramm können Sie sich ins Internet einwählen. Dieses Programm wählt die Nummer Ihres Providers, baut die Verbindung auf und ist dann der Sockel, auf dem alle Internet-Programme arbeiten. Das ist vielleicht ungewohnt, aber außerordentlich praktisch. Wenn Sie einmal eine Verbindung haben, dann können Sie Dateien übertragen, E-Mails versenden und empfangen, im World Wide Web surfen oder mit Telnet Bibliotheken durchstöbern – und das alles, wenn es denn sein muß, sogar gleichzeitig.

Weltweiter Standard als Einwählprogramm für Windows 3.1 ist Trumpet Winsock, das auch unter Windows 95 läuft. Allerdings hat das neue Microsoft-Betriebssystem ein eigenes Wählprogramm, das Ihnen am Ende dieses Kapitels vorgestellt wird.

Was Trumpet Winsock mit einer Trompete (engl. »trumpet«) zu tun haben soll, mag das Geheimnis seines Autors bleiben. Für den Rest des Programmnamens hilft folgende Gedächtnisstütze: Nach dem Einwählen unter *Win*dows stellt dieses Programm einen *Sock*el für Internet-Programme dar.

Damit Sie dieses Programm nutzen können, müssen Sie es auf die Verbindung vorbereiten, also vor allem wichtige Daten Ihres Providers eingeben. Dazu öffnet sich beim ersten Start automatisch das Fenster *Network Configuration*. In die Kästchen in diesem Fenster geben Sie die Daten ein, die Ihnen Ihr Provider gegeben hat. An dieser Stelle führt kein Weg am Fachjargon vorbei. Allerdings müssen Sie das folgende nicht verstehen, es genügt, wenn Sie der Anleitung folgen:

IP address ist Ihre Internet-Adresse für die Dauer der Verbindung. Solange gehört Ihr Computer zum Internet und braucht daher eine un-

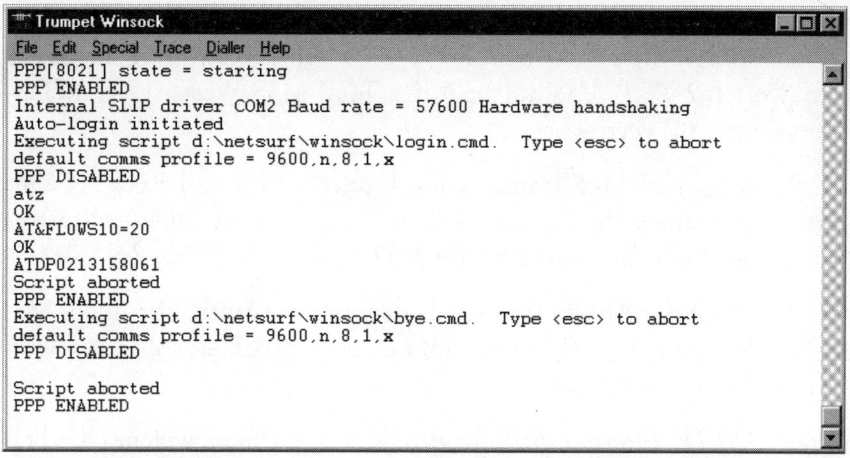

Trumpet Winsock: das Wählprogramm fürs Internet

verwechselbare Adresse, um ihn von anderen Computern zu unterscheiden. Diese Internet-Adresse kann auch dynamisch vom Provider zugewiesen werden, das heißt, Sie müssen sich in diesem Fall nicht darum kümmern, da der Internet-Server Ihres Providers hier einen Wert einträgt.

Name Server ist die Internet-Adresse eines Rechners, der dafür sorgt, daß Sie alle Rechner im Internet mit Namen statt mit einer kryptischen Nummer ansprechen können. (Dieser Mechanismus heißt ⇒ *DNS*.) In der Regel wird Ihr Provider eine solche Maschine betreiben. Die Adresse besteht aus mehreren, durch Punkte getrennten Ziffern. Schreiben Sie diese exakt vom Datenblatt Ihres Providers ab. Die Adresse kann zum Beispiel lauten: 194.163.173.1

Domain Suffix ist die für jedermann verständliche Internet-Adresse. Diese kann zum Beispiel lauten: neuss.netsurf.de Daraus läßt sich schlußfolgern, daß der Server des Providers in Deutschland – »de« – steht, an das Netz »netsurf« angeschlossen ist und »neuss« heißt (und offenbar auch in dieser niederrheinischen Stadt steht; das muß aber nicht sein). Informationen dazu finden Sie auch im Glossar unter dem Stichwort ⇒ *Internet-Adresse*.

MTU ist die Abkürzung für Maximum Transmission Unit, also die maximale Größe des zu übertragenden Datenblocks. Wenn hier 1500 steht und Sie Schwierigkeiten mit der Verbindung zu Ihrem Provider haben, sollten Sie es mit dem Wert 1000 versuchen und gleichzeitig den Wert für *TCP MSS* auf 960 (der TCP MSS-Wert ist der MTU-Wert minus 40) verringern.

TCP RWIN bedeutet Transmission Control Protocol Receive Window. Wenn Ihnen Ihr Provider keinen Wert genannt haben sollte, tragen Sie das Drei- bis Vierfache des MTU-Werts ein.

TCP MSS ist die Abkürzung für Transmission Control Protocol Maximum Segment Size. Wie unter *MTU* angesprochen, sollte der Wert *MTU* minus 40 betragen.

Internal SLIP, Internal PPP: Ihr Provider sagt Ihnen, welches der beiden Protokolle er verwendet. Das modernere ist das Point-to-Point Protocol (PPP); das Serial Line Internet Protocol (SLIP) verliert zunehmend an Bedeutung. Genauere Informationen finden Sie im Glossar unter dem Stichwort ⇒ *Protokoll*. Sollten Sie nicht wissen, welches Protokoll in Frage kommt, dann klicken Sie versuchsweise zuerst *Internal PPP* an.

SLIP Port ist eigentlich der falsche Begriff. Gemeint ist die serielle Schnittstelle, an die Ihr Modem angeschlossen ist, also der COM-Port. Meistens hängt das Modem am COM-Port 2; in diesem Fall tragen Sie bitte eine 2 ins Kästchen ein.

Baud Rate: Dieser Begriff ist falsch (⇒ *Baud*), da hier keine Baudrate, sondern die bps-Rate der Verbindung eingetragen werden soll. Wenn Sie ein 28 800-bps-Modem besitzen, dann tragen Sie hier mindestens 38 400 ein, weil ja die Übertragungsgeschwindigkeit eines Modems durch Datenkompression vergrößert wird. Sie können hier aber auch unbesehen 57 600 einsetzen, dann gehen Sie auf Nummer Sicher. (Vorausgesetzt, Sie haben den FIFO-Baustein mit dem schönen Namen UART 16 550 im PC.) Theoretisch müßte man sogar 115 200 eintragen, weil das aktuelle Datenkompressionsverfahren V.42bis einen Verdichtungsfaktor von 4 zu 1 erreichen kann. Allerdings liegen größere Dateien meist schon komprimiert vor, so daß die Verdichtung des Modems nicht mehr greift. Außerdem arbeitet das Internet meistens ziemlich langsam. Seien Sie froh, wenn Ihr V.34-Modem hin und wieder einmal voll ausgelastet wird.

Hardware Handshake: Wenn sich zwei Modems begrüßen, können Sie das per Software-Handshake oder per Hardware-Handshake tun. Software-Handshake bedeutet, daß zwischen den Modems Informationen über die Übertragung ausgetauscht werden, um diese zu kontrollieren. Beim Hardware-Handshake werden solche Kontrollinformationen hingegen über spezielle Leitungen zwischen Computer und Modem übermittelt. Die meisten Modems haben an ihrer Frontseite zwei Lämpchen mit der Beschriftung *RTS* und *CTS*. Diese beiden Leuchtdioden stehen für den Hardware-Handshake und bedeuten »Request to send« (*RTS*) und »Clear to send« (*CTS*). Der Computer sendet *RTS*, also eine Sendeanforderung, an das eigene Modem, und das Modem antwortet mit *CTS* und zeigt damit seine Sendebereitschaft an. Während der Datenübertragung tauschen Modem und Computer unzählige Male diese Signale aus. Klicken Sie das Kästchen *Hardware Handshake* an.

Van Jacobson CSLIP compression ist ein spezielles Datenkomprimierungsverfahren von solchem Seltenheitswert, daß Sie das Kästchen nicht anklicken sollten – es sei denn, Ihr Provider rät es Ihnen.

Online Status Detection: *DCD* ist die Abkürzung für Data Carrier Detect und bedeutet, daß das Modem dem eigenen Computer mitteilt, daß es ein Trägersignal in seiner Leitung entdeckt hat. *DCD check* fordert das Modem auf, dieses Trägersignal zu überprüfen (engl. »check«). *DSR* bedeutet Data Set Ready und ist ein Signal, daß das Modem an den Computer schickt, um ihm zu sagen, das es zur Datenübertragung bereit ist. *DCD* und *DSR* sind Hardwaresignale, werden also über spezielle Leitungen übertragen und funktionieren nur beim Hardware-Handshake. Sie überprüfen den Zustand der Datenübertragung zwischen Computer und Modem. Ein modernes Modem unterstützt beide Status-Kontrollmethoden. Sie können also eines der beiden Kästchen anklicken. Wenn keines der beiden Online-Status-Detection-Verfahren gegeben ist, klicken Sie *None* an.

Wichtig ist jetzt noch folgendes: In der Menüleiste von Trumpet Winsock finden Sie das Menü *Dialler*. Klicken Sie darauf und dann auf *Options*.

Wenn Sie von Ihrem Provider (erstaunlicherweise) kein Einwählskript erhalten haben, klicken Sie auf *No automatic login*, sonst aktivieren Sie

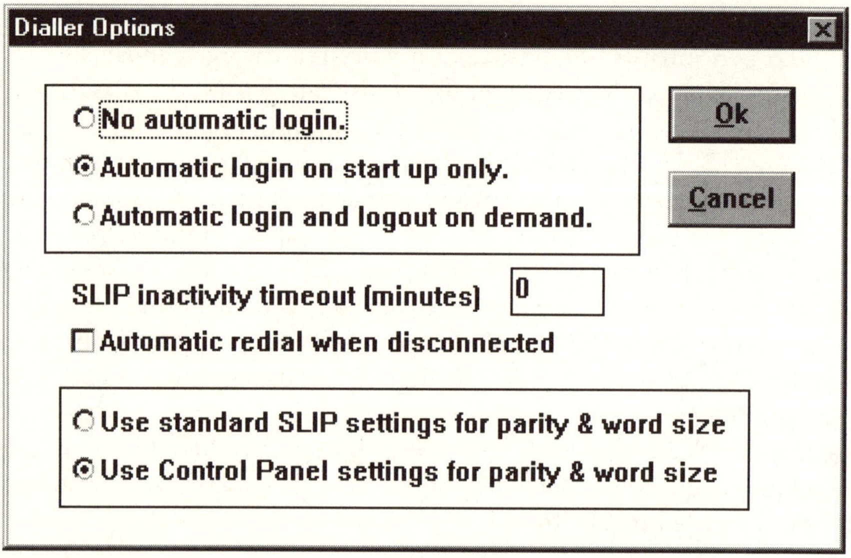

Das Wähloptionenfenster von Trumpet Winsock

Automatic login on start up only. Login läßt sich übersetzen mit einloggen, also sich einwählen oder sich einklinken. Logoff läßt sich umschreiben mit ausloggen, also sich ausklinken. Mit login baut man die Verbindung auf, mit logout (oder logoff) beendet man sie.

Klicken Sie in der letzten Zeile noch auf *Use Control Panel settings for parity & word size* (⇒ *Parität*) und dann auf *OK*.

Beenden Sie Trumpet Winsock (*File > Exit*) und starten Sie es dann neu. Haben Sie ein Einwählskript, dann wählt Trumpet Winsock nun die Nummer Ihres Providers und baut die Verbindung auf. Paßwort und Login-Name usw. werden automatisch abgefragt und beantwortet.

Wenn Sie zu den bedauernswerten Mitmenschen ohne Skript gehören, dann müssen Sie nach dem Programmstart *Dialler > Manual Login* anklicken und, wie oben beschrieben, die Nummer Ihres Providers wählen, also z.B.

ATDP02212345

Sie werden dann nach Paßwort, Login-Name u. a. gefragt. Nach dem erfolgreichen Login drücken Sie bitte die ESCAPE-Taste (ESC, links oben auf Ihrer Tastatur), damit Trumpet Winsock vom Einwählmodus zum Datenübertragungsmodus umschalten kann.

Während Trumpet Winsock sich einloggt, können Sie im Programmfenster eine wilde Abfolge kryptischer Zeichen verfolgen. Das einzige, was Sie daran interessieren muß, ist die Zeile *state = open*. Diese Meldung sagt Ihnen, daß die Verbindung zu Ihrem Provider steht und Sie Ihre Internet-Anwendungsprogramme starten können.

Wenn Sie Ihre Internet-Verbindung beenden wollen, klicken Sie in Trumpet Winsock *Dialler > Bye*. Jetzt warten Sie einen Augenblick, damit Trumpet Winsock sich ausloggen kann.

Der Verbindungsaufbau unter Windows 95 funktioniert so:

1. Doppelklick auf *Arbeitsplatz*.
2. Doppelklick auf *DFÜ-Netzwerk*.
3. Doppelklick auf *Neue Verbindung erstellen*.
4. Geben Sie der Verbindung einen Namen, vorzugsweise den Ihres Providers.
5. Klicken Sie auf *Weiter*.
6. Geben Sie die *Ortskennzahl* (also die Telefonvorwahl) und die *Rufnummer* Ihres Providers ein.
7. Klicken Sie auf den Pfeil im Feld unter *Landeskennzahl* und suchen Sie den Eintrag *Deutschland (49)*.
8. Klicken Sie auf *Weiter*.
9. Klicken Sie auf *Fertigstellen*. Im Fenster *DFÜ-Netzwerk* finden Sie jetzt ein neues Symbol mit dem Namen der von Ihnen bestimmten Verbindung.
10. Klicken Sie mit der rechten Maustaste auf das neue Symbol und dann im sich öffnenden Menü auf *Eigenschaften*.
11. Klicken Sie nun auf *Servertypen ...*
12. Wenn Ihnen Ihr Provider keine speziellen Angaben zu *Servertypen* gemacht hat, versuchen Sie es mit den Voreinstellungen. Allerdings darf unter *Zulässige Netzwerkprotokolle* nur *TCP/IP* aktiviert sein.
13. Klicken Sie jetzt auf *TCP/IP-Einstellungen ...*
14. Wenn Ihnen Ihr Provider keine IP-Adresse gegeben hat, aktivieren Sie *Vom Server zugewiesene IP-Adresse*.
15. Aktivieren Sie jetzt *Namensserveradressen festlegen* und tragen Sie hinter *Erster DNS* die Adresse ein, die Ihnen Ihr Provider für den Domain Name Service gegeben hat.

16. Aktivieren Sie die Einstellungen *IP-Header-Komprimierung* und *Standard-Gateway im Remote-Netzwerk verwenden.* (Falls es mit der Verbindung Schwierigkeiten gibt, deaktivieren Sie die *IP-Header-Komprimierung.*)
17. Bestätigen Sie mit *OK*. Das Fenster schließt sich.
18. Bestätigen Sie auch im geöffneten Fenster *Servertypen* mit *OK*.
19. Bestätigen Sie auch im Fenster, das den Namen Ihrer Verbindung trägt, mit *OK*.
20. Wenn Sie jetzt auf das neue DFÜ-Netzwerk-Symbol doppelklicken, öffnet sich ein Fenster, und Sie werden nach Ihrem Benutzernamen und Ihrem Kennwort (beide erhalten Sie vom Provider) gefragt. Geben Sie Benutzername und Kennwort ein, und klicken Sie auf *Verbinden*. Wenn die Verbindung steht, wird Ihnen dies mitsamt der Übertragungsgeschwindigkeit gemeldet. Jetzt können Sie Ihre Internet-Programme starten.

Ein anderer möglicher Weg, unter Windows 95 ins Internet zu gelangen, verläuft über den komfortablen Internet-Assistenten. Mit ihm können Sie arbeiten, wenn Sie auf das Internet-Symbol auf der Arbeitsoberfläche doppelklicken.

Probieren Sie einfach aus, welcher Weg Ihnen am leichtesten erscheint.

4// Steuern in der Brandung

Der Web-Browser

Zum Surfen brauchen Sie ein Surfprogramm. Diese Programme, von denen es mehrere gibt, nennt man Web-Browser. Sie dienen dazu, daß Sie im World Wide Web (WWW) von Seite zu Seite blättern können. Das Web ist nämlich in Seiten aufgebaut. Die wichtigsten Seiten werden Homepages genannt, das sind die Hauptseiten, an denen oft weitere Seiten hängen. Wenn Sie Ihren Mauszeiger über eine Homepage wandern lassen, werden Sie merken, daß der Zeiger seine Form verändert. Verwandelt er sich in eine Hand mit ausgestrecktem Zeigefinger, steht der Zeiger über einer Verbindung zu einer anderen Seite. Wenn Sie die linke Maustaste drücken, dann springen Sie zu dieser Seite. Solche Verbindungsstellen sind meistens unterstrichen und/oder farbig markiert, sie können sich aber auch hinter Grafiken verbergen. Man nennt dieses Konzept ⇒ *Hypertext*. Verbindungsstellen oder Verknüpfungen werden im Internet als »Links« (engl. »link«: »verbinden«) bezeichnet. Wer von Link zu Link springt, surft im World Wide Web. Nichts ist einfacher als das.

Web-Adressen

All das funktioniert jedoch nur, weil jede Web-Seite eine eigene Adresse hat. (Übrigens werden Adressen im Internet manchmal als »Uniform Resource Locator«, ⇒ *URL*, bezeichnet.) Hätte nicht jede Seite eine eigene Adresse (eine eigene URL), gäbe es ein heilloses Chaos im Internet (womit nicht gesagt werden soll, daß es dort wohlgeordnet zugeht).

Internet-Adressen sehen auf den ersten Blick kryptisch aus, sind aber leicht zu verstehen. Eine typische Adresse, hier die der Uni Heidelberg, lautet etwa:

http://www.urz.uni-heidelberg.de

Die Adresse bedeutet von links nach rechts:

http: steht für Hypertext Transfer Protocol (⇒ *HTTP*). Hypertext-Dokumente im Internet werden mit der Hypertext Markup Language (⇒ *HTML*) erstellt. Ein Transfer Protocol ist ein Übertragungsprotokoll, in diesem Fall das für Web-Seiten (⇒ *Protokoll*). Steht vor einer Adresse das Kürzel »http«, dann handelt es sich um ein WWW-Dokument. Steht dagegen »ftp« vor einer Adresse, dann handelt es sich um einen Server, der der Dateiübertragung – engl. »file transfer« – mittels des File Transfer Protocol (siehe Kapitel 7) dient. Auf diese Weise können Computer und Programme die verschiedenen Dienste des Internet voneinander unterscheiden.

Die Adresse eines Web-Dokuments ist in verschiedene Bereiche (engl. »domains«) gegliedert:

www: steht für World Wide Web und vor den meisten WWW-Dokumenten. Doch ist es nicht obligatorisch. Es ist üblicherweise der Name des WWW-Servers.

urz: heißt Universitätsrechenzentrum. Dort steht (vermutlich) der Server.

uni-heidelberg: ist die nächsthöhere lokale Ebene.

de: ist die höchste lokale Ebene. Es zeigt an, daß der Server irgendwo in Deutschland steht.

Da sich das Internet in den USA entwickelt hat, konnten die Amerikaner auf Landesbezeichnungen verzichten. Sie haben statt dessen Organisationsbezeichnungen vergeben: *com* für Unternehmen (engl. »companies«), *edu* für Bildungseinrichtungen (engl. »education«), *gov* für Behörden (engl. »government«) usw. Für die später hinzugekommenen Länder blieben nur Landesbezeichnungen übrig: *de* für Deutschland, *uk* für United Kingdom, *it* für Italien, *fr* für Frankreich, *fi* für Finnland usw.

Die Universität von Western Michigan hat folgende Adresse:

http://www.wmich.edu

Die Homepage des Softwaregiganten Microsoft hat diese Adresse:

http://www.microsoft.com

Die deutsche Microsoft-Filiale erreichen Sie unter:

http://www.microsoft.de

Wenn man eine solche Adresse von rechts nach links liest, ergibt sich eine interessante Struktur: Die Bezeichnungen werden nämlich immer genauer. Die Adresse der Suchmaschine AltaVista

http://altavista.digital.com

bedeutet (von rechts nach links):

US-amerikanisches Unternehmen
Name: Digital (Equipment)
Servername: AltaVista

Oft sind nach der Organisations- (USA!) oder Landesbezeichnung weitere Bereiche angehängt:

http://www.dhm.de/sammlungen/dokumente1/

Die Adresse bedeutet ab der Landesbezeichnung nach links:

- Deutschland
- Deutsches Historisches Museum

Ab der Landesbezeichnung nach rechts:

- Verzeichnis Sammlungen
- Dokumente1

Was *Dokumente1* bedeutet, erfahren Sie erst, wenn Sie die Adresse angesteuert haben. Wahrscheinlich handelt es sich um eine Dokumentensammlung, und mit größter Wahrscheinlichkeit gibt es auch *Dokumente2*, *Dokumente3* usw.

Die Adressen sehen also komplizierter aus, als sie sind. Der Name der Homepage verweist immer auf den Namen des Servers. Alles, was *nach* der Landes- oder Organisationsbezeichnung folgt, sind Verzweigungen. Sie brauchen sich diese Verzweigungen nicht zu merken, da es sich um Verknüpfungen (Links) von anderen Seiten handelt, die Sie durch einen einfachen Klick ansteuern können. Ohne diese eindeutigen Adressen wäre jedoch jeder Klick ein Ding der Unmöglichkeit.

Computer sind und bleiben zwar Analphabeten; doch können sie diese Adressen trotzdem verstehen, da in Wahrheit Ziffern dahinterstecken. Mit Hilfe des Domain Name Service (DNS) – Bereichsnamendienst – werden die IP-Adressen der Server in Klartext-Bereichsnamen übersetzt. IP bedeutet Internet Protocol, und jeder Rechner im Internet wird durch IP-Nummern identifiziert. Weil die Ziffernfolgen aber so unhandlich sind, wurden spezielle Rechner beauftragt, diese in DNS-Namen zu übersetzen und umgekehrt (siehe auch ⇒ *DNS*).

Tip

Bitte beachten Sie, daß Sie Protokollkürzel immer klein schreiben müssen, also nicht *HTTP* oder *FTP*, sondern *http* und *ftp*. Folgen Sie bei Internet-Adressen hinsichtlich der Groß- und Kleinschreibung unbedingt der Vorgabe.

Der Netscape-Navigator

Zum Surfen empfehlen wir Ihnen den populärsten Web-Browser: den Netscape-Navigator. Er ist einfach zu bedienen und kann alles, was ein Surfer braucht. Er läßt sich durch sogenannte Plug-ins, Programmzusätze oder -ergänzungen, sogar zu einem unglaublich vielseitigen Multimedia-Surfprogramm erweitern. Aber schon in der Grundausstattung bietet er mehr, als die meisten Web-Nutzer jemals benötigen.

Sie installieren den Netscape-Navigator, indem Sie das Setup-Programm auf Diskette oder CD aufrufen. Wenn Sie (oder ein guter Freund) den Navigator aus einer Mailbox oder aus dem Internet heruntergeladen haben (siehe Kapitel 7), dann wechseln Sie mit Dateimanager (Windows 3.1) oder Explorer (Windows 95) in das Verzeichnis, in dem sich die Datei befindet. Ein Doppelklick genügt, und schon wird das Programm dekomprimiert (es ist nämlich aus Gründen der Platzersparnis komprimiert).

Rufen Sie dann die Datei SETUP.EXE auf: Durch einen Doppelklick befinden Sie sich dann im üblichen Frage-und-Antwort-Spiel. Sie können alles mit *OK* bestätigen. Wenn die Installation des Navigators abgeschlossen ist, sind Sie bereit zum Start ins weltweite Netz der bunten Seiten. Sie müssen vor dem Start des Navigators mit Trumpet Winsock oder dem DFÜ-Netzwerk von Windows 95 eine Internet-Verbindung aufbauen, und dann geht es mit einem Doppelklick auf NETSCAPE.EXE auf die Reise.

Klicken Sie einfach auf *Interessantes*, und schon sind Sie ein Web-Surfer. Die farbig (meist blau) markierten und unterstrichenen Wörter sind Links zu anderen Seiten. Nach Ihrer ersten kleinen »Weltreise« sollten Sie sich etwas intensiver mit dem Reisevehikel, dem Navigator, beschäftigen. Es lohnt sich. Das Surfen wird dadurch noch komfortabler.

Die Bildschirmdarstellung des Netscape-Navigators hat verschiedene Elemente, und zwar von oben nach unten:

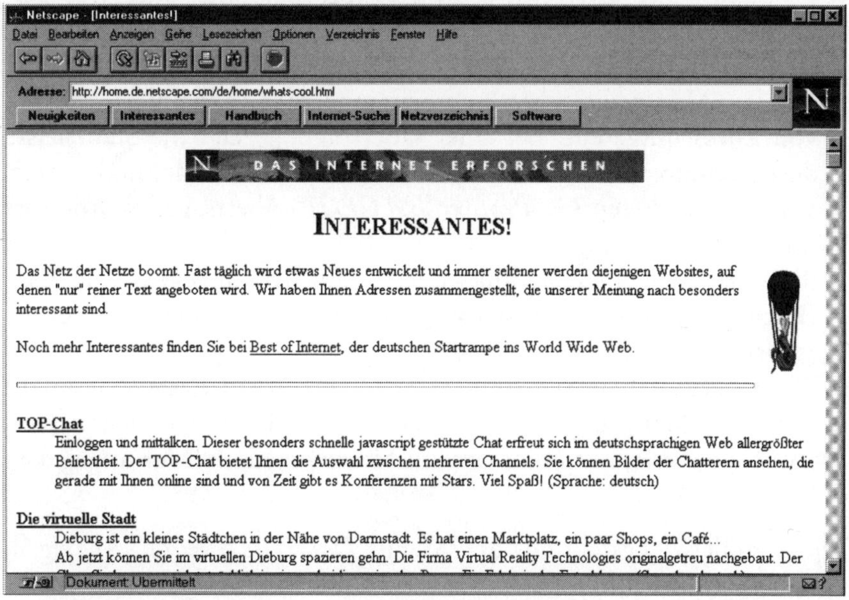

Netscape 3.0: der Marktführer im Browser-Markt

- Die Titelleiste: Sie zeigt Ihnen den Firmennamen *Netscape* und den Titel der aktuellen Seite an;
- die Menüleiste: *Datei*, *Bearbeiten* usw. – sie zeigt Ihnen die Menüs des Navigators an;
- die Symbolleiste: *Pfeil nach links*, *Pfeil nach rechts* usw. – sie umfaßt häufig vorkommende Befehle;
- die Adressenzeile: *Adresse* – hier können Sie die Adresse einer Web-Seite eintragen;
- die Übersichtssymbolleiste: *Neuigkeiten*, *Interessantes* usw. – sie zeigt Ihnen wichtige oder interessante Web-Seiten an;
- das Netscape-Logo, rechts: Wenn es sich bewegt, findet gerade eine Übertragung statt. Sobald Sie darauf klicken, wird die Netscape-Homepage angezeigt;
- das Laufband, rechts: Mit ihm können Sie sich in einem Dokument bewegen, das länger ist als das Navigator-Fenster. Sie können dazu statt des Laufbands auch die Tasten PAGE UP/PAGE DOWN bzw. BILD NACH OBEN/BILD NACH UNTEN benutzen;
- den Schlüssel, links unten: Er zeigt durch Form und Farbe den Sicherheitsstatus von Dokumenten an;
- die Statuszeile, unten Mitte: Sie gibt Informationen über Web-Seiten und Menüeinträge. Fahren Sie mit dem Mauszeiger über Menüs, erhalten Sie hier kurze Erklärungen über Menüeinträge. Fahren Sie mit dem Mauszeiger über Web-Seiten, werden Ihnen hier Adressen von Links mitgeteilt. Bei einer Übertragung zeigt die Statusleiste deren Tempo an (in Bytes und Kilobytes pro Sekunde) und wieviel von Datenpaketen (⇒ *Protokoll: TCP/IP*) übertragen worden ist (in Prozent);
- die Fortschrittsanzeige, links neben dem Briefumschlag: Sie zeigt Ihnen mit einem Balken an, wie weit die Übertragung fortgeschritten ist;
- den Briefumschlag mit Fragezeichen: Ein Klick darauf veranlaßt Netscape-Mail, nach elektronischer Post für Sie zu suchen (was natürlich nur funktioniert, wenn Sie einen Mailserver angegeben haben).

Die Menüleiste besteht aus den Menüs *Datei*, *Bearbeiten*, *Anzeigen*, *Gehe*, *Lesezeichen*, *Optionen*, *Verzeichnis*, *Fenster*, *Hilfe*.

Die Menüleiste – *Datei* bis *Gehe*

Das Menü Datei

Neuer Web-Browser: Laden Sie den Navigator mehrmals, um gleichzeitig verschiedene Adressen anzusteuern. Da jedoch alles über eine Winsock-Verbindung läuft, bremst solch parallele Vielfalt die Übertragungsleistung.

Neue Mail-Nachricht: Verfassen und senden Sie eine E-Mail. Dies funktioniert allerdings erst, wenn Sie den Ratschlägen zum Menü *Optionen* gefolgt sind. Dort werden die Einstellungen vorgenommen, die es Ihnen erlauben, E-Mails zu senden und zu empfangen.

Verbindung herstellen ...: Wenn Sie diesen Menüpunkt anklicken, werden Sie aufgefordert, eine WWW-Adresse einzugeben. Danach versucht der Navigator, diese Adresse anzusteuern.

Datei öffnen ...: Sie können gespeicherte Web-Seiten laden und sich diese anschauen.

Speichern unter ...: Wenn Ihnen beim Surfen eine Web-Seite gefällt, dann können Sie diese als Datei speichern. Der Navigator schlägt Ihnen einen Dateinamen und ein Verzeichnis vor, in dem die Seite gespeichert werden kann. Sie können den Vorschlag übernehmen oder ändern und die Seite dann »offline« lesen, also getrennt von der Telefonleitung und ohne Gebühren (»online« dagegen heißt, daß die Leitung zu Ihrem Internet-Provider steht).

Tip

Wenn Sie eine Textverarbeitung besitzen, die Internet-Seiten lesen kann, können Sie die gespeicherte Seite in Ihrer Textverarbeitung öffnen (laden) und bearbeiten. Texte, die mit MS Word geschrieben wurden, haben das Textformat MS Word. Bevor Sie einen solchen Text in WordPerfect oder StarWriter lesen und bearbeiten können, müssen Sie ihn konvertieren. Dazu öffnen (laden) Sie den Text in der gewünschten Textverarbeitung, die dann diesen Job für Sie übernehmen wird. Das gleiche funktioniert mittlerweile bei den führenden Textverarbeitungen auch mit dem Textformat des Internet, das sich Hypertext Markup Language (⇒ *HTML*) nennt. HTML-Dateien enden mit *htm* oder *html*. Wenn Sie etwa in den neuesten Windows-Versionen von WordPerfect oder StarWriter HTML-Dateien öffnen, werden diese automatisch konvertiert. Bei Word (bis zur Version 7) benötigen Sie dazu den MS-Internet-Assistenten für Word, den Sie von der Microsoft Homepage (*http://www.microsoft.de*) kostenlos herunterladen können.

Datei heraufladen ...: Dieser Menüpunkt ist für Sie am Anfang Ihrer »Surferlaufbahn« nicht wichtig. Er wird sich Ihnen aber erschließen, sobald Sie das File Transfer Protocol (FTP ⇒ *Protokoll*) kennengelernt haben. Hier nur in Kürze (Sie müssen das folgende nicht lesen oder verstehen): Sie können Dateien nicht nur von einem FTP-Server herunterladen, sondern auch auf einen FTP-Server heraufladen, also die Datei per Telefonleitung zum Server schicken. Diesen Vorgang nennt man auch »upload« (im Gegensatz zum »download«). Das Angebot mancher FTP-Server wird auch im WWW präsentiert. Sollten Sie an eine solche Seite geraten, dann können Sie mit *Datei heraufladen ...* dem FTP-Server eine Datei schicken, sofern der FTP-Server diese Möglichkeit zuläßt.

Die folgenden drei Menüpunkte beziehen sich auf das Drucken von WWW-Seiten mit dem Navigator.

Seite einrichten ...: Hier bestimmen Sie, wie die gedruckte Seite aussehen soll. Übernehmen Sie für den Anfang die Voreinstellungen (wenn dies nicht funktioniert, könnte es helfen, die oberen und unteren Ränder etwas zu vergrößern). Sie können mit einem bereits auf der Festplatte gespeicherten HTML-Dokument experimentieren, wie die Seiten ausgedruckt werden sollen. Das spart Telefonkosten. Sie brauchen es auch nicht wirklich auszudrucken, weil Ihnen der Navigator den

Menüpunkt *Seitenansicht* bietet, der Ihnen auf dem Bildschirm anzeigt, wie die ausgedruckte Seite aussehen würde.

Drucken ...: Ein Fenster mit Optionen fürs Drucken wird geöffnet, das sich selbst erklärt.

Seitenansicht: Hier wird Ihnen am Bildschirm gezeigt, wie die aktuelle Seite gedruckt aussieht.

Schließen: Die aktuelle Navigator-Seite wird geschlossen. Andere Navigator-Fenster bleiben geöffnet.

Beenden: Die aktuelle Navigator-Seite wird geschlossen, und der Navigator wird beendet.

Tip

Möglicherweise fragen Sie sich, was die drei Pünktchen bedeuten, die hinter manchem Menüeintrag stehen, zum Beispiel: *Drucken ...* Sie weisen darauf hin, daß nicht sofort eine Aktion startet, wenn Sie den Menüpunkt anklicken. Statt dessen öffnet sich ein weiteres Menü oder ein Auswahlfenster. Wenn Sie auf Menüeinträge klicken, hinter denen keine Pünktchen stehen, passiert etwas. Klicken Sie *Seitenansicht* an, wird ohne Umweg die Seite angezeigt.

Hinter einigen Menüeinträgen finden Sie Tastenkürzel, Shortcuts genannt, mit denen Sie die entsprechende Aktion auch starten können, ohne das Menü Datei anzuklicken. Dazu müssen Sie auf Ihrer Tastatur zwei bestimmte Tasten drücken. Sie brauchen sich also zum Beispiel nicht zum Eintrag *Datei > Datei öffnen* durchzuklicken, sondern es genügt, daß Sie die Tasten STRG und O drücken, entweder gleichzeitig oder zuerst die Taste STRG und dann O, um eine Datei zu öffnen (laden). Möglicherweise ist die Taste STRG (für »Steuerung«) auch englisch beschriftet, dann heißt sie CTRL (für »control«). Wenn sie STRG+O drücken, dann passiert das, was als Menüeintrag davorsteht.

Falls Sie sich noch nicht mit der Maus angefreundet haben, können

Sie, zum Beispiel um das Dateimenü zu öffnen, auch ALT+D drücken. In allen Menüeinträgen ist ein Buchstabe unterstrichen. Wenn Sie bei geöffnetem Dateimenü diesen Buchstaben drücken, dann wird der Menüpunkt aktiviert. Zum Beispiel: ALT+D – das Dateimenü öffnet sich. D – das Druckauswahlfenster öffnet sich. ENTER – die Datei wird gedruckt.

Dieses Verfahren mit Shortcuts funktioniert in praktisch allen Windows-Programmen. Wenn Sie in Ihrer Textverarbeitung eine Datei speichern wollen, können Sie auf die Klickerei verzichten und statt dessen STRG+S drücken. Wenn Ihre Hände ohnehin auf der Tastatur arbeiten, ersparen Sie sich den Griff zur Maus.

Das Menü Bearbeiten

Rückgängig: Ihre letzte Aktion wird rückgängig gemacht, was allerdings nicht immer funktioniert.

Tip

Die nächsten drei Menüpunkte beziehen sich auf die Windows-Zwischenablage, englisch »Clipboard«. Die Zwischenablage ist eine praktische Einrichtung: Sie können in den meisten Windows-Programmen nicht nur Bereiche markieren und in die Zwischenablage kopieren, sondern auch das in die Zwischenablage Kopierte wieder einfügen. Über die Zwischenablage können Sie also Daten zwischen verschiedenen Programmen austauschen oder auch innerhalb einer Anwendung kopieren oder verschieben. Markieren Sie zum Beispiel in Ihrer Textverarbeitung einen Passus, kopieren Sie ihn in die Zwischenablage – entweder mit STRG+C oder mit *Bearbeiten > Kopieren* –, bewegen Sie den Mauszeiger auf eine andere Stelle im Text und klicken Sie einmal mit der linken Maustaste, um den ⇒ *Cursor* an die neue Stelle zu plazieren. Wenn Sie nun die Tasten-

kombination STRG+V drücken (oder *Bearbeiten > Einfügen* anklicken), wird die kopierte Textpassage dort eingefügt, wo der Cursor steht.
Sie können Bereiche verschieben, also an einer Stelle löschen und an einer anderen einfügen, wenn Sie statt STRG+C die Tastenkombination STRG+X wählen: Die markierte Stelle wird gelöscht (ausgeschnitten) und in die Zwischenablage kopiert, aus der sie dann an einer anderen Stelle eingefügt werden kann.

Wie in vielen anderen Programme funktioniert das Kopieren und Verschieben von Texten und Grafiken über die Zwischenablage auch beim Netscape-Navigator. Markieren Sie mit gedrückter linker Maustaste einen Bereich in einer Web-Seite, drücken Sie STRG+C, und schon ist der markierte Bereich in der Zwischenablage. Von dort können Sie ihn dann in anderen Programmen durch STRG+V einfügen. Das Ausschneiden mittels STRG+X funktioniert bei Web-Seiten allerdings nicht. Einfügen können Sie auf Web-Seiten auch nichts, da sich diese im Navigator nicht verändern lassen.

Bei diesen Kopier- und Verschiebaktionen beachten Sie bitte, daß immer nur die jüngste Kopie in der Zwischenablage verwendet werden kann. Wenn Sie einen Bereich 1 in einer Datei in die Zwischenablage kopiert haben und Sie dann noch einen Bereich 2 in das Clipboard kopieren, wird Bereich 1 von Bereich 2 überschrieben, also gelöscht. Schalten Sie Ihren Computer aus, oder starten Sie auch nur Windows neu, zum Beispiel wegen eines Programmfehlers, ist der Inhalt der Zwischenablage unrettbar verloren.

Ausschneiden: Diesen Punkt dürfen Sie getrost gleich wieder vergessen.

Kopieren: kopiert einen markierten Bereich in die Zwischenablage.

Einfügen: siehe *Ausschneiden*.

Alles auswählen: Warum haben die Programmierer bzw. Übersetzer des Navigators diesen Menüpunkt nicht *Alles markieren* genannt? Das bedeutet er nämlich. Sie können damit eine komplette Web-Seite markieren (auch ihren gerade nicht im Navigator-Fenster sichtbaren Teil). Zum Entmarkieren klicken Sie einfach mit der linken Maustaste im Navigator-Fenster auf eine beliebige Stelle.

Suchen ...: Wenn Sie diesen Punkt anklicken, kommen Sie in ein Auswahlfenster. Hinter *Suchen nach:* können Sie eine Zeichenkette eingeben, also Worte, Wortteile, Ziffern. Wollen Sie zum Beispiel in längeren Web-Seiten schnell bestimmte Begriffe oder Zahlen finden, ist das äußerst praktisch. Wenn Sie in das weiße Kästchen links neben *Groß-/Kleinschreibung* klicken, unterscheidet der Navigator beim Suchen groß und klein geschriebene Zeichen. Wenn Sie nach dem Begriff »Verlag« suchen und die Option *Groß-/Kleinschreibung* aktiviert haben, findet der Navigator »Buch-Verlag«, aber nicht »Buchverlag«.

Mit *Suchrichtung* legen Sie fest, ob nach oben (*Aufwärts*), also zum Anfang der Seite, oder nach unten (*Abwärts*), also zum Ende der Seite, gesucht werden soll.

Erneut suchen: Wenn die im Auswahlfenster *Suchen* eingegebene Zeichenfolge gefunden wurde, sucht der Navigator nach der nächsten Fundstelle. Am einfachsten ist es, wenn Sie die Taste F3 drücken, dann können Sie sich blitzschnell von Fundstelle zu Fundstelle bewegen.

Das Menü Anzeigen

Erneut laden: Wenn Sie die Übertragung einer Seite gestoppt haben, bevor die Seite ganz aufgebaut war, können Sie sich die Seite komplett anzeigen lassen, indem Sie diese noch einmal beim Server abrufen. Manchmal hilft *Erneut laden* auch dann, wenn Seiten fehlerhaft dargestellt werden. Auf jeden Fall sorgt dieser Menüpunkt dafür, daß immer die aktuelle Version auf dem Bildschirm zu sehen ist (siehe dazu auch die Beschreibung des Menüs *Optionen*).

Bereich erneut laden: Auf diesen Menüpunkt können Sie in der Regel verzichten. Er bewirkt, daß nur ein eingerahmter Bereich einer Seite neu geladen wird.

Grafiken laden: Wenn Sie im Menü *Optionen* den Menüpunkt *Grafiken automatisch laden* deaktiviert haben (dann wird links neben dem Eintrag kein Häkchen angezeigt), dann sehen Sie statt Grafiken nur Symbole: Platzhalter, die anzeigen, wo Grafiken eingeblendet werden sollen. Ein Klick auf *Grafiken laden* bringt dann mehr Farbe auf den Bildschirm, was aber eine Weile dauern kann. Sie können die Grafik-Platzhalter aber auch doppelt anklicken, dann wird das betreffende Bild geladen.

Erneuern: Eine Seite wird auf dem Bildschirm neu aufgebaut.

Dokumentquelltext: Dieser Menüpunkt ist interessant. Wenn Sie ihn anklicken, sehen Sie die angezeigte Seite als Quellcode, also in der »Programmiersprache« HTML. Anscheinend gibt es Leute, die sich besonders clevere Programmiertricks über diesen Menüpunkt »klauen«. Klicken Sie den Menüpunkt einfach an, dann sehen Sie, was ein HTML-Schreiberling machen mußte, damit die Seite im Navigator-Fenster so aussieht, wie sie auf dem Bildschirm erscheint.

Dokumentinformation: Auch diesen Menüpunkt sollten Sie ausprobieren. Er zeigt Ihnen Informationen über die aktuelle Seite in Ihrem Navigator-Fenster an, so etwa die Adresse und das Alter. Letzteres kann wichtig sein, um die Aktualität einer Seite zu prüfen.

Das Menü Gehe

Der Navigator merkt sich bei jeder Reise durchs WWW die Stationen, die Sie beim Surfen angelaufen haben. Das ist außerordentlich hilfreich, weil Sie sich so bequem zwischen Web-Seiten hin- und herbewegen können.

Zurück: blättert eine Web-Seite zurück.

Vorwärts: blättert eine Web-Seite vor. Allerdings funktioniert dies nur, wenn Sie sich schon eine oder mehrere Seiten zurückgeklickt haben.

Anfangsdokument: Ein Klick darauf führt Sie zu der Homepage zurück, die Sie in *Optionen > Allgemeine Einstellungen ... > Gesamt-*

bild > Beginnen mit: Adresse des Anfangsdokuments eingegeben haben. Beim Netscape-Navigator ist standardmäßig die Homepage von Netscape eingetragen. Sie können sie durch jede beliebige ersetzen oder mit *Leere Seite* starten.

Laden abbrechen: beendet das Laden einer Web-Seite.

Noch etwas zu diesem Menü: Wenn Sie mehrere Web-Seiten angesteuert haben, dann erscheinen diese am Ende des Menüs *Gehe* als neue Menüeinträge. Durch einfaches Klicken auf einen solchen Menüeintrag können Sie sich sofort wieder zu einer bereits gesichteten Seite zurück- oder vorwärtsbewegen. Wenn Sie lange Web-Sitzungen mit vielen Stationen durchführen, ist das eine große Hilfe. Die so markierten Seiten lassen sich auch unter *Fenster > History* anschauen, anwählen und in Lesezeichen umwandeln.

Die Menüleiste – *Lesezeichen*

Das *Lesezeichen* (engl. »bookmark«) ist ein außerordentlich hilfreiches Instrument. Sie können Web-Seiten markieren, um sie als Lesezeichen in einer Art WWW-Adreßbuch zu speichern.

Als Lesezeichen hinzufügen: Die Adresse der aktuellen Web-Seite wird gespeichert. Wenn Sie das Menü *Lesezeichen* danach wieder öffnen, entdecken Sie als letzten Eintrag die von Ihnen als Lesezeichen hinzugefügte Web-Seite. Von nun an brauchen Sie nur noch auf diesen Eintrag zu klicken, und der Navigator bringt Sie ohne Umweg zur gewünschten Seite. Sie können auf diese einfache Weise alle Web-Seiten in Ihr Adreßbuch eintragen, und Sie können – damit Sie den Überblick nicht verlieren – die Lesezeichen sinnvoll sortieren, sich also eine eigene Menüstruktur schaffen. Das hört sich viel schwieriger an, als es ist. Sie müssen dazu *Gehe zu Lesezeichen ...* anklicken.

Gehe zu Lesezeichen ...: Es öffnet sich ein Fenster, in dem Sie Ihre Lesezeichen wiedererkennen. Sie können Lesezeichen löschen, indem Sie das zu löschende Lesezeichen durch einen Mausklick markieren und dann die ENTF- (oder DEL-)Taste drücken. Sie können Lesezei-

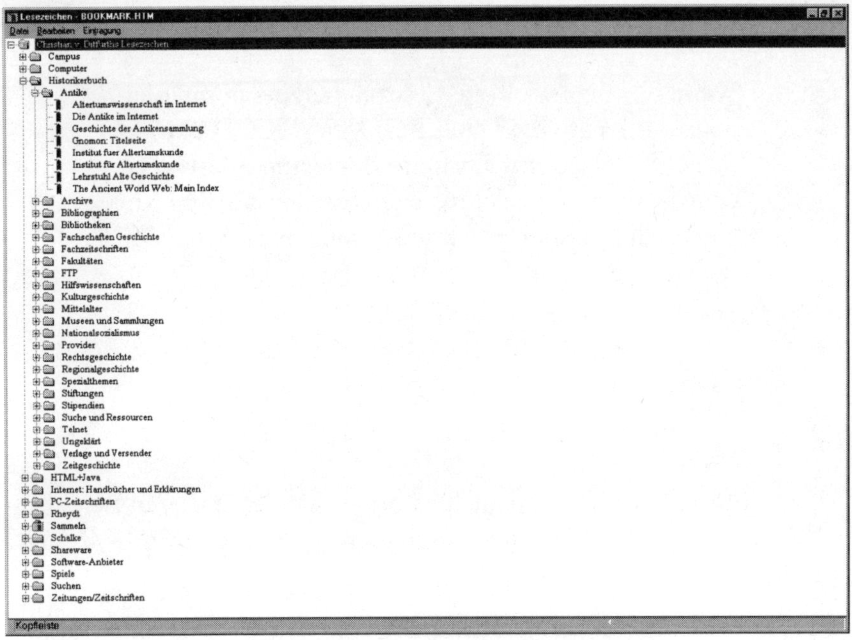

Die Lesezeichendatei BOOKMARK.HTM

chen umbenennen, indem Sie das betreffende Lesezeichen mit der rechten Maustaste anklicken, um im dann erscheinenden zweizeiligen Menü den Befehl *Eigenschaften ...* auszusuchen. Daraufhin erscheint ein Fenster, in dem der aktuelle Name markiert ist. Sie können ihn einfach überschreiben. Manchmal speichert der Navigator recht kryptische Lesezeichennamen, die nicht viel oder nichts aussagen. Dann ist es ratsam, das Lesezeichen umzutaufen.

In der Titelleiste des Lesezeichen-Fensters steht *Lesezeichen – bookmark.htm. BOOKMARK.HTM* ist die Datei, in der Ihre Lesezeichen gespeichert werden. Sie befindet sich in der Regel in dem Verzeichnis auf Ihrer Festplatte, in dem auch *NETSCAPE.EXE*, also der Navigator, abgelegt ist. Die Endung *HTM* weist darauf hin, daß es sich um eine HTML-Datei handelt. Sie kann also auch von Textverarbeitungsprogrammen geöffnet werden, die HTML »verstehen«.

Tip

Wenn Sie viele wichtige Lesezeichen gesammelt haben, sollten Sie die Datei BOOKMARK.HTM immer mal wieder auf Diskette oder zumindest in einem anderen Verzeichnis sichern, also dorthin kopieren. Sie glauben nicht, wie schnell manchmal Daten verlorengehen.

Lesezeichen-Fenster – das Menü Datei

Öffnen: öffnet HTML-Dateien. Sie können sich über diesen Befehl alle denkbaren HTML-Dateien anschauen, nicht nur *BOOKMARK.HTM*.

Importieren ...: importiert Lesezeichen-Dateien.

Speichern unter ...: *BOOKMARK.HTM* wird automatisch gespeichert, wenn Sie den Navigator beenden. Sie können mit dem Befehl aber den Navigator anweisen, eine geöffnete Datei unter einem von Ihnen zu bestimmenden Namen abzuspeichern. Das bedeutet, daß Sie mehrere Bookmark-Dateien gleichzeitig anlegen und verwalten können. Bevor Sie in *BOOKMARK.HTM* den Überblick verlieren, sollten Sie eine zweite Lesezeichen-Datei unter einem anderen Namen anlegen. Über *Datei* > *Öffnen* haben Sie jederzeit Zugang zu anderen Lesezeichen-Dateien. Die Einträge unter *Lesezeichen* in der Menüleiste entsprechen immer der aktuell geladenen Lesezeichen-Datei.

Neuigkeiten: Dieser Befehl öffnet ein Auswahlfenster (die drei hier eigentlich obligatorischen Pünktchen sind wohl vergessen worden) mit dem Titel *Neuigkeiten*. Mit Hilfe dieses Auswahlfensters können Sie *Alle Lesezeichen* oder *Ausgewählte Lesezeichen* überprüfen lassen, ob sie verändert wurden, seit Sie die Lesezeichen das letzte Mal benutzt, also die Web-Seiten aufgesucht haben, für die die Lesezeichen als Markierung stehen. *Ausgewählte Lesezeichen* überprüfen Sie, indem Sie im Lesezeichen-Fenster die Lesezeichen anklicken, die überprüft werden sollen. Wenn Sie mehrere Lesezeichen überprüfen wollen, dann klicken Sie diese nacheinander bei gedrückter STRG-Taste mit der Maus an. Wenn Sie einen ganzen Block von Lesezeichen markieren wollen, dann klicken Sie das erste zu markierende Lesezeichen an und dann bei gedrückter UMSCHALT-Taste (mit der UMSCHALT-Taste wählt man zwischen Groß- und Kleinschreibung) das letzte. Sie können auch das letzte Lesezeichen markieren und dann bei gedrückter UMSCHALT-Taste das erste. Das gleiche funktioniert auch mit Ordnern, in denen mehrere Lesezeichen zusammengefaßt sind (wie man Lesezeichen-Ordner anlegt, wird gleich erklärt). Die Web-Seiten, die verändert wurden, sind nach der Überprüfung hervorgehoben: Sie strahlen gewissermaßen, und dies so lange, bis Sie sie durch Doppelklick geladen haben.

Tip

Der Menüpunkt *Neuigkeiten* kann Ihnen unter Umständen viel Zeit und Geld ersparen, weil er in einem Schwung und recht schnell eine Menge von Web-Seiten kontrolliert. Wenn Sie ihn richtig verwenden, brauchen Sie nicht mehr mühsam nachzuschauen, ob sich auf Ihren favorisierten Seiten etwas getan hat. Wollen Sie zum Beispiel Zeitungen oder Zeitschriften im WWW verfolgen, genügt ein Klick, und Sie wissen, in welcher sich etwas verändert hat und in welcher nicht.

Datei schließen: schließt das Lesezeichen-Fenster.

Lesezeichen-Fenster – das Menü Bearbeiten

Rückgängig: Die letzte Aktion wird rückgängig gemacht. Das ist vor allem wichtig, wenn Sie versehentlich ein Lesezeichen gelöscht haben.

Wiederherstellen: Das, was Sie rückgängig gemacht haben, wird wiederaufgehoben (ein ziemlich nutzloser Befehl).

Tip

Wie bei anderen Programmen gibt es beim Navigator für den Fall, daß man etwas gelöscht hat, was man besser nicht gelöscht hätte, zwei goldene Regeln:

1. Sofort Finger weg von Tastatur und Maus.
2. Ruhe bewahren und nachdenken.

Die absolut sicherste Methode, eine versehentlich gelöschte Datei im Nirwana verschwinden zu lassen, sind hektische Rettungsversuche mit Tastatur und Maus. Denn dann nützt auch meist die Option »Rückgängig« nichts mehr: Sie gilt bei den meisten Programmen nur für die letzte Aktion. Wenn Sie nach dem Löschen andere Aktionen einleiten, kann das Löschen nicht mehr rückgängig gemacht werden.

Auch wenn Sie ganze Dateien eliminiert haben, gibt es begründete Hoffnung, die Katastrophe abzuwenden, wenn Sie die beiden goldenen Regeln beachten. In Windows 95 werden gelöschte Dateien für eine Weile im Papierkorb aufbewahrt, bevor sie endgültig weg sind. Unter Windows 3.1 bzw. MS-DOS müssen Sie das Undelete-Programm starten. Es würde hier zu weit führen, diese recht wirkungsvollen Verfahren detailliert zu beschreiben. Bitte informieren Sie sich mit Hilfe Ihres Handbuchs.

Ausschneiden: löscht einen oder mehrere markierte Einträge – ein Lesezeichen oder einen Lesezeichen-Ordner – und speichert sie in der Zwischenablage.

Kopieren: kopiert einen oder mehrere markierte Einträge in die Zwischenablage.

Einfügen: fügt den Inhalt der Zwischenablage ein.

Löschen: löscht einen oder mehrere markierte Einträge.

Suchen ...: sucht eine Zeichenkette im Lesezeichen-Fenster; auch in jenen Lesezeichen-Namen, die in Ordnern verborgen sind.

Erneut suchen: sucht nach einer weiteren Fundstelle.

Lesezeichen-Fenster – das Menü Eintragung

Eigenschaften ...: Ein Fenster wird geöffnet, in dem Sie Name und Adresse eines markierten Lesezeichens sowie eine Beschreibung des Lesezeichens notieren oder verändern können. Außerdem erfahren Sie, wann Sie die betreffende Seite das letzte Mal geladen und wann Sie das Lesezeichen gespeichert haben.

Gehe zu Lesezeichen: Die Verbindung zu einer Web-Seite wird hergestellt, und zwar zu der, die Sie im Lesezeichenfenster markiert haben. Dieser Menüeintrag ist eigentlich überflüssig, denn ein Doppelklick auf ein Lesezeichen bewirkt das gleiche, nur schneller.

Lesezeichen sortieren: Lesezeichen und Lesezeichen-Ordner werden aufsteigend nach dem Alphabet sortiert. Das ist nützlich, wenn Sie den Überblick behalten wollen. Wenn Sie keine Lesezeichen-Ordner angelegt haben, markieren Sie den ersten Eintrag – Otto Schmidts Lesezeichen (Otto Schmidt steht für Ihren Namen) – durch einen Mausklick, und aktivieren Sie dann den Befehl *Lesezeichen sortieren.* Auf einen Schlag sind alle Ihre Lesezeichen alphabetisch geordnet. Wenn Sie Ordner angelegt haben, klicken Sie ebenfalls auf Ihren Namen, und aktivieren Sie dann den Befehl *Lesezeichen sortieren.* Nun sind alle Einträge sortiert, ob Lesezeichen-Ordner oder einzelne Lesezeichen. Lesezeichen in Ordnern sortieren Sie, indem Sie den Ordner markieren und dann *Lesezeichen sortieren* anklicken. Beachten Sie die Warnung, die unter dem Punkt *Aufgliederung einfügen* steht.

Tip

Sie können Lesezeichen und Lesezeichen-Ordner beliebig verschieben, indem Sie sie mit der Maus anklicken und dann bei gedrückter linker Maustaste mit dem Mauszeiger bewegen. Wenn Sie auf einer

Web-Seite eine Verknüpfung, einen Link, entdecken, den Sie speichern wollen, klicken Sie ihn mit der Maus an und schieben Sie ihn mit gedrückter Maustaste im geöffneten Lesezeichen-Fenster an die Stelle, wo Sie den Link einsortieren wollen. Sie müssen also weder die betreffende Seite ansteuern noch unter *Eintragung > Eigenschaften ...* Name und Adresse per Hand eintippen.

Lesezeichen einfügen ...: Wenn Sie irgendwo eine interessante Internet-Adresse entdecken, zum Beispiel in Medien, können Sie diese per Hand eintragen, ohne die Seite im WWW ansteuern zu müssen, um sie dann zu markieren.

Ordner einfügen ...: Ein neuer Lesezeichen-Ordner wird erstellt, in den Sie Lesezeichen einsortieren können.

Mit den folgenden vier Menüeinträgen können Sie das immer drohende Lesezeichen-Chaos vermeiden:

Aufgliederung einfügen: Dieser Befehl sollte besser »Linie ziehen« heißen, denn genau diesen Vorgang bewirkt er. Markieren Sie ein Lesezeichen oder einen Lesezeichen-Ordner, und wählen Sie dann den Befehl *Aufgliederung einfügen*. Es passiert nichts, außer daß unterhalb des markierten Begriffs ein unverständlicher Eintrag auftaucht: <*Aufgliederung*>. Was das soll, entdecken Sie erst, wenn Sie das Lesezeichen-Fenster schließen und das Menü *Lesezeichen* anklicken. An der Stelle, wo im Lesezeichen-Fenster <*Aufgliederung*> steht, entdecken Sie eine feine Linie. Diese hat nur einen Zweck: Sie soll das Lesezeichen-Menü übersichtlicher machen. Statt Ihre Lesezeichen alphabetisch zu ordnen, können Sie diese auch nach Themen sortieren – Zeitungen, Computer, Software, Spiele usw. – und durch Linien voneinander trennen. Sie können auch oberhalb und unterhalb eines wichtigen Eintrags eine Linie ziehen, um ihn hervorzuheben. Probieren Sie es einfach aus. Allerdings sollten Sie beachten, daß auch die Aufgliederungen alphabetisch sortiert werden, wenn Sie *Lesezeichen sortieren* anklicken.

Alias erstellen: Markieren Sie ein Lesezeichen, und klicken Sie dann diesen Menübefehl an. Das markierte Lesezeichen verdoppelt sich und kann nun mit der Maus zum Beispiel in einen anderen Ordner verschoben werden. Wenn Sie die Eigenschaften des Originallesezeichens verändern – *Eintragung > Eigenschaften ...* –, verändern sich die des Alias-Lesezeichens automatisch mit und umgekehrt. Bekommt die Web-Seite, für die eines der beiden Lesezeichen steht, etwa eine andere Adresse, wird auch die Adresse des anderen Lesezeichens verändert.

Tip

Bei manchen Lesezeichen kann man sich nicht entscheiden, in welchen Ordner man sie packen soll. Gehört zum Beispiel die Homepage des Virus-Experten McAfee nun in den Ordner *Software*, in den Ordner *Shareware* oder nur in den Ordner *Antivirus*, wo man die Web-Seiten von Antivirenprogrammherstellern einsortiert hat? Sie gehört in alle drei Ordner. Mit Hilfe des Alias-Tricks kann man sie beliebig vervielfältigen und braucht sie bei Änderungen nicht überall zu suchen, um sie einzeln anzupassen. Es genügt, wenn man das bei einer Kopie tut. Manchmal denken Programmierer sogar an ihre Kunden.

Auf neuen Lesezeichen-Ordner einstellen: Hinter diesem bürokratischen Namen verbirgt sich eine ganz praktische Sache. Wenn Sie surfen und per *Lesezeichen > Als Lesezeichen hinzufügen* Web-Seiten markieren, können Sie die neuen Lesezeichen in einem speziellen Ordner sammeln, um sie dann später zu sortieren. Das verhindert, daß Ihnen das Lesezeichen-Menü überläuft. Erstellen Sie im Lesezeichen-Fenster – zur Erinnerung: *Lesezeichen > Gehe zu Lesezeichen ...* – einen neuen Ordner per *Eintragung > Neuen Ordner einfügen ...*, geben Sie dem Ordner zum Beispiel den Namen *Sammeln*. Bestätigen Sie mit *OK*. Markieren Sie den Ordner *Sammeln* im Lesezeichen-Fenster. Wählen Sie jetzt *Eintragung > Auf neuen Lesezeichen-Ordner einstellen*. Ab sofort kommen neue Lesezeichen in den Ordner *Sammeln*.

Auf Lesezeichenmenü-Ordner einstellen: Hinter diesem Namen steckt eine Möglichkeit, das Lesezeichen-Menü zu verkürzen, weil man zum

Beispiel gerade ein paar Einträge nicht braucht und mehr Übersicht schaffen will. Wenn Sie einen Ordner markieren und dann *Auf Lesezeichenmenü-Ordner einstellen* aktivieren, erscheint im Lesezeichen-Menü nur der Inhalt dieses Ordners.

Die Menüleiste – *Optionen*

Das Menü *Optionen* ist das umfangreichste im Netscape-Navigator. Hier können Sie grundlegende Einstellungen vorgeben oder verändern. In den meisten Fällen funktioniert der Navigator, ohne daß Sie eingreifen müssen. Wenn er jedoch nicht funktioniert, Sie also Fehlermeldungen erhalten, dann müssen Sie im Menü *Optionen* etwas tun. Weniger bedeutende Menüeinträge werden nur kurz abgehandelt, die für Sie wichtigen dafür ausführlich geschildert.

Allgemeine Einstellungen ...: Unter der Registerzunge *Gesamtbild* können Sie wählen, ob die Symbolleiste *Bilder* oder *Text* zeigen soll. Wer mit den teilweise merkwürdigen grafischen Abbildungen der Symbolleiste nicht klarkommt, sollte auf Text umschalten. Für diese wie für andere Einstellungen gilt: Probieren Sie alles aus, bis es Ihnen gefällt.

Unter *Start* gibt es die Möglichkeit, neben dem Navigator – *Netscape-Browser* – auch die Anwendungen *Netscape-Mail* und *Netscape-News* automatisch beim Start zu laden. Aktivieren Sie nur *Netscape-Browser*.

Interessant ist hier die Möglichkeit, die *Adresse des Anfangsdokuments* einzugeben. Bei jedem Start wird der Navigator Sie zuerst zu dieser Seite führen.

Der Navigator markiert Web-Seiten, die Sie angeschaut haben, in einer bestimmten Farbe (unter der Registerzunge *Farben* können Sie diese verändern). Das ist eine praktische Merkhilfe, weil Sie auf einen Blick sehen, mit welchen Seiten Sie sich während eines bestimmten Zeitraums schon einmal beschäftigt haben. Den Zeitraum können Sie bestimmen: *Nie beenden* heißt, daß die Verknüpfung immer markiert bleibt. Besser ist es, Sie legen in *Tagen* fest, wie viele Tage die Markierungen bleiben sollen. *Sofort beenden* löscht alle Markierungen.

Unter *Schriftarten* können Sie die Schriftart wählen, in der der Navigator Web-Seiten darstellt. Belassen Sie es am besten bei der vorgegebenen Einstellung (es sei denn, Sie sind in China unterwegs).

Unter *Farben* bestimmen Sie, wie *Verknüpfungen* (Links), *Benutzte Verknüpfungen*, *Text* und der *Hintergrund* der Web-Seiten aussehen sollen, sofern sie nicht vom Ersteller einer Homepage vorgegeben sind. Ist letzteres der Fall, dann können Sie trotzdem auf Ihrem Hintergrund bestehen, indem Sie *Immer Netscape-Farben benutzen und Dokument überschreiben* anklicken. Ein Rat: Ändern Sie nichts an den vorgegebenen Einstellungen. Sie sind ergonomisch gut. Viele Web-Seiten-Ersteller verwenden ihren Ehrgeiz darauf, die Seiten möglichst schlecht lesbar zu machen. Am schlimmsten sind die gemusterten Hintergrundtapeten, die es nur schwerer machen, die Schrift zu entziffern. Absolut unsinnig ist die Möglichkeit, den Navigator-Anwender eine Grafikdatei als Hintergrund einbinden zu lassen. Das ist vielleicht ein netter Partygag, aber ergonomisch in aller Regel Unfug.

Unter *Grafiken* klicken Sie links neben *Dithering*, bei dem es sich um ein spezielles Verfahren für Computergrafiken handelt, das die Darstellungsqualität verbessern kann. Ob die Grafiken während oder nach dem Ladevorgang geladen werden sollen, ist nicht zuletzt Ansichtssache – probieren Sie es aus.

Unter *Anwendungen* können Sie zwei Telnet-Programme eintragen. Tragen Sie bei *Telnet-Anwendung* den ⇒ *Pfad* Ihres Telnet-Programms ein. Was Telnet ist, werden Sie in Kapitel 8 kennenlernen. Wenn Sie wissen, in welchem Verzeichnis Ihr Telnet-Programm ist, können Sie jetzt den Pfad eingeben, zum Beispiel: *D:\INTERNET\EWAN\EWAN.EXE*. Daraus dürfen Sie schlußfolgern, daß der Autor daß er dieser Zeilen das Telnet-Programm EWAN.EXE benutzt und daß er dieses im Verzeichnis D:\INTERNET\EWAN gespeichert hat. Die *TN3270-Anwendung* bezieht sich auf Verbindungen mit bestimmten IBM-Telnet-Servern. Sie können in der Regel auf einen Eintrag verzichten.

Quelltext anzeigen bedeutet, daß Sie hier ein kleines Textprogramm einbinden können, um den sogenannten Quelltext, also Text plus

Steuerzeichen, von HTML-Seiten zu sehen, zu speichern und zu bearbeiten. Mit *Anzeigen > Dokumentquelltext* geht dies in der Regel auch. Wenn Sie mit Quelltext arbeiten wollen, können Sie Ihren Windows-Editor hier eintragen. In der Regel ist dieser Pfad richtig: *C:\WINDOWS\NOTEPAD.EXE*.

Unter *Temporäres Verzeichnis* versteht Windows ein Verzeichnis für temporäre Dateien. Das sind in diesem Fall Dateien, die der Navigator während der Arbeit anlegt. Sobald der Navigator beendet wird, werden diese Dateien wieder gelöscht. Unter Windows 95 ist das Verzeichnis C:\WINDOWS\TEMP vorgegeben. Unter Windows 3.1 sollten Sie auf Ihrer Festplatte das Verzeichnis C:TEMP anlegen und im Navigator als *Temporäres Verzeichnis* eintragen.

Tip

Wenn alles funktioniert, brauchen Sie kein spezielles temporäres Verzeichnis anzulegen. Aber leider funktioniert nicht immer alles. Temporäre Dateien werden gelöscht, wenn das Programm, das sie angelegt hat, richtig beendet wird. Wenn aber ein Programmfehler – etwa die berühmte Allgemeine Schutzverletzung von Windows – den Navigator (oder andere Windows-Anwendungen) einfriert und nichts mehr geht, dann bleiben die temporären Dateien auf der Festplatte. Das gleiche geschieht, wenn der Strom ausfällt. Im Lauf der Zeit kosten diese Dateien nicht nur Speicherplatz, sondern können sogar Ihren PC instabiler werden lassen. Also sollten Sie zur Vorbeugung diese temporären Dateien löschen. Das geht am besten, wenn Sie wissen, wo sie sich befinden.

Überprüfen Sie, ob Sie ein Verzeichnis mit dem Namen TEMP auf der Festplatte haben, meistens *C:\TEMP* oder *C:\WINDOWS\TEMP*. Wenn nicht, dann erstellen Sie ein solches Verzeichnis mit Hilfe des Dateimanagers oder des Explorers (Windows 95). Sollte das Standardverzeichnis für temporäre Dateien in Windows 95 aus irgendeinem Grund gelöscht worden sein, klicken Sie im Explorer einmal auf das Hauptverzeichnis C:, damit ist das Hauptverzeichnis der Festplatte C: markiert. Klicken Sie dann auf *Datei*, danach auf *Neu*, schließlich auf *Ordner*. Sie haben damit einen neuen Ordner (= Verzeichnis) angelegt. Im rechten Fenster unten entdecken Sie nun einen neuen Ordner, dessen provisorischen Namen *Neuer Ordner* Sie einfach mit *TEMP* überschreiben.

Im Dateimanager von Windows 3.1 markieren Sie das Hauptverzeichnis der Festplatte C: durch einmaliges Anklicken. Mit *Datei > Verzeichnis erstellen ...* taucht ein Fenster auf, in dem Sie aufgefordert werden, einen Verzeichnisnamen einzugeben. Tippen Sie *TEMP*.

Jetzt müssen Sie noch allen Programmen befehlen, ihre etwaigen temporären Dateien in diesem Verzeichnis abzulegen. Dazu suchen entweder Sie mit Explorer oder Dateimanager im Verzeichnis C:\WINDOWS die Datei SYSEDIT.EXE. Durch einen Doppelklick auf diese Datei werden Systemdateien geladen. Klicken Sie dann die Datei AUTOEXEC.BAT an, und tragen Sie zum Beispiel in einer Zeile etwa in der Mitte (auf jeden Fall vor WIN) ein:

SET TMP=C:\TEMP

Wenn Ihr temporäres Verzeichnis unter *C:\WINDOWS* liegt, heißt der Eintrag:

SET TMP=C:\WINDOWS\TEMP

Dies weist Windows und MS-DOS an, alle temporären Dateien in diesem Verzeichnis zu speichern.

Um eventuell übriggebliebene temporäre Dateien vor jeder Windows-Sitzung automatisch zu löschen, geben Sie in der AUTOEXEC.BAT vor dem Aufruf von Windows 3.1 (WIN) folgende Zeile ein:

DEL C:\TEMP.TMP*

oder wenn C:\WINDOWS\TEMP Ihr Verzeichnis für temporäre Dateien ist:

DEL C:\WINDOWS\TEMP.TMP*

Unter Windows 95 geben Sie in die AUTOEXEC.BAT die entsprechende Zeile ein, am besten (dort steht sie auf jeden Fall richtig) direkt über dem Eintrag

MODE CON CODEPAGE PREPARE=((850) C:\WINDOWS\COMMAND\EGA.CPI) C:\WINDOWS\COMMAND\EGA.CPI)

Jetzt werden vor dem Start von Windows alle temporären Dateien gelöscht.

Hilfsprogramme sind etwas für fortgeschrittene Web-Surfer. Diese Registerzunge brauchen Sie also (noch) nicht.

Sprache eröffnet Ihnen die Möglichkeit, im voraus zu bestimmen, in welcher Sprache Web-Seiten dargestellt werden sollen, vorausgesetzt, die Web-Seiten sind mehrsprachig. Viele Web-Seiten im deutschsprachigen Raum gibt es auf englisch und auf deutsch. Wenn Sie in solchen Fällen immer zuerst die deutsche Version sehen wollen, dann suchen Sie unter *Sprache/Region* den Eintrag *Deutsch*, indem Sie die Pfeile des Laufbandes nach oben oder unter anklicken oder den Balken mit gedrückter Maustaste verschieben. Markieren Sie *Deutsch* durch einen Klick, und dann folgt ein Klick auf den Pfeil nach rechts. Jetzt steht *Deutsch* in der rechten Spalte. Klicken Sie auf *OK*. Alles weitere sollte Sie nicht beunruhigen.

Mail- und News-Einstellungen ...: Diesen Punkt können Sie eigentlich überspringen. Sie werden in Kapitel 6 ein komfortables E-Mail-Programm kennenlernen, sind also nicht darauf angewiesen, die E-Mail-Funktion des Navigators zu benutzen. Auch auf die Newsgroups, das sogenannte Usenet, können Sie zunächst einmal verzichten. Von den weltweit mehr als 12 000 Diskussionsgruppen ist nur eine Minderheit wissenschaftlich ernst zu nehmen. Wenn Sie E-Mails mit Hilfe des Navigators verschicken und empfangen wollen, müssen Sie hier den Mail-Server, Ihren Benutzernamen usw. eintragen. Alle Angaben, die Sie dafür brauchen, erhalten Sie von Ihrem Provider (siehe auch die Erläuterungen in Kapitel 6). Das gleiche gilt für Newsgroups.

Netzwerkeinstellungen ...: Sie sollten die vorgegebenen Einstellungen übernehmen. Um schneller zu arbeiten, benutzt der Navigator einen *Cache*, genauer gesagt sogar zwei: Er speichert Web-Seiten im Arbeitsspeicher und auf der Festplatte zwischen, um im Bedarfsfall auf sie zuzugreifen – das ist immer schneller, als die Daten aus dem Netz zu laden. Der Navigator läuft mit den vorgegebenen Einstellungen für den *Speicher-Cache* und den *Festplatten-Cache* einwandfrei. Die Funktionen *Speicher-Cache löschen* und *Festplatten-Cache löschen* können Sie bedenkenlos ignorieren. Wenn Sie nicht wollen, daß der Navigator eine Web-Seite aus dem Cache lädt, ist dies mit *Anzeigen > Erneut laden* oder, noch einfacher, mit der Tastenkombination STRG+R möglich.

Da die Dateien im Cache veraltet sein können, kann der Navigator die Dokumente auf ihre Aktualität überprüfen. Wählen Sie *Einmal pro Sitzung*. *Ständig* strapaziert die Übertragungsleistung erheblich, und *Nie* kann bedeuten, daß Sie mit völlig überalterten Daten rechnen müssen.

Unter *Verbindungen* können Sie die *Anzahl der Verbindungen* eingeben, die der Navigator gleichzeitig aufbauen soll. Nur in Ausnahmefällen ist es ratsam, den Navigator mehr als eine oder vielleicht zwei Verbindungen aufbauen zu lassen. Was darüber hinausgeht, beeinträchtigt die Leistung erheblich. Die Größe des *Netzwerkpuffers* sollten Sie zwar beibehalten, doch können Sie mit dieser Größe experimentieren.

Mit *Proxies* können Sie die Datenübertragung im Internet beschleunigen und das Netz entlasten. Sie funktionieren im Prinzip so wie ein Netzwerk-Cache: Ein ⇒ *Proxy-Server* ist ein Computer – in der Regel bei Ihrem Provider –, der Daten speichert, die Web-Surfer aus dem Internet laden. Lädt sich also Kunde Meyer des Providers Datennetz GmbH die

Homepage der Suchmaschine AltaVista (*http://altavista.digital.com*) auf seinen PC, speichert der Proxy-Server der Datennetz GmbH diese Seite auf seiner Festplatte. Will danach Kunde Schmidt auch mit AltaVista suchen, dann muß die Seite nicht aus den USA nach Europa zu Kunde Schmidt übertragen werden, weil sie von der Festplatte des Proxy-Servers geladen werden kann. Da viele Kunden oft gleiche Seiten aufrufen, funktioniert das erstaunlich gut. Voraussetzung ist allerdings immer, daß Ihnen Ihr Provider einen Proxy-Server nennen kann. Wenn ja, sollten Sie *Manuelle Proxy-Konfiguration* anklicken, danach *Anzeigen ...* und hier exakt das eintragen, was Ihnen Ihr Provider vorgibt.

Sicherheitseinstellungen ...: Bei ⇒ *Java* handelt es sich um eine Programmiersprache, die betriebssystemübergreifend ist. Mit Hilfe von Java können Sie im Internet Programme benutzen. (Ein kleines Demonstrationsbeispiel ist auf der Web-Seite *http://ns.marble.net:8081/~greene/casino.html* sichtbar. An den dort versammelten Kartenspielen können sich Benutzer von Windows-, OS/2- oder Apple-Computern gleichermaßen versuchen!) ⇒ *Javascript*, ebenfalls eine Programmiersprache, ist vergleichsweise simpel, bietet jedoch auch viel weniger Möglichkeiten.

Netsite-Zertifikate: Das sichere Übertragen von Dokumenten wird geregelt. Dieser Menüpunkt ist für Sie (noch) unerheblich.

Die nächsten der nachfolgenden drei Einträge im Menü *Optionen* helfen Ihnen, die Navigator-Oberfläche zu verändern:

Symbolleiste anzeigen: blendet die Symbolleiste aus und ein.

Adresse anzeigen: blendet die Adressenleiste aus und ein.

Übersichtssymbole anzeigen: blendet die Leiste *Neuigkeiten*, *Interessantes* usw. aus und ein.

Grafiken automatisch laden: Bilder in Web-Seiten werden immer geladen. Wenn Sie diese Option deaktivieren, können Sie Grafiken laden per *Anzeigen > Grafiken laden*.

Dokumentkodierung: Dieser Eintrag ist für Sie nicht wichtig.

Optionen speichern: speichert alle Änderungen, die Sie im Menü *Optionen* vorgenommen haben.

Die Menüleiste – *Verzeichnis, Fenster* und *Hilfe*

Das Menü Verzeichnis

Netscapes Anfangsdokument: könnte Ihnen als Startseite dienen und bietet Hilfestellungen für den Navigator und die Nutzung des Internet.

Neuigkeiten: jeden Tag etwas Neues – neue Seiten im Internet. Sehen Sie sich diese Seiten einfach mal an.

Interessantes: Wie der Name schon sagt – interessante Seiten im WWW.

Netscape-Galerie: eine alphabetische Auflistung von Firmen mit Online-Angeboten. Wenn die Seite geladen ist, erscheint oben eine Buchstabenleiste. Klicken Sie auf einen Buchstaben, und Sie werden sehen, was passiert.

Internet-Verzeichnis: eine Aufstellung von Web-Seiten.

Internet durchsuchen: Hier finden Sie sogenannte Search Engines, also Suchmaschinen, die Ihnen helfen, Begriffe, Web-Seiten und anderes zu finden. Den Suchmaschinen ist Kapitel 5 gewidmet.

Internet White Pages: eine Art Internet-Auskunft, mit der Sie nach E-Mail-Adressen und Homepages suchen können.

Über das Internet: ein englischsprachiger Netzführer und weitere Informationen über die Nutzung des Internet.

Das Menü Fenster

Netscape-Mail: öffnet das Mail-Fenster des Navigators.

Netscape-News: öffnet das News-Fenster des Navigators.

Adreßbuch: Wenn Sie Netscape-Mail und -News benutzen wollen, können Sie hier E-Mail-Adressen speichern.

Lesezeichen: öffnet das Lesezeichen-Fenster.

History: In diesem Fenster werden die Stationen Ihrer aktuellen Surftour aufgezeichnet. Der Inhalt des Fensters wird mit der Beendigung des Navigators gelöscht. Um einen History-Eintrag aufzubewahren, markieren Sie ihn und klicken dann auf *Lesezeichen erstellen*. Jetzt finden Sie den Eintrag im Lesezeichen-Fenster wieder.

Das Menü Hilfe

Über Netscape ...: zeigt Informationen über den Netscape-Navigator an. Wichtig ist hier vor allem die Versionsnummer.

Über Plug-ins: zeigt an, welche Plug-ins installiert sind. Plug-ins sind Zusatzprogramme zum Navigator, die dessen Fähigkeiten erweitern.

Registrierungsinformation: Hier können Sie den Navigator registrieren lassen.

Allgemeine Hinweise: gibt Ihnen spezielle Informationen über Ihre Version des Navigators.

Häufige Fragen: Oft sind Sie nicht der/die einzige, der/die eine bestimmte Frage zum Navigator hat. Hier finden Sie eine Menge von typischen Fragen mit guten Antworten (⇒ *FAQ*).

Unterstützung anfordern: verbindet Sie mit dem technischen Support von Netscape.

Web-Services erstellen: Wenn Sie nicht mehr ohne eigene Homepage leben können, finden Sie hier alles, was Sie brauchen, um sich im Internet zu präsentieren.

Die Symbolleiste

Die Symbolleiste umfaßt häufig gebrauchte Befehle. Sie erspart es Ihnen in vielen Fällen, sich die Befehle über die Menüs zu suchen. Von links nach rechts zeigt die Symbolleiste an:

Pfeil nach links: eine Web-Seite zurück – entspricht *Gehe* > *Zurück*.

Pfeil nach rechts: eine Web-Seite vorwärts – entspricht *Gehe > Vorwärts.*

Haus: Gehe zum unter *Optionen > Allgemeine Einstellungen ... > Gesamtbild* eingetragenen Anfangsdokument – entspricht *Gehe > Anfangsdokument.*

Gekrümmter Pfeil auf Punkt: Web-Seite neu laden – entspricht *Anzeigen > Erneut laden.*

Pfeil auf Gegenstand: Grafiken laden, wenn Sie unter *Optionen* den Befehl *Grafiken automatisch laden* deaktiviert haben – entspricht *Anzeigen > Grafiken laden.*

Pfeil über Tastatur: Hier können Sie die Adresse einer Web-Seite eingeben – entspricht *Datei > Verbindung herstellen ...*

Drucker: öffnet ein Auswahlfenster mit Druckoptionen – entspricht *Datei > Drucken ...*

Fernglas: nach Zeichenketten suchen – entspricht *Bearbeiten > Suchen ...*

Stopschild: Laden einer Web-Seite abbrechen – entspricht *Gehe > Laden abbrechen.*

Tips und Tricks – die rechte Maustaste

Wenn Sie mit der rechten Maustaste im Navigator-Fenster auf ein freies Feld klicken, erscheint beim Mauszeiger ein kleines Menü:

Zurück: eine Seite zurück
Vorwärts: eine Seite vorwärts

Wenn Sie auf eine Verknüpfung klicken, erscheint außer *Vorwärts* und *Zurück*:

Öffnen von XYZ: lädt die Web-Seite, auf die die Verknüpfung weist.

Lesezeichen für die Verknüpfung hinzufügen: erstellt ein Lesezeichen für die Verknüpfung. Das Lesezeichen erscheint im Lesezeichen-Fenster.

Neues Fenster mit dieser Verknüpfung: öffnet ein weiteres Navigator-Fenster und zeigt die Web-Seite an, auf die die Verknüpfung weist.

Diese Verknüpfung speichern unter: speichert die Web-Seite, auf die die Verknüpfung weist, auf der Festplatte.

Diese Verbindung kopieren: speichert die Verknüpfung in der Windows-Zwischenablage.

Wenn Sie auf eine Grafik klicken, erscheint außerdem:

Anzeigen von Grafik XYZ: Hinter vielen Grafiken verbergen sich Verknüpfungen. Anzeigen heißt hier, daß die entsprechende Web-Seite geladen wird.

Diese Grafik speichern unter ...: speichert die Grafik auf der Festplatte. Auf diese Weise können Sie im Internet Bilder sammeln.

Verbindung dieser Grafik kopieren: kopiert die Adresse der Grafik in die Windows-Zwischenablage.

Diese Grafik laden: Wenn Sie im Menü, *Optionen* den Eintrag *Grafiken automatisch* laden deaktiviert haben, erscheinen statt Grafiken Platzhaltersymbole in der Web-Seite. Sie können mit diesem Befehl die entsprechende Grafik laden.

Jetzt kennen Sie die wichtigsten Funktionen des Netscape-Navigators, und Sie wissen, wie man durch das WWW surft – eine unterhaltsame und lehrreiche Angelegenheit. Dabei stellt sich jedoch die Frage: Wie finden Sie etwas im gigantischen Netz von Millionen von Computern mit Milliarden von Dateien? Das ist leichter, als Sie glauben.

5// Die Nadel im Heuhaufen

Wer richtig sucht, wird schneller fündig

Grob unterschieden, kann man im WWW mit zwei verschiedenen Methoden nach Informationen suchen. Zum einen gibt es Ressourcenlisten, also thematisch, geographisch oder alphabetisch geordnete Aufstellungen von Web-Seiten, zum anderen Search-Engines – Suchmaschinen. (Alphabetisch sortierte) Listen nennt man auch Indizes, und Listen, die auf andere Listen verweisen, Meta-Indizes.

Der Unterschied zwischen Suchmaschinen und Listen oder Indizes besteht darin, daß Suchmaschinen das WWW in regelmäßigen Abständen nach Web-Seiten durchsuchen. Listen dagegen sind eher mit Datenbanken zu vergleichen, in denen die Überschriften von Dokumenten stehen. In der Praxis ist dieser Unterschied allerdings unerheblich, zumal es auch bei vielen Listen möglich ist, mit Hilfe von Stichwörtern nach Informationen zu suchen.

Suchen mit AltaVista

Die beste Suchmaschine im WWW ist der uns bereits bekannte Server »AltaVista« von Digital. Vermutlich unterhält Digital diese Suchmaschine nicht nur, um das Firmenimage zu polieren, sondern auch, um die Rechengeschwindigkeit der hauseigenen Workstations (Supercomputer) zu demonstrieren – und das gelingt eindrucksvoll. Keine Seite im WWW ist schneller auf dem Bildschirm als die von AltaVista, und keine Suchmaschine liefert so schnell so viele Ergebnisse. AltaVista durchsucht regelmäßig 30 Millionen Web-Seiten auf 225 000 Servern und ist fast immer auf dem aktuellen Stand der Dinge (wohingegen es Ihnen bei Ressourcenlisten öfter passieren kann, daß Ihnen gemeldet wird, daß eine bestimmte Seite nicht mehr existiert).

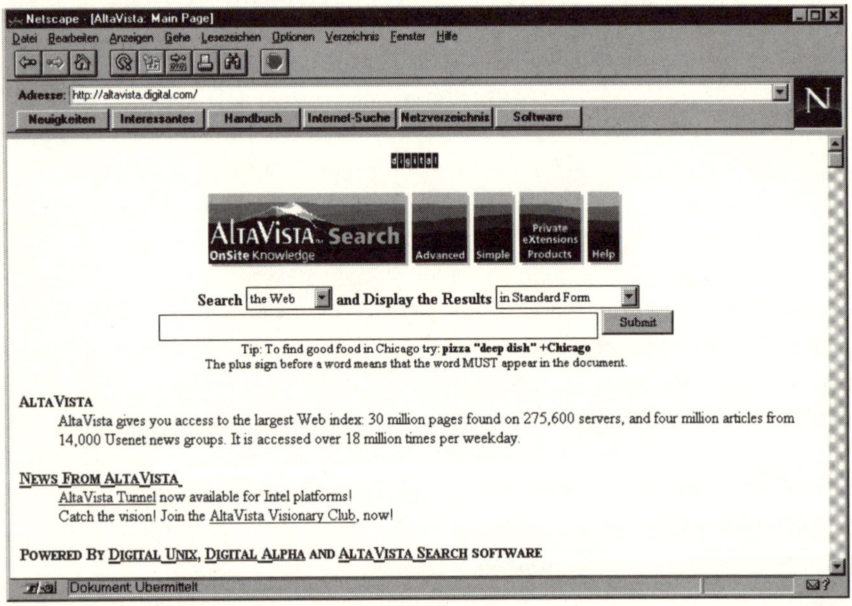

AltaVista: der Gigant unter den Suchmaschinen

AltaVista stellt seine Anwender nur vor ein Problem: Es ist keineswegs die Ausnahme, daß der Server binnen Sekunden 10 000 oder 20 000 Einträge zu einem Stichwort anzeigt. Damit Sie also nicht in der Informationsflut von AltaVista ertrinken, folgt hier eine kleine Einführung. Starten Sie Trumpet Winsock, dann den Netscape-Navigator, und geben Sie in der Adressenzeile ein:

http://altavista.digital.com

Daraufhin erscheint die Suchmaschine auf Ihrem Bildschirm. AltaVista startet automatisch die Suche im Modus »Simple Query« – »Einfache Abfrage«. In der Regel können Sie auf die »Advanced Query«, die »Fortgeschrittene Abfrage«, verzichten, denn auch im Standardmodus bietet AltaVista genügend Möglichkeiten, das zu finden, was Sie suchen.

Geben Sie im Abfragefeld den oder die Begriffe ein, nach denen Sie suchen. Klicken Sie dann auf die Schaltfläche *Submit*, oder drücken Sie einfach auf die EINGABE-Taste. Schon geht die Suche los. Das Ergebnis wird Ihnen entweder in kompakter, detaillierter oder in Standardform präsentiert. Die Voreinstellung *Standard Form* ist in Ordnung. Links oben zeigt Ihnen AltaVista die Trefferzahl an und *Best matches first*: Die Seiten mit der höchsten Trefferzahl werden zuerst aufgelistet. Gehen Sie zum Ende der Seite, entweder mit Hilfe des Laufbands oder der BILD-NACH-UNTEN-Taste. Am Fuß der Seite sehen Sie eine Zahlenreihe, die mit *1* beginnt. Klicken Sie auf *2*, und schon sind Sie auf der nächsten Seite, die nun auch anders gefärbt ist als die Seiten, die Sie noch nicht angeschaut haben.

Beim folgenden Beispiel machen Sie am besten online mit: Stellen Sie sich vor, Sie suchen Informationen über Museen in Deutschland. Wenn Sie in das Abfragefeld

Museen Deutschland

eingeben, erhalten Sie 7 000 Treffer. Selbst *Best matches first* ist nur ein kleiner Trost bei 7 000 Seiten. Die obige Eingabe führt dazu, daß AltaVista nach allen Seiten sucht, in denen die Wörter »Museen« und »Deutschland« auftauchen, also nach »Deutschland« *oder* »Museen«. Diese Informationsflut läßt sich eindämmen, wenn Sie AltaVista anweisen, nur jene Seiten zu suchen, in denen beide Begriffe vorkommen, also durch folgende Eingabe:

+Museen +Deutschland

Das Pluszeichen vor einem Wort bedeutet, daß es in einem Dokument vorkommen muß. *+Museen +Deutschland* heißt also: Suche nur Web-Seiten, in denen »Museen« *und* »Deutschland« stehen. Seiten, in denen nur »Deutschland« oder nur »Museen« zu finden ist, erfüllen nicht das Suchkriterium und werden daher nicht mehr aufgelistet. Sie werden sehen, wie schon durch diese geringe Präzisierung die Informationsflut von AltaVista eingedämmt wird.

Wenn Sie nicht nur den Begriff »Museen« suchen wollen, sondern auch »Museum« oder »Musik«, dann geben Sie ein:

+Mus +Deutschland*

Das Sternchen läßt alle möglichen Endungen nach »Mus« zu. Es ist ein Platzhalter, der alle denkbaren Zeichen in beliebiger Häufigkeit vertritt. Sie können auch

+Mus +*land**

eingeben, dann wird nach Museen und Musik in Deutschland, den Niederlanden (Netherlands) und England gesucht.

Wenn Sie Web-Seiten suchen, in denen das Wort »Museum« vorkommen soll, aber nicht das Wort »Deutschland«, dann schreiben Sie:

Museum -Deutschland

Das Minuszeichen schließt ein Wort von der Suche aus. Sie können die genannten Möglichkeiten natürlich kombinieren, also etwa:

Mus -Deutschland*

um auch »Museen« oder »Musik« in die Suche einzuschließen. Wenn Sie »Museen«, »Musik« und »museal« finden wollen, versuchen Sie es mit Kleinschreibung, dann findet AltaVista alle Begriffe mit der Zeichenkette »mus«:

*mus**

Sie werden aber feststellen, daß diese Art der Suche zumindest aufwendig ist, denn Sie werden in Treffern »begraben«.

Wenn Sie nach Wörtern in einer bestimmten Reihenfolge suchen wollen, setzen Sie diese in Anführungszeichen:

»Ein Gespenst geht um in Europa«

AltaVista findet immerhin 23 Einträge des »Kommunistischen Manifests« von Karl Marx und Friedrich Engels. Ohne Anführungszeichen hingegen

Ein Gespenst geht um in Europa

findet AltaVista rund 200 000 Einträge, und zwar das Wort »Gespenst« 571mal, »geht« 80014mal, »Europa« 172366mal, »Ein« 225105mal und »um« 989188mal (morgen wird die Trefferquote schon eine andere sein, weil ja AltaVista das WWW immer wieder durchsucht und Seiten hinzukommen oder verschwinden). Sie können statt der Anführungszeichen auch Strichpunkte zwischen die Wörter setzen, um AltaVista anzuweisen, Wörter in einer bestimmten Reihenfolge zu suchen:

Ein;Gespenst;geht;um;in;Europa = »Ein Gespenst geht um in Europa«

Benutzen Sie die Hilfefunktion von AltaVista, um weitere Tricks zu erfahren.

Tip

Achten Sie darauf, daß Umlaute sowie »ß« Spezialitäten der deutschen Sprache sind. Daher gilt in der Regel: keine Umlaute, kein »ß«. Wenn Sie nach Museen in Mönchengladbach suchen, sollten Sie es mit Moenchengladbach und mit Mönchengladbach versuchen. Geben Sie also

+Mus +Moenchengladbach*

ein und dann

+Mus +Mönchengladbach*

und alle Schwierigkeiten sind behoben. Würden Sie nach

+Mus +Mönchengladbach +Moenchengladbach*

suchen, müßten auf Web-Seiten beide Schreibweisen zwingend vorhanden sein.

So beeindruckend die Leistungsfähigkeit von AltaVista ist, auch diese Suchmaschine findet nicht alles. Außerdem kommt es oft nicht auf die Menge der Daten an, sondern darauf, den Link zu finden, der zu Informationsquellen führt. Deshalb ist es ratsam, weitere Suchmaschinen zu verwenden, um die Rechercheergebnisse zu verbessern. Es gibt immer wieder neue Suchmaschinen mit immer wieder neuen Fähigkeiten. Eine gute, aber nicht vollständige Übersicht geben die Web-Seiten

http://www.search.com und
http://www.educat.hu-berlin.de/~richter/internet/metaindx.htm

Suchen mit Lycos

Die Recherche mit Lycos ist genauso einfach wie mit AltaVista. Lycos bietet allerdings nicht das Tempo des Digital-Servers. Nichtsdestotrotz ist Lycos ein außerordentlich leistungsfähiges Werkzeug.

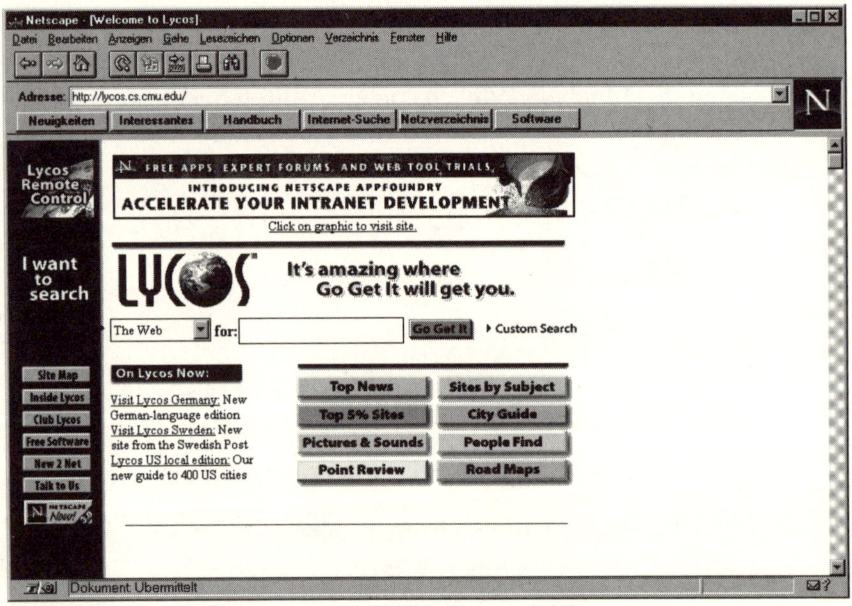

Die Homepage von Lycos

Geben Sie in die Adressenzeile des Navigators

http://www.lycos.com

ein – bald darauf erscheint eine bunte Homepage. Oft genügt es, wenn Sie unter der Zeile *Search the Web for* einen Suchbegriff eingeben. Wenn Sie Ihre Suche genauer bestimmen wollen, dann klicken Sie bitte auf *Custom Search*. Sie sehen jetzt eine Seite, bei der unter dem Abfragefenster links zwei Einträge stehen: *Search Options* und *Display Options*. Wenn Sie in das Abfragefenster

Mus Deutschland

eingeben, dann sucht Lycos nach Seiten, in denen »Museen«, »Museum«, »museal«, »Musik« usw. oder »Deutschland« steht, solange unter *Search Options* angegeben ist: *match any term (OR)*. OR steht für »or«, also »oder«. Wenn Sie statt dessen auf den Pfeil neben *match any term (OR)* klicken und *match all terms (AND)* wählen, dann sucht Lycos nur nach Dokumenten, in denen »Deutschland« *und* »Museen«, »Museum«, »museal«, »Musik« usw. stehen, was die Zahl der gefundenen Web-Seiten stark einschränkt. Wenn Sie

Museen Mönchengladbach Moenchengladbach

eingeben und unter *Search Options* »*match 2 terms*« anklicken, sucht Lycos nach Seiten, in denen zwei der drei gewählten Begriffe sein müssen. Jetzt kann es Ihnen nur noch passieren, daß Ihnen auch Seiten mit »Mönchengladbach« *und* »Moenchengladbach« genannt werden, in denen ein HTML-Genie sich also nicht entscheiden konnte, ob es Umlaute mag oder nicht. Wenn Sie

Ein Gespenst geht um in Europa

eingeben und als *Search Options match all terms (AND)* wählen, dann findet Lycos nur diesen Satz (wobei das Wort »in« bei der Suche als irrelevant aussortiert wird). Sie werden bei diesem Beispiel entdecken, daß Lycos weniger findet als AltaVista.

In der rechten Spalte der Suchoptionen können Sie mit *loose match* eine lockere Suche einleiten, bei der viele Seiten angezeigt werden, die mit Ihrer Abfrage wenig zu tun haben. Bei der Einstellung *strong match* ist die Suche exakter. Probieren Sie es einfach aus.

Die *Display Options* erlauben es Ihnen, die Darstellung der Suchergebnisse zu beeinflussen. Sie können bestimmen, ob Sie zehn, zwanzig, dreißig oder vierzig Treffer pro Seite sehen wollen und ob diese summarisch, also kurz, normal oder detailliert angezeigt werden sollen.

Von Lycos gibt es übrigens auch eine deutsche »Filiale« unter der Adresse

http://www.lycos.de

Suchen mit Yahoo

Das Verzeichnis Yahoo ist seit einiger Zeit mit AltaVista liiert, nicht nur hinsichtlich der Werbung. Suchmaschinen und Verzeichnisse ergänzen sich eben ideal.

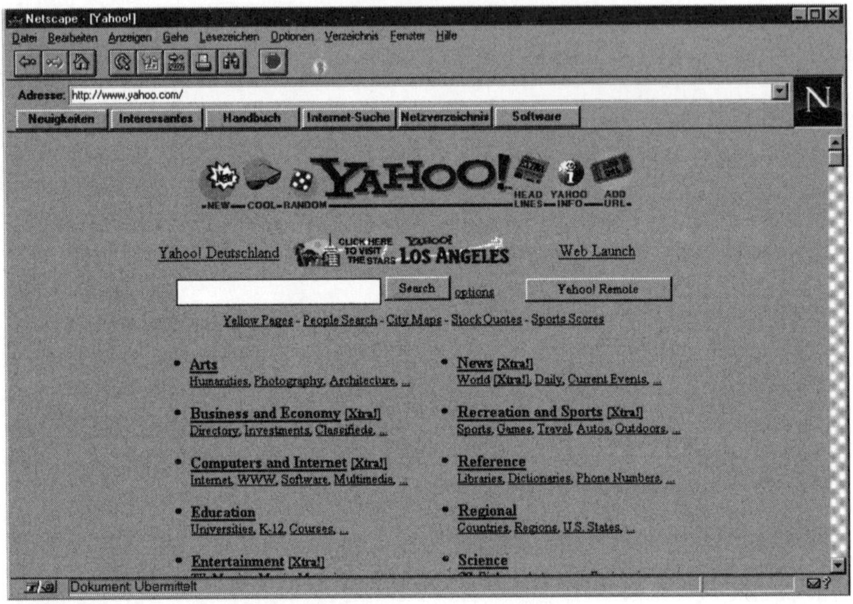

Yahoo empfängt Sie freundlich-bunt

Yahoo finden Sie unter der Adresse

http://www.yahoo.com/

Auch bei Yahoo reicht es oft, einfach einen Suchbegriff einzugeben, allerdings sucht Yahoo dann nur in seinen Verzeichniseinträgen. Wenn Sie Ihre Recherche gezielter durchführen wollen, dann sollten Sie neben der Schaltfläche *Search* auf *options* klicken, was Sie zu einer neuen Seite mit Suchoptionen bringt.

Unter dem Abfragefenster entdecken Sie eine Zeile, die mit *Search* beginnt. Hier können Sie wählen, ob Sie im WWW (*Yahoo*), im Usenet (*Usenet*) oder nach E-Mail-Adressen (*Email Addresses*) fahnden wollen. Lassen Sie zunächst die Voreinstellung *Yahoo* unverändert (es spricht aber nichts dagegen, daß Sie nach der Beschreibung der Möglichkeiten von Yahoo die Suche in Newsgroups oder nach E-Mail-Adressen testen).

Im Abfragefenster können Sie einen oder mehrere Begriffe eingeben und weiter unter wählen, wie alt die Dokumente sein dürfen, die Sie suchen. Wenn Sie die Option *At least one of the keys (boolean* **or***)* anklicken, dann findet Yahoo alle Seiten, in denen zum Beispiel »Museum« oder »Deutschland« steht. Wenn Sie die Option *All keys (boolean and)* aussuchen, dann findet Lycos nur jene Seiten, die beide Wörter enthalten.

Wenn Sie darunter *Substrings* wählen, dann wird Yahoo die Suchbegriffe als Teilbegriffe auffassen, also bei der Eingabe von »Mus« »Musik«, »Museum« usw. finden. *Complete words* dagegen veranlaßt Yahoo, nur nach den exakten Begriffen zu forschen. Die Eingabe »Mus« wird Ihnen voraussichtlich eröffnen, daß zwei Menschen mit dem seltenen Nachnamen »Mus« Homepages ins Internet gestellt haben. Ob sie etwas mit Museen zu tun haben, ist mehr als zweifelhaft.

Oft ist es sinnvoll, sich durch die Zweige des Verzeichnisses zu klicken: *Arts*, *Business and Economy*, *Computers and Internet* usw. Versuchen Sie es einfach einmal.

Wenn Sie vor allem deutsche Links suchen, sollten Sie die hiesige Dependence von Yahoo besuchen unter

http://www.yahoo.de

WWW Virtual Library und Internet Resources Meta-Index

Einen Spezialfall bildet die virtuelle Internet-Bibliothek, The WWW Virtual Library, ein Meta-Index, mit dem versucht wird, die Ressourcen des Internet zu ordnen – bisher nicht überall mit durchschlagendem Erfolg:

http://www.w3.org/ve/

Der Internet Resources Meta-Index ist ein Dokument, das auf Ressourcenlisten und andere Indizes verweist. Außerdem beschränkt er sich nicht auf das WWW, sondern öffnet auch Zugänge zu anderen Internet-Diensten. Sie finden ihn auf der Seite

http://www.ncsa.uiuc.edu/SDG/Software/Mosaic/MetaIndex.html

Da dieser Meta-Index nicht im WWW auf Suche geht wie etwa AltaVista, ist er unter anderem darauf angewiesen, daß die Verwalter von Listen und sonstigen Aufstellungen ihre Dokumente bei ihm melden.

Im World Wide Web verweist der Internet Resources Meta-Index

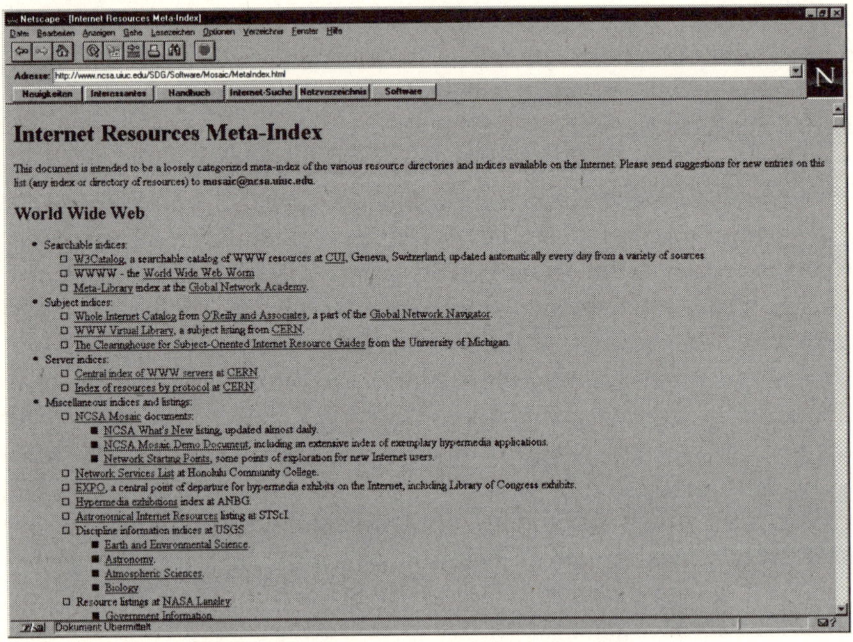

Die Homepage des Internet Resources Meta-Index

auf den W3Catalog, auf die Suchmaschine World Wide Web Worm, WWWW, und die Meta-Library der Global Network Academy. Außerdem gibt es Verzeichnisse wie etwa den Gesamten Internet-Katalog, den Whole Internet Catalog usw.

Andere Dienste, wie FTP und Telnet, werden Sie in den späteren Kapiteln kennenlernen. Merken Sie sich, daß Sie auf den Internet Resources Meta-Index zurückgreifen können, wenn Sie sich mit diesen Diensten befassen. (Internet-Anwendungen wie Gopher oder WAIS werden in diesem Buch nicht vorgestellt. Aber was sollte Sie daran hindern, im Internet Resources Meta-Index unter WAIS und Gopher Einträge anzuklicken? Probieren Sie es. Es kann nichts passieren.)

Deutsches InterNet-Organisationssystem (DINO)

DINO ist in seinem Umfang und seinen Recherchemöglichkeiten nicht zu vergleichen mit den bisher vorgestellten Recherchewerkzeugen. DINO unterscheidet sich etwa von AltaVista vor allem dadurch, daß es – wie Yahoo – ein Verzeichnis ist und kein Volltextsuchwerkzeug. Die in DINO eingebaute Suchmaschine findet nur, was in das Verzeichnis aufgenommen worden ist, und dies auch nur anhand von Schlagwörtern. Was trotz dieser Beschränkungen für DINO spricht, ist seine klare Struktur und die Tatsache, daß das System sich auf deutschsprachige Web-Seiten begrenzt. Diese Reduzierung ist in manchen Fällen wohltuend. Seine Adresse ist

http://www.dino-online.de

Sie haben zwei Möglichkeiten, nach Informationen in DINO zu suchen. Zum einen gibt es themenspezifische Zugänge. Klicken Sie auf *Die Seiten*, und Sie sehen eine Übersicht der angebotenen Inhalte.

DINO: kein Saurier, sondern ein gutes Verzeichnis

Zum anderen gibt es die besagte DINO-Suchmaschine. Klicken Sie auf *Die Suche*, und Ihren Augen bietet sich ein schon fast vertrauter Anblick. Im folgenden ein paar Tips für Ihre Suche.

Sie können auch bei der DINO-Suchmaschine nach Wortanfängen suchen, es funktioniert fast genauso wie bei AltaVista. Die Eingabe

*Mus**

findet »Museum« und »Musik«. Da die DINO-Suchmaschine deutschsprachig »arbeitet«, verlangt sie deutsche Eingaben. Achten Sie also auf Groß- und Kleinschreibung sowie auf Umlaute. Bedenken Sie aber, daß »Moenchengladbach« nur gefunden wird, sofern bei DINO eine entsprechende Web-Seite ohne Umlaute angemeldet worden ist.

Wenn Sie verschiedene Suchwörter eingeben, müssen Sie diese, wie bei AltaVista, durch ein Leerzeichen trennen. Bei DINO bedeutet das allerdings soviel wie das formallogische AND. Die Eingabe

Muse Deutschland*

führt Sie zu allen bei DINO angemeldeten Dokumenten, die beide Begriffe umfassen. Wenn Sie

Muse or Deutschland*

eingeben, dann findet DINO alle angemeldeten Dokumente, die einen der beiden Begriffe enthalten. Bei der Eingabe

Muse not Deutschland*

findet DINO Dokumente mit der Zeichenkette »Muse ...«, die aber nicht das Schlagwort »Deutschland« enthalten dürfen.

6// Die rasende Postkutsche

Elektronische Briefe

Elektronische Post nennt sich im Fachjargon »Electronic Mail«. Auch wenn Ihnen E-Mail am Anfang komisch vorkommen mag, nach ein paar Tagen können Sie ohne sie nicht mehr leben. Sie werden die Tage verfluchen, an denen Sie von Ihrem E-Mail-Programm mit der grauenhaften Nachricht »Sorry, you really don't have any mail« oder so ähnlich konfrontiert werden.

Per E-Mail können Sie in erstaunlicher Geschwindigkeit – oft binnen weniger Sekunden – Nachrichten in alle Welt verschicken. Per E-Mail können Sie aber auch Dateien versenden. Stellen Sie sich vor, Sie wollen einen Freund mit einem kleinen Tetrisspiel oder Ihrem genialen Artikel DIEWELT.DOC mit allen eingefügten Grafiken im Textformat WordPerfect für Windows erfreuen – mit E-Mail ist dies kein Problem.

E-Mail erlaubt es Ihnen auch, Rundbriefe mit einer unvorstellbaren Geschwindigkeit in die Welt zu schicken und sich über viele Dinge zu informieren. Der Autor dieser Zeilen etwa läßt sich jeden Tag automatisch darüber informieren, welche neuen Programme, vor allem fürs Internet, erhältlich sind. Das erspart die Sucherei und kostet so gut wie nichts! E-Mail ist nämlich nicht nur schnell und recht zuverlässig, sondern auch billig, billiger als Briefe per Post oder Faxe. Innerhalb von ein, zwei Gebühreneinheiten können Sie schon eine Reihe von E-Mails versenden oder Ihren elektronischen Briefkasten (engl. »mailbox«) leeren.

Alles, was Sie dazu brauchen, ist ein E-Mail-Programm, wovon es viele gibt. Eines der besten und bedienerfreundlichsten E-Mail-Programme ist PC Eudora, die Lightversion kostet nichts und reicht für alle Ihre Zwecke aus. Eudora ist für Windows 3.1 erhältlich sowie für

Windows 95. Die 16-Bit-Version für Windows 3.1 läuft auch stabil unter Windows 95. Beide Versionen unterscheiden sich nicht in der Bedienung.

Die Installation

Die Datei mit dem Programm Eudora heißt EUL301.EXE (wenn das Buch erscheint, gibt es die Datei wahrscheinlich schon in einer höheren Version, etwa als EUL303.EXE oder ähnlich, aber das spielt hier keine Rolle). Dabei handelt es sich um eine gepackte, also komprimierte Datei, die Sie ganz einfach entpacken können. Vorher aber sollten Sie für Eudora ein eigenes Verzeichnis anlegen, etwa unter dem Namen *C:\EUDORA* (phantasievoll, oder?). Wie das geht, ist auf S. 76 f. beschrieben.

In das Verzeichnis *C:\EUDORA* kopieren Sie die Datei EUL301.EXE. Ein Doppelklick auf diese Datei startet den Instalationsprozeß. Der Rest ist ein Kinderspiel.

Achten Sie bei der Installation aber darauf, daß Sie an einer Stelle gefragt werden, ob Sie das Programm für Windows 3.1 oder für Windows 95/NT installieren wollen. Wissen Sie nicht, ob Sie eine 32-Bit-Anbindung an das Internet haben, wählen Sie auch unter Windows 95 (oder Windows NT) die Version für Windows 3.1. Sie läuft auf jeden Fall. Wenn Sie sicher sind, daß Sie eine 32-Bit-Anbindung ans Internet haben, etwa über das DFÜ-Netzwerk von Windows 95, können Sie beruhigt die Windows-95-Version einrichten.

Wenn Sie sich für die falsche Version entschieden haben, ist das kein Drama. Unter Windows 3.1 erhalten Sie eine Fehlermeldung, verbunden mit dem Vorschlag, die richtige Version einzurichten. Unter Windows 95 ist das aber auch nicht weiter schlimm: Im Fenster, das der Versionswahl folgt, sehen Sie die von Ihnen gewählten Einstellungen. Klicken Sie dort die Schaltfläche *Back* an, dann können Sie die Übung noch einmal von vorne beginnen. Selbst wenn Sie am Ende der Installation merken, daß Sie aus Versehen die 32-Bit-Version (also die für Windows 95) installiert haben, obwohl Sie doch auch unter Windows 95 in einer 16-Bit-Umgebung arbeiten, läßt sich der Fehler noch problemlos beseitigen. Installieren Sie das Programm einfach noch einmal.

Eudora legt bei der Arbeit temporäre Dateien an. Richten Sie daher ein Verzeichnis für diese Dateien ein, falls es ein solches noch nicht auf Ihrer Festplatte gibt. Wie das funktioniert, steht auf S. 76f. Dort finden Sie auch eine detaillierte Anleitung für den Eintrag in die Startdatei AUTOEXEC.BAT, der alle Programme anweist, temporäre Dateien ins besagte Verzeichnis zu befördern.

Mit einem Doppelklick auf EUDORA.EXE starten Sie das E-Mail-Programm. Praktischerweise legen Sie das Programm-Icon auf Ihre Windows-Oberfläche (das sollten Sie bei allen Programmen tun, die Sie öfter benutzen).

Wenn Sie Eudora anklicken, erkennen Sie das typische Erscheinungsbild eines Windows-Programms: ganz oben die Titelliste mit dem Eintrag *Eudora light*, darunter die Menüleiste und darunter wiederum die Symbolleiste.

Eudora einrichten

Bevor Sie starten können, müssen Sie Eudora einrichten, damit das Programm weiß, wo es Ihre Post abzuholen bzw. hinzuschicken hat und wie Sie mit Ihrer Post verfahren wollen. Klicken Sie in der Menüleiste auf *Tools*, dann auf *Options ...*

Im Fenster *Options* sehen Sie links eine Reihe von Symbolen: *Getting Started*, *Personal Info* usw. Diese Symbole führen Sie zu Fenstern, in die Sie wichtige Informationen zu Ihrer Internet-Verbindung eintragen müssen. Gehen Sie dazu wie folgt vor:

Getting Started: *POP account* (POP = Post Office Protocol) bedeutet nichts anderes als »Zugang zum Mail-Server Ihres Providers«. Über den *POP account* holen Sie Mails ab, die auf der Festplatte des Provider-Servers auf Sie warten. Geben Sie unter *POP account* ein, was Ihnen Ihr Provider als Zugangscode für seinen Mail-Server gegeben hat, meist Ihren Login-Namen zusammen mit der Adresse des Mail-Servers, verbunden durch das seltsame Zeichen @, das sich als ein Kürzel für das englische Wort »at« (»bei«) versteht. Das Ganze könnte so aussehen:

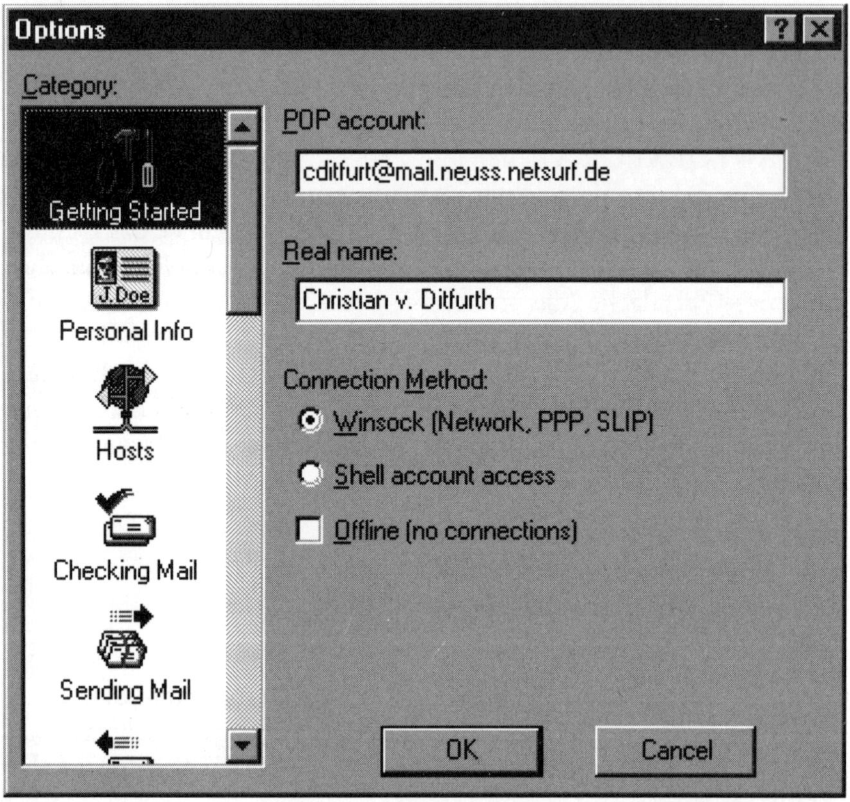

Das Optionenmenü von Eudora

FritzMeier@mail.muller.mullertechnik.de

Diese sowie andere Angaben können Sie den Unterlagen entnehmen, die Ihnen Ihr Provider geschickt hat. Den *Real name* sagt er Ihnen allerdings nicht, denn Ihren »wirklichen« Namen sollten Sie selbst wissen. Unter *Connection Method* müssen Sie *Winsock (Network, PPP, SLIP)* wählen. Klicken Sie jetzt links in der Symbolliste auf *Personal Info.*

Personal Info: Überflüssigerweise geben Ihnen die Programmentwickler von Eudora hier noch einmal die Gelegenheit, den *POP account* und den *Real name* einzugeben. Unter *Return address* müssen Sie Ihre E-Mail-Adresse eintippen:

FritzMeier@mail.muller.mullertechnik.de

Unter *Dialup username* brauchen Sie in der Regel nichts einzutragen. Sie können dort den Username verewigen, den Ihr Provider Ihnen verliehen hat. Klicken Sie nun auf *Hosts*.

Hosts: Hier dürfen Sie ein drittes Mal Ihren *POP account* und außerdem unter *SMTP* den SMTP-Server Ihres Providers eintragen. SMTP steht für »Simple Mail Transfer Protocol«, also »Einfaches Mail-Übertragungs-Protokoll«, das dem Verschicken von E-Mails dient. Der SMTP-Server heißt meist genauso wie der Mail-Server. Der Eintrag könnte etwa so aussehen:

mail.muller.mullertechnik.de

Ph und *Finger* lassen Sie leer.

Checking Mail: Der *POP account* wurde oben bereits mehrfach erwähnt. *Check for mail every ... minutes* bedeutet, daß Eudora auf dem Mail-Server Ihres Providers in einem von Ihnen festzulegenden Zeitrhythmus nachprüft, ob neue Post eingegangen ist. Lassen Sie es am Anfang bei *0* bewenden, was bedeutet, daß eine automatische Überprüfung nicht stattfindet. Wenn Sie später einmal Dutzende von E-Mails pro Tag erhalten, können Sie immer noch mit der Zeiteinstellung experimentieren. Beachten Sie aber, daß häufige Checks den Mail-Server Ihres Providers »stressen«.

Wenn Sie *Skip big messages over xyz K in Size* aktivieren, wird Eudora bei Mails, die größer als xyz KB sind, nur den ersten Teil der Nachricht übertragen. Aktivieren Sie diese Option nicht.

Send on check heißt, daß von Ihnen geschriebene und in eine Warteschlange (engl. »queue«) gestellte E-Mails dann abgeschickt werden, wenn Sie auf dem Mail-Server Ihres Providers überprüfen, ob E-Mails für Sie eingegangen sind.

Save password: Diese Option sollten Sie einstellen, da sie verhindert, daß Sie bei jedem Mail-Check nach Ihrem Paßwort gefragt werden. (Das Paßwort erhalten Sie von Ihrem Provider.)

Leave mail on server: Wenn Eudora E-Mails vom Mail-Server Ihres Providers auf Ihren Computer überträgt, werden diese Nachrichten auf dem Mail-Server gelöscht. Diese Option verhindert das Löschen. Sie sollten sie nur im Ausnahmefall aktivieren, denn Angst vor Datenverlust brauchen Sie bei Eudora nicht zu haben. Selbst wenn Sie eine eingegangene E-Mail aus Versehen gelöscht haben sollten, kann sie Eudora unversehrt aus dem vermeintlichen »Datenfriedhof« zurückholen (wie, erfahren Sie gleich).

Determine first unread message by: Belassen Sie es bei der vorgegebenen Einstellung *First message not read by this machine*. Dieser Punkt ist nur wichtig, wenn Sie Ihre Post mit verschiedenen PCs vom Mail-Server holen.

Delete from server when emptied Trash: Aktivieren Sie diese Möglichkeit nicht. Sie ist nur von Bedeutung, wenn Sie oben *Delete from server after xyz days* gewählt haben.

Authentication Style: Hier können Sie zwischen drei Sicherheitstechnologien wählen. Entweder Ihr Provider sagt Ihnen, welche Option Sie aktivieren sollen, oder Sie wählen *Passwords*.

Sending Mail: Unter *Return address* tragen Sie Ihre E-Mail-Adresse ein. Sie wird dann automatisch in allen Ihren E-Mails als Absender angegeben.

Auch den *SMTP-Server* müssen Sie hier noch einmal eintragen.

Domain to add to unqualified addresses: Hier tragen Sie nichts ein. Wenn Sie später einmal regen E-Mail-Kontakt zu verschiedenen Personen mit derselben Domain (was dem @ in der E-Mail-Adresse folgt, nennt man Domain) haben, tragen Sie die Domain hier ein. Forthin genügt es, wenn Sie als E-Mail-Adresse etwa »Antje«, »Christian« oder »Wilfried« angeben – Eudora hängt den Rest, also das @-Zeichen und die Domain, automatisch an.

Immediate send: Mit dieser Option ist es möglich, E-Mails sofort nach dem Verfassen einzeln zu versenden. Es empfiehlt sich, sie nicht zu aktivieren, da Sie dann alle Ihre E-Mails offline verfassen und später auf einmal (etwa in der Zeit des Billigtarifs) losschicken können.

Send on check: Wenn Sie nachschauen, ob auf dem Mail-Server Post auf Sie wartet, wird Ihre Post automatisch abgeschickt (wenn Sie denn welche geschrieben und in die Warteschlange gestellt haben).

Word wrap dagegen sollten Sie aktivieren, weil dann Eudora im E-Mail-Fenster Ihren Text automatisch nach etwa 76 Zeichen umbricht.

May use quoted-printable: Aktivieren Sie diese Option unbedingt. Sie hilft beim Transport von Sonderzeichen – also Zeichen, die nicht zum US-Standardzeichensatz gehören wie Umlaute.

Keep copies of outgoing mail: Von jeder E-Mail, die Sie verschicken, wird eine Kopie auf Ihrer Festplatte gespeichert. Die Aktivierung dieser Option ist daher sehr empfehlenswert.

Tabs in body of message: Mit dieser Option können Sie im E-Mail-Fenster mit der Tabulator-Taste Tabstopps setzen (wie bei der guten alten Schreibmaschine).

Use Signature empfiehlt sich ebenfalls. Sie werden später lernen, eine Art Unterschrift (engl. »signature«) unter jede Ihrer E-Mails zu setzen – und zwar automatisch, was reibungslos funktioniert, wenn Sie diese Option aktivieren.

Replying: Sie brauchen keine der folgenden Optionen zu aktivieren. *Map Ctrl to »Reply to All«* erlaubt es, mit der Tastenkombination STRG+R eine Antwort-Mail an alle Empfänger einer Original-Mail zu adressieren. *Copy original's priority to reply* übernimmt für Ihre Antwort die Priorität des Ursprungsschreibens. Mit der Option *When replying to all* reihen Sie sich selbst in die Adressaten der Antwort-Mail ein, wenn Sie *Include yourself* anklicken. Mit *Put original To: recipients in Cc: field* werden im Adreßfeld von Eudora alle im Feld *To:* angeführten Empfänger der Original-Mail ins Feld *Cc:* verschoben.

Attachments: Aktivieren Sie unter *Encoding method* unbedingt ⇒ *MIME*. Dann können Sie nicht nur Umlaute und »ß« verwenden, sondern auch, ohne lästige Konvertierungsarbeiten, Dateien per E-Mail verschicken. Voraussetzung dafür ist allerdings, daß Sender und Empfänger MIME-kompatible E-Mail-Programme benutzen, was zunehmend der Fall ist.

Zu übertragende Dateien werden einfach an eine E-Mail »angehängt« (engl. »attach«). Bei der Beschreibung des Adreßfelds des E-Mail-Fensters wird auf diese Möglichkeit näher eingegangen.

Wenn Sie auf die Schaltfläche unter *Attachment directory* klicken, können Sie einen Verzeichnispfad angeben, in dem die Dateien abgelegt werden, die Sie per E-Mail erhalten. Das Verzeichnis könnte *C:\EUDORA\DOWNLOAD* heißen. Wie ein solches Verzeichnis angelegt wird, wurde auf S. 76 f. beschrieben.

Nicht empfehlenswert ist es, die Option *Delete attachments when emptying Trash* zu aktivieren. Auf dem Müll (engl. »trash«) landen E-Mails, die Sie gelöscht haben. (Falls Sie das einmal aus Versehen tun, können Sie jede im Müll befindliche Nachricht leicht zurückholen.) Sie sollten nicht so leichtsinnig sein, alle übertragenen Dateien gleich mit zu eliminieren, wenn Sie die E-Mails im Müll endgültig von der Festplatte entfernen.

Fonts & Display: Hier können Sie Schriftarten und -größen für das E-Mail-Fenster und den Ausdruck Ihrer E-Mails bestimmen. Am besten ist, Sie suchen sich etwas Passendes aus. Übernehmen Sie die Werte hinter *Message window width* und *Message window height*, oder lassen Sie die beiden Felder unausgefüllt. Dann bleibt es bei der Voreinstellung von rund 80 × 20 Anschlägen für die Briefe, die Sie empfangen.

Die nächsten fünf Positionen regeln, wie das E-Mail-Fenster aussieht bzw. welche Schaltflächen ihnen darin zur Verfügung stehen. Aktivieren Sie alle Positionen, um komfortabel arbeiten zu können.

Styled Text: *When receiving styles pay attention to:* Aktivieren Sie alle Punkte. Sie haben dann Chancen, E-Mails mit Textformatierungen (fett, kursiv usw.) zu empfangen.

Mailbox columns: Informationen über die Mails werden in den Mailboxes von Eudora angezeigt, so über den Absender, das Datum, die Größe usw. Aktivieren Sie alle Punkte unter *Show the following columns in mailboxes:*.

Getting Attention: Sie sollten die ersten beiden dieser drei Funktionen aktivieren. Wenn Sie auf die Schaltfläche unter *Play a sound* klicken, können Sie eine Klangdatei aussuchen, sofern Sie auch per Ton auf neue Post aufmerksam gemacht werden wollen

(Voraussetzung ist allerdings, daß in Ihren PC eine Soundkarte eingebaut ist).

Mit den verbleibenden Positionen sollten Sie sich erst befassen, wenn Sie Erfahrungen mit Eudora gesammelt haben.

E-Mails verschicken – ohne Adreßbuch

Es gibt zwei Wege, E-Mails zu verschicken: mit oder ohne Adreßbuch. Ohne Adreßbuch müssen Sie im Adreßfeld des E-Mail-Fensters die Adresse per Hand eingeben.

Um das E-Mail-Fenster zu öffnen, klicken Sie auf *Message > New Message*. Sie können auch in der Symbolleiste das zweite Symbol von links (Papier und Stift) anklicken oder *STRG+N* drücken. Das E-Mail-Fenster besteht aus einer Titelleiste, einer Menüleiste, einer Symbolleiste, dem Adreßfeld und dem Textfeld.

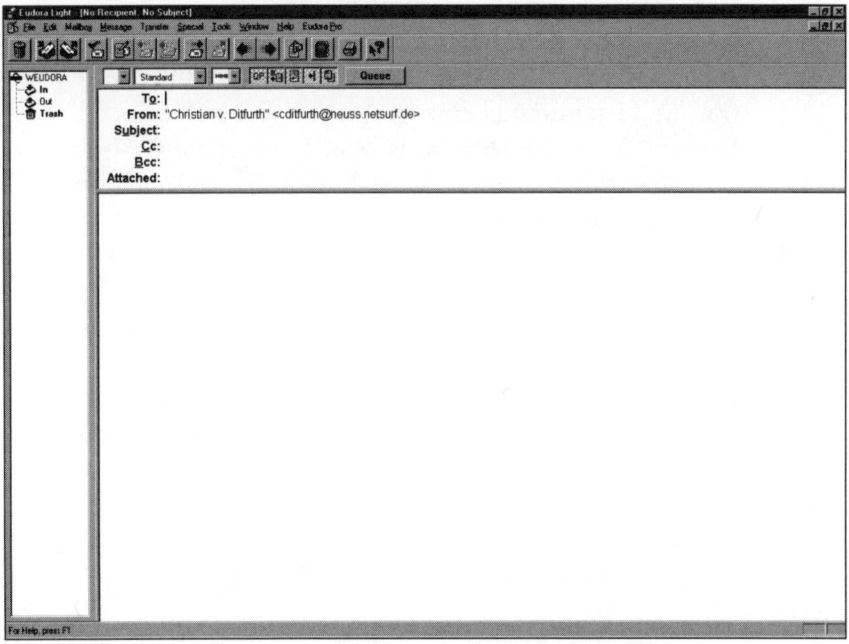

Das E-Mail-Fenster von Eudora

In der Menüleiste von Eudora finden Sie einige bekannte Punkte und einige weniger bekannte. Sie haben zu fast allen für Sie wichtigen Programmfunktionen aber einen direkten Zugriff über die Symbole unter der Menüleiste. Deshalb werden wir die Menüleiste mit ihrer für den Anfänger eher verwirrenden Vielfalt von Optionen stiefmütterlich behandeln.

Mit einer ersten gewichtigen Ausnahme: Uns hat vorhin das Menü *Tools* interessiert, es beschäftigt uns jetzt noch einmal, bevor wir uns der Symbolleiste zuwenden. Dort versteckt sich nämlich die Möglichkeit, jeder Ihrer Mails eine automatische Unterschrift (engl. »signature«) zu verpassen inklusive einiger Ihnen wichtiger Absenderangaben. Klicken Sie auf *Tools* > *Signature* > *Standard*, und dichten Sie einen Absendertext.

Tip

Erstellen Sie unbedingt eine Signature. Dazu klicken Sie auf *Tools* > *Signature* > *Standard.* In das sich öffnende Textfenster geben Sie dann mindestens folgende Daten ein: Vorname, Name, E-Mail-Adresse. Vorteilhaft ist es, außerdem Adresse, Telefon- und Faxnummer einzutragen. Schließen Sie das Fenster. Wenn Sie jetzt im E-Mail-Fenster die Option *Signature* aktivieren, wird die gerade von Ihnen erstellte Signature an alle Ihre E-Mails angehängt.

Die Schaltflächen der Symbolleiste erklären sich fast von selbst. Von links nach rechts:

Mit einem Klick auf den Mülleimer *(Trash)* befördern Sie Mails in den Abfall. (Sie können den Inhalt Ihres Mülleimers bewundern, wenn Sie im linken, schmalen Fenster auf *Trash* klicken.)

Die nächste Schaltfläche öffnet die *In*-Mailbox. Dort werden alle Mails aufbewahrt, die Sie empfangen haben.

Das folgende Symbol öffnet die *Out*-Mailbox. Darin sind Kopien Ihrer verschickten Mails.

Das Symbol mit dem Haken ermöglicht es Ihnen, die Verbindung zum Mail-Server aufzubauen, um nachzusehen, ob Sie Post haben.

Das Symbol mit Stift und Papier sollten Sie anklicken, wenn Sie eine neue Mail schreiben wollen.

Die Schaltfläche mit dem Pfeil nach links läßt Sie auf Mails antworten.

Das Symbol rechts daneben ermöglicht es Ihnen, auf mehrere Mails gleichzeitig, in einem Schreiben, zu antworten.

Das Symbol mit dem Pfeil nach rechts leitet eine Mail an jemand anderen weiter.

Das Symbol mit dem Pfeil nach oben leitet eine (irrtümlich bei Ihnen gelandete) Mail an den (hoffentlich) richtigen Adressaten weiter, ohne daß Sie als Absender kenntlich sind.

Mit den folgenden beiden großen Pfeilen können Sie in geöffneten Mailboxen blättern.

Wenn Sie auf das Symbol mit der Büroklammer klicken, können Sie an Ihre Mail eine Datei anhängen.

Ein Klick auf das Buch daneben öffnet das Adreßbuch (dazu später mehr).

Mit einem Klick auf das Druckersymbol können Sie E-Mails drucken.

Wenn Sie auf das Fragezeichen klicken und dann auf Symbole oder Einträge in Fenstern oder Mailboxes, erhalten Sie kurze Erläuterungstexte.

Direkt unter den Symbolen und über dem Adreßfeld finden Sie eine weitere, kleinere Leiste mit Feldern und Symbolen. Wenn Sie unseren Ratschlägen in *Tools > Options...* gefolgt sind, ist das erste Feld von links weiß. Wenn Sie auf den Pfeil klicken, können Sie wählen, welche Priorität Ihre Mail haben soll (aber selbst mit höchster Priorität erreicht sie ihren Empfänger keine Sekunde früher). Im Feld rechts daneben steht Standard, es wird also Ihre Standard-Signature verwendet. Daneben steht MIME, und die folgenden kleinen Schaltflächen sind aktiviert.

Auf der Schaltfläche rechts außen sollte *Queue* stehen (wenn nicht, klicken Sie auf *Tools > Options > Sending Mail* und deaktivieren Sie den Eintrag *Immediate send*. Ist letzterer aktiviert, steht *Send* in der Symbolleiste des E-Mail-Fensters statt *Queue*).

Unter der beschriebenen Leiste folgt auf weißem Hintergrund das Adreßfeld. Hinter *To* geben Sie die E-Mail-Adresse des Empfängers ein. Sie können auch dessen Namen davorschreiben, dann müssen Sie aber die E-Mail-Adresse mit umgedrehten einfachen französischen Anführungszeichen einklammern, damit Eudora Empfängernamen und E-Mail-Adresse unterscheiden kann. Die Zeile sieht dann etwa so aus:

To: Fritz Mueller <FritzMuller@meiergmbh.de>

Wenn Sie noch keinen Empfänger kennen, dem Sie zu Testzwecken eine E-Mail senden könnten, dann schicken Sie die E-Mail einfach an sich selbst! Dazu müssen Sie hinter *To:* Ihre E-Mail-Adresse eintragen. Die Absenderzeile *From* wird automatisch ausgefüllt, wenn Sie im Menü *Tools > Options* unseren Empfehlungen gefolgt sind. Hinter *Subject* tragen Sie den Gegenstand Ihrer E-Mail ein, also hier zum Beispiel *Test-E-Mail.* Im Adreßfeld bewegen Sie sich mit der Maus – Zeile anklicken – oder der TAB-Taste.

Tip

Tragen Sie hinter *Subject* immer den Gegenstand Ihrer Nachricht ein. Dann sieht der Empfänger auf einen Blick, um was es geht. Wenn Sie Ihre Test-E-Mail abgeschickt und wieder empfangen haben (Anleitung folgt gleich), sollten Sie in der Menüleiste auf *Mailbox > In* klicken. Dann erkennen Sie in der rechten Spalte der Tabelle Ihren Eintrag in die Zeile *Subject* wieder. Stellen Sie sich vor, dort stünden Dutzende von E-Mails. Statt alle zu öffnen, um zu überprüfen, um welche E-Mails es sich handelt, reicht meist ein Blick in die Subject-Spalte.

Cc steht für »Carbon copy«. Dort können Sie die E-Mail-Adressen von Personen eintragen, die Ihre E-Mail als Kopie erhalten sollen. Wenn Sie die Personen hinter der Rubrik *Bcc,* für »Blind carbon copy«, eintragen, erfährt der Empfänger Ihrer E-Mail (die Person hinter *To:*) nicht, daß Sie die E-Mail auch noch anderen geschickt haben.

Hinter *Attachments* können Sie nichts eintragen. In dieser Zeile wird die Datei angezeigt, die Sie an Ihre E-Mail hängen wollen.

Klicken Sie auf *Message > Attach File* oder auf das oben beschriebene Symbol mit der Büroklammer, und suchen Sie sich die Datei aus, die Sie verschicken wollen. Wenn Sie diese gefunden haben, genügt ein Doppelklick, und die Datei wird in der Zeile *Attachments* mitsamt ihrem Verzeichnispfad angezeigt.

Durch einen feinen Strich vom Adreßfeld getrennt ist das Textfeld. Hier geben Sie Ihren Text ein, zum Beispiel:

Das ist eine Test-E-Mail

Klicken Sie jetzt auf die Schaltfläche *Queue*, und schon wartet Ihre E-Mail darauf, verschickt zu werden. Dazu müssen Sie die Verbindung zu Ihrem Provider herstellen. Klicken Sie dann in der Menüleiste auf *File*, dann auf *Send Queued Messages*. Daraufhin erscheint ein Statusfenster, in dem Ihnen Eudora mitteilt, was es gerade tut.

Um zu überprüfen, ob die E-Mail gesendet wurde, müssen Sie wieder auf *File*, dann auf *Check Mail* klicken, und Eudora überprüft, ob auf dem Mail-Server Ihres Providers neue Post für Sie eingetroffen ist. Im Statusfenster wird jetzt angezeigt, daß Ihre Test-E-Mail vom Mail-Server des Providers auf Ihren PC übertragen wird. Sobald die Übertragung beendet ist, erhalten Sie die Nachricht *You have new mail.* Gleichzeitig öffnet sich Ihr Briefkasten für eingehende Post – die Mailbox *In* –, und der Absender sowie der Subject-Eintrag Ihrer E-Mail erscheinen in einer Zeile. Ein Doppelklick auf diesen Eintrag öffnet die Mail.

Diese E-Mail können Sie auf verschiedene Weise bearbeiten. Der radikalste Weg wird durch die Mülltonne links in der Symbolleiste angezeigt: das Löschen.

Tip

Wenn Sie eine E-Mail löschen, wird diese eigentlich gar nicht gelöscht, sondern lediglich in die Mülltonne verschoben. Wenn Sie in der Menüleiste *Mailbox > Trash* anklicken, können Sie eine solche E-Mail lesen, und wenn Sie *Special > Empty Trash* anklicken, können Sie die Mülltonne vollständig leeren. Bei dieser Aktion ist also Vorsicht geboten!

E-Mails verschicken – mit Adreßbuch

Das Versenden von E-Mails mit Adreßbuch ist noch einfacher. Legen Sie einfach ein Adreßbuch an, in dem Sie Ihre E-Mail-Partner komfortabel verwalten. Wenn Sie auf *Tools > Nicknames* klicken oder *STRG+L* drücken, erscheint ein Fenster mit den drei Feldern *Nickname*, *Address(es)* und *Notes*. Unter dem Feld *Nickname* sehen Sie drei Schaltflächen: *New, Del* und «.

Wenn Sie einen E-Mail-Partner speichern wollen, klicken Sie auf *New* (wie überraschend!), und es öffnet sich ein kleines Fenster mit dem Titel *New Nickname*. Sie müssen jetzt nicht unbedingt einen Spitznamen eintragen, sollten aber daran denken, daß Eudora die Namen nach den ersten Buchstaben sortiert, so daß es möglicherweise ratsam ist, mit dem Nachnamen anzufangen. Tragen Sie also in das Eingabefeld unter *What do you wish to call it?* den Namen des E-Mail-Partners ein:

Meier Fritz

Setzen Sie kein Komma zwischen Nach- und Vornamen, klicken Sie dann auf das weiße Kästchen links neben *Put it on the recipient list* und bestätigen Sie alles mit *OK.* Im Feld *Address(es)* geben Sie nun die E-Mail-Adresse ein:

fritzmeier@muller.mullergmbh.de

Unter *Notes* können Sie zusätzlich Notizen zu Fritz Meier festhalten. Schließen Sie jetzt das Fenster. Nun werden Sie gefragt: *Save changes to nicknames?* Klicken Sie auf *Ja*, dann ist Ihr erster Adreßbucheintrag gespeichert.

Wenn Sie im Feld *Nickname* einen Namen anklicken, wird dieser markiert. Klicken Sie dann auf die Schaltfläche *Del*, wird der Eintrag gelöscht.

Wenn Sie auf die Schaltfläche *To:* klicken, nachdem Sie einen Namen markiert haben, öffnet sich das E-Mail-Fenster, in dem hinter *To:* schon der Adressat eingetragen ist. Notieren Sie den Gegenstand Ihrer Nachricht, und schreiben Sie Ihren Text.

Sie können das Adreßbuch aber auch anders nutzen: Wenn Sie in der Menüleiste des Programmfensters auf *Message > New Message To* geklickt haben, erscheint ein Menü, in dem alle Namen aufgelistet sind, die Sie ins Adreßbuch eingetragen haben. Klicken Sie auf einen Namen, öffnet sich das E-Mail-Fenster, in dem Sie nur noch die Subject-Zeile ausfüllen müssen und dann gleich losschreiben können.

Wenn Sie das E-Mail-Fenster bereits geöffnet haben, können Sie die Empfängerliste (engl. »recipient list«) auch benutzen, um einen oder mehrere Adressaten einzutragen: *Edit > Insert Recipient.*

In Kürze noch einige Tips: Im Menü *Mailbox* finden Sie die Einträge *In*, *Out*, *Trash* und *New*. Die In-Mailbox speichert die Nachrichten, die Sie empfangen haben. Ein schwarzer Punkt links neben der Nachricht bedeutet, daß Sie die Nachricht noch nicht gelesen haben. In der Out-Mailbox werden die Kopien Ihrer verschickten E-Mails gespeichert (sofern Sie unter *Tools > Options ... > Sending Mails* den Eintrag *Keep copies of outgoing mail* aktiviert haben). In der Trash-Mailbox finden Sie die Mails wieder, die Sie gelöscht haben. Wenn Sie *New ...* anklicken, können Sie eine neue Mailbox einrichten.

Das Menü *Transfer* erlaubt es Ihnen, E-Mails in andere Mailboxen zu verschieben: Öffnen Sie eine Mailbox, markieren Sie einen Eintrag und klicken Sie auf *Transfer.* Dann können Sie mit einem Klick auf eine der angezeigten Mailboxen die markierte Datei dorthin befördern – also zum Beispiel eine versehentlich gelöschte E-Mail von der Trash-Mailbox in die In-Mailbox zurückholen.

Tip

Wenn Sie eine Mailbox öffnen, erscheint links unten eine Schaltfläche mit mysteriösen Zahlen, etwa:

60/245K/72K

In diesem Beispiel bedeuten die Zahlen, daß sich in der betreffenden Mailbox 60 Einträge, die 245 Kilobyte auf Ihrer Festplatte belegen, befinden. Sie können durch Komprimieren 72 Kilobyte Platz sparen, wenn Sie die besagte Schaltfläche anklicken. Das sollten Sie hin und wieder tun.

7// Weiche Ware aus dem Netz

Dateien übertragen

Kein Mensch weiß genau, wie viele Dateien im Internet nur darauf warten, von Ihnen auf die Festplatte Ihres PCs geladen zu werden. Die meisten dieser Dateien sind ⇒ *Shareware* oder ⇒ *Freeware*, können also zumindest einige Zeit unentgeltlich benutzt werden. Für jede Aufgabe gibt es entsprechende Programme. Die Frage ist nur, wo Sie die Dateien, die Sie brauchen, finden.

Übertragung von Dateien mit dem Netscape-Navigator

Ein guter Weg führt wieder ins WWW. Dort gibt es zahlreiche Seiten, auf denen Programme angeboten werden. Viele Softwarehersteller gehen auf Kundenfang, indem sie Testversionen ihrer Programme anbieten. Oft gibt es auch kleine Zusatzprogramme, die Hauptprogramme aufwerten. So bietet etwa Microsoft einen Internet-Assistenten für seine Textverarbeitung Word an, mit dessen Hilfe unter anderem HTML-Dateien geladen und bearbeitet werden können (*http://www.microsoft.de*).

Sowohl bei Microsoft als auch bei Netscape (*http://www.netscape.com*) kann man sich die neuesten Versionen der marktführenden Web-Browser herunterladen. Darüber hinaus gibt es im WWW – was Share- und Freeware betrifft – ein riesiges Angebot. Außerdem bieten viele PC-Zeitschriften Programme zum Downloaden an, so beispielsweise »Chip« (*http://www.chip.de*), »PC Praxis« (*http://www.pcpraxis.de*), »PC Online« (*http://www.pconline.de*), »PC Professionell« (*http://www.ziff.com/~pcpro/*) oder »c't« (*http://www.ix.de*). Aber auch das Nachrichtenmagazin »Focus« hat eine interessante Download-Abteilung (*http://www.focus.de/DC/DCN/dcn.htm*).

Das Downloaden von Programmen ist simpel. Sie klicken das gewünschte Programm an, und der Netscape-Navigator schlägt Ihnen ein Verzeichnis vor, in das er das Programm ablegen will. Bevor Sie aber das Netscape-Programmverzeichnis überladen und nachher nicht mehr wissen, was zu Netscape gehört und was nicht, sollten Sie ein Verzeichnis, etwa mit dem Namen *C:\DOWNLOAD*, anlegen und alle Dateien aus dem Web dort speichern.

Tip

Fast alle Programme, die Sie herunterladen können, sind komprimiert, damit die Übertragung schneller geht. Um solche Dateien zu entpacken, sollten Sie sich einen Dekomprimierer im Internet besorgen. Der beste Dekomprimierer für die beliebten ZIP-Dateien (diese enden auf »zip«) und einige andere ist Winzip, das kinderleicht zu bedienen ist. Sie starten das Programm, klicken auf *Open* und dann weiter zu dem Verzeichnis – etwa *C:\DOWNLOAD* –, in dem Sie komprimierte Dateien speichern. Durch einen Doppelklick auf eine komprimierte Datei wird Ihnen im Winzip-Fenster das Ergebnis des Dekomprimierens angezeigt. Meist verbergen sich in einer gepackten Datei mehrere Dateien. Ein Klick auf *Extract* öffnet ein Fenster, in dem Sie sich aussuchen können, ob nur einzelne oder alle Dateien dekomprimiert werden und in welches Verzeichnis die dekomprimierten Dateien befördert werden sollen. Falls es dieses Verzeichnis noch nicht gibt, kann Winzip ein solches anlegen. Winzip erhalten Sie in den meisten Internet-Softewarearchiven, die »Heimatadresse« lautet *http://www.winzip.com*. Dort erhalten Sie auch alle erforderliche Hilfe zum Programm.

Der Netscape-Navigator kann also nicht nur Seiten anzeigen, sondern auch Dateien übertragen. Auf internetdeutsch heißt das: Er beherrscht das File Transfer Protocol (FTP), das Dateiübertragungsprotokoll (⇒ *Protokoll*), mit dessen Hilfe im Internet Dateien von einem Computer zum anderen befördert werden. Deshalb kann der Navigator auch sogenannte FTP-Server ansteuern und deren Verzeichnislisten verstehen.

FTP-Server sind Computer, auf deren Festplatten oder CD-ROM-Laufwerken Dateien in Verzeichnissen gespeichert sind. Man kann Dateien auf diese FTP-Server herauf- oder von ihnen herunterladen. Wie diese Verzeichnislisten aussehen, zeigt Ihnen eine »Stippvisite« etwa beim FTP-Server der Universität Köln.

Geben Sie in das Adressenfeld die Adresse dieses FTP-Servers ein (in kleinen Buchstaben!):

ftp://ftp.uni-koeln.de

Wenn dieser Server – wie so oft – überlastet ist, können Sie es auch mit anderen FTP-Servern versuchen, etwa mit

ftp://ftp.pcpraxis.de/ oder
ftp://ftp.uni-mainz.de/ oder
ftp://ftp.microsoft.com/ usw.

Die Adressen folgen also dem gleichen Schema wie die Adressen im WWW, nur steht am Anfang der Adresse als Protokollname nicht das Hypertext Transfer Protocol (HTTP), sondern das File Transfer Protocol. Kreativerweise geben die meisten Systemverwalter FTP-Servern den hübschen Namen »ftp«.

Tip

Der Netscape-Navigator erkennt solche FTP-Server auch dann, wenn Sie das Protokoll nicht angeben. Sie brauchen also nur

ftp.uni-mainz.de

einzugeben, und der Navigator fügt den Rest hinzu. Der gleiche Trick funktioniert auch mit WWW-Adressen. Die Eingabe *www.ibm.com*

ist gleichbedeutend mit der Eingabe

http://www.ibm.com

Die Fähigkeit, Dateien zu übertragen, hat sich der Navigator (und andere Browser) gewissermaßen im nachhinein angeeignet. Die Erfahrung zeigt, daß es schneller und bequemer ist, Dateien mit speziellen Programmen zu suchen und zu übertragen.

Als Suchmaschine für Dateien dienen spezielle Server, also Computer, die in bestimmten Zeiträumen weltweit FTP-Server nach ihren Dateibeständen abfragen. Diese Suchmaschinen nennen sich Archie-Server. »Archie« hat gewiß etwas mit Archiv zu tun, ist aber sonst ein Internet-typischer Kunstbegriff. Programme, die auf Archie-Servern nach Dateien suchen können, nennt man Archie-Clients. Das vermutlich am weitesten verbreitete Archie-Programm ist WinSock-Archie (WS-Archie). Man erhält die aktuelle Version des Programms auf dem FTP-Server mit der Adresse *ftp.usma.edu* im Verzeichnis */pub/msdos* oder in fast allen halbwegs vollständigen Softwarearchiven.

Dateisuche mit Archie

WinSock-Archie benötigt – wie der Name schon sagt – eine bestehende Winsock (WS)-Verbindung, um seinen segensreichen Dienst auszuüben. WS-Archie ist leicht zu bedienen und erfreut seinen Anwender, indem es recht schnell die Dateien findet, die man sucht (vorausgesetzt, es gibt sie). In WS-Archie sind die wichtigsten Archie-Server bereits »eingebaut«, so daß Sie sich gleich auf die Dateisuche machen können.

Das Programmfenster von WS-Archie erklärt sich fast von allein: Sie erkennen unter der Titelleiste mit dem Eintrag *WinSock Archie Client* die Menüleiste. Darunter befinden sich hinter den Einträgen *Search for*, *Archie Server* und *Domain* drei Abfragefelder. In den drei Kästchen unter *Hosts*, *Directories* und *Files* werden Ihnen die Suchergebnisse angezeigt. Detaillierte Informationen zu den gefundenen Dateien erhalten Sie in den darunterstehenden Einträgen *File Name*, *Size* usw.

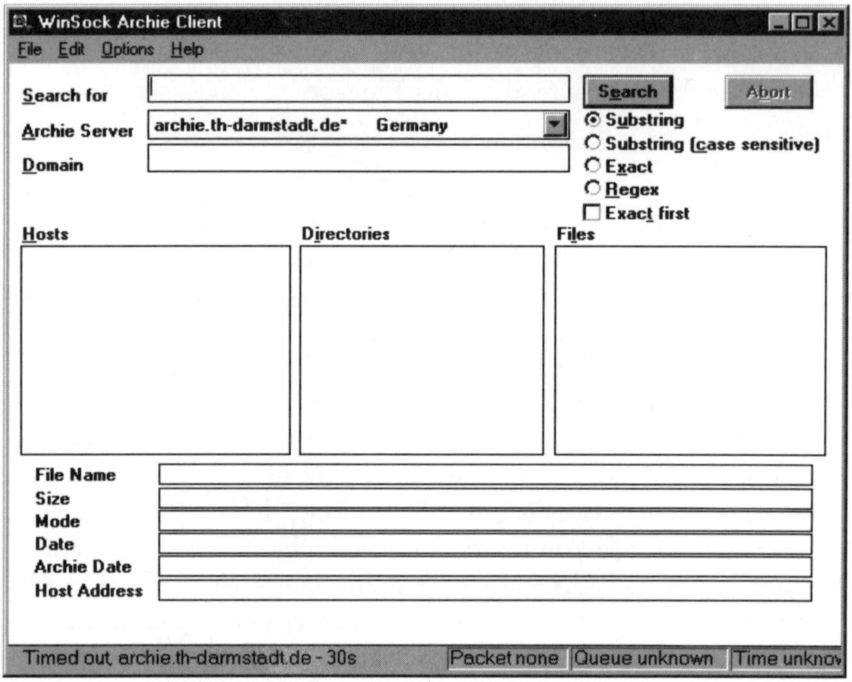

Wer Dateien sucht, findet sie mit WS-Archie

Eine Dateisuche verläuft typischerweise so: Geben Sie hinter *Search for* den Namen der Datei an, die Sie suchen. Es genügt auch, eine beliebige Zeichenkette einzutragen, also statt etwa *winzip.zip* nur *winz*. Allerdings muß dann bei den Suchoptionen (unter der grauen Schaltfläche *Search*) *Substring* angeklickt werden.

Eine kurze Erläuterung der Suchmethoden:

Substring: Archie sucht nach Dateinamen, in der die hinter *Search for* eingetragene Zeichenkette enthalten ist. Groß- und Kleinschreibung werden ignoriert.

Substring (case sensitive): Groß- und Kleinschreibung werden berücksichtigt.

Exact: Archie versteht den Suchbegriff als vollständigen Dateinamen. Wenn Sie den Namen der von Ihnen gesuchten Datei kennen, sollten Sie ihn komplett ins Abfragefeld eintragen und diese Option aktivieren. Eine solche Vorgehensweise begrenzt Ihre Ergebnisse auf das, was Sie suchen.

Regex: steht für *Reg*ular *Ex*pression. Auf FTP-Servern läuft in der Regel das Betriebssystem Unix, das es erlaubt, mit Platzhaltern, sogenannten Wildcards, zu arbeiten. Ein Fragezeichen –*w?nzip* – ersetzt ein beliebiges einzelnes Zeichen im Suchwort. Ein Stern ersetzt mehrere Zeichen – *win** – auf einmal.

Exact first: zeigt diejenigen Dateien zuerst an, deren Name mit dem Suchbegriff identisch ist. Diese Option hat nur dann einen Sinn, wenn Sie nach Teilzeichenfolgen (*substring*) suchen.

Hinter *Archie Server* ist ein Archie-Server voreingestellt. Sie können aber aus einer Liste auch andere Server auswählen, wenn Sie auf den Pfeil rechts vom Abfragefeld klicken. In der Regel sollten Sie es mit dem Server der TH Darmstadt versuchen: *archie.th-darmstadt.de*

Im Feld *Domain* können Sie die Suche beschränken. Wenn Sie dort beispielsweise

de

eingeben, sucht Archie nur nach Einträgen von FTP-Servern in Deutschland.

Tip

In der Regel funktioniert die Dateiübertragung von Übersee langsamer als innerhalb von Europa. Daher sollten Sie bevorzugt FTP-Server in Deutschland ansteuern bzw. die Suche geographisch beschränken. Auf einigen europäischen FTP-Servern gibt es »Spiegel« (engl. »mirror«) von Verzeichnissen US-amerikanischer FTP-Server, also identische Dateiverzeichnisse und Bestände. Gespiegelte Verzeichnisse tragen häufig den Namen *MIRROR*. Wenn Sie die Möglichkeit haben, gespiegelte Verzeichnisse in Europa anzusteuern, sollten Sie diese den FTP-Servern in den USA oder Kanada vorziehen.

Die Menüs von Archie sind ebenfalls leicht zu erklären.

Unter *File* können Sie die Ergebnisliste der Suche als Textdatei abspeichern (*Save ...*), einen FTP-Client veranlassen, eine markierte Datei zu empfangen (*Retrieve ...*, wird gleich genauer erklärt), sich weitere Dateien im Verzeichnis der gefundenen Datei anzeigen lassen (*Expand*) und Archie verlassen (*Exit*).

Unter *Edit* können Sie Ergebnisse in die Windows-Zwischenablage kopieren. *Copy Result* kopiert das gesamte Ergebnis der Suche dorthin, *Copy File* den Namen der markierten Datei. *Copy Directory* kopiert ein markiertes Verzeichnis eines FTP-Servers, *Copy Host* die Adresse eines markierten FTP-Servers.

Unter *Options* können Sie mit *User Preferences* die Voreinstellungen von Archie ändern. Wichtig ist hier der Eintrag *FTP Setup*. Beim Klick auf diesen Eintrag öffnet sich ein Fenster, über das Sie Ihr FTP-Programm, zum Beispiel WS-FTP (dazu später mehr), mit Archie so verknüpfen können, daß Archie unter *File* > *Retrieve ...* automatisch das FTP-Programm und damit die Dateiübertragung startet. Geben Sie hinter *Command* den Verzeichnispfad von WS-FTP ein, etwa so:

c:\ftp\ws_ftp.exe %h:%d/%f

Lassen Sie sich von den kryptischen Kürzeln »%h:%d/%f« nicht irritieren, sondern übernehmen Sie diese einfach, wie sie sind (es handelt sich um Platzhalter für den Host, das Verzeichnis und die Datei, die WS-FTP nach der Vorgabe von WS-Archie ansteuern muß).

Hinter *Username* schreiben Sie *anonymous*. Damit erklären Sie dem FTP-Server, auf dem sich die zu übertragende Datei befindet, daß Sie sich ohne Paßwort auf diesem Server einloggen wollen. Es gibt auch FTP-Server und Verzeichnisse auf FTP-Servern, die der Öffentlichkeit verschlossen und ohne Paßwort überhaupt nicht zugänglich sind. »Anonymous FTP« bedeutet dementsprechend, daß nur Server bzw. Verzeichnisse für Sie geöffnet werden, die nicht geschützt sind. Diese tragen oft den Namen *pub* (für engl. »public«).

Hinter *Password* tragen Sie Ihre E-Mail-Adresse ein. Wenn Sie keine haben, können Sie auch eine erfinden, da dieser Eintrag eher ein Akt der Höflichkeit ist, mit dem Sie sich dem Betreiber des FTP-Servers gewissermaßen vorstellen.

Hinter *Directory* geben Sie bitte ein, in welchem Verzeichnis WS-FTP Dateien speichern soll. Das Verzeichnis müssen Sie vorher anlegen (siehe S. 76 f.).

Unter *Help* bietet sich Ihnen eine gute Hilfedatei an.

Übertragung von Dateien mit WinSock-FTP

WS-FTP ist gleichfalls ein außerordentlich leicht bedienbares Programm, das in vielerlei Hinsicht wie ein Windows-Dateimanager oder -Explorer funktioniert. Wenn Sie WS-FTP starten, sehen Sie auf der linken Seite ein schmales und auf der rechten Seite ein breites Fenster. Im linken Fenster erkennen Sie im oberen Teil Verzeichnisse Ihrer Festplatte. Unter dem Eintrag *Local System* (also Ihr PC) sehen Sie, welches Verzeichnis gerade geöffnet ist.

Im unteren Teil des linken Fensters erkennen Sie die Dateien, die im gerade geöffneten Verzeichnis gespeichert sind. Dort speichert WS-FTP übertragene Dateien. Wenn Sie im oberen Teil auf die beiden Punkte doppelklicken, gelangen Sie ins nächsthöhere Verzeichnis, bis Sie im Hauptverzeichnis Ihrer Festplatte ankommen. Sie können auf diese Weise aber auch das Laufwerk wechseln. Wenn keine oder nicht alle Laufwerke abgebildet sind, benutzen Sie das Laufband.

Sie können für Verzeichnisoperationen aber auch die Schaltflächen benutzen: *ChgDir* – Verzeichnis wechseln, *MkDir* – Verzeichnis erstellen, *RmDir* – Verzeichnis löschen. Die vier folgenden Schaltflächen setzen voraus, daß Sie eine Datei markiert haben: *View* – Datei ansehen, *Exec* – ein Programm ausführen, *Rename* – Datei umbenennen, *Delete* – Datei löschen.

Mit *Refresh* aktualisieren Sie die Verzeichnisanzeige (was etwa nach Löschoperationen sinnvoll sein kann); mit *DirInfo* werden Sie über den Inhalt eines Verzeichnisses informiert.

Im rechten Fenster – *Remote System* – wird oben die Verzeichnisstruktur des mit Ihrem PC verbundenen FTP-Servers angezeigt, unten sehen Sie die Dateien des gerade geöffneten Verzeichnisses. Rechts finden Sie die gleichen Schaltflächen mit den gleichen Funktionen wie links.

Zur Menüleiste: *Connect* öffnet ein Fenster, in dem Sie einen Host (also einen FTP-Server) auswählen können, mit dem Sie Ihren PC verbinden wollen. Sie können dort auch die Adressen neuer FTP-Server eingeben und speichern – klicken Sie auf *New* – und Einträge löschen.

Wichtig ist auch, daß Sie *Anonymous Login* anklicken. Wenn Sie im Menü *Options > Program Options ...* Ihre E-Mail-Adresse eingegeben haben, wird sie automatisch in das Feld hinter *Password* eingetragen und dem FTP-Server gemeldet. In der Rubrik *Initial Directories* sollten Sie hinter *Local PC* Ihr Download-Verzeichnis eintragen, etwa *C:\DOWNLOAD*

Eine Reihe von FTP-Servern ist bereits »ab Werk« gespeichert. Klicken Sie einen an, und bestätigen Sie Ihre Wahl mit einem Klick auf *OK*. Wenn Sie zuvor Ihre Internet-Verbindung aufgebaut haben, versucht WS-FTP jetzt, Sie mit dem gewünschten Server zu verbinden. Am unteren Rand des Programmfensters können Sie diesen Vorgang anhand von Statusmeldungen verfolgen. Wenn die Verbindung steht, sieht das Programmfenster etwa so aus:

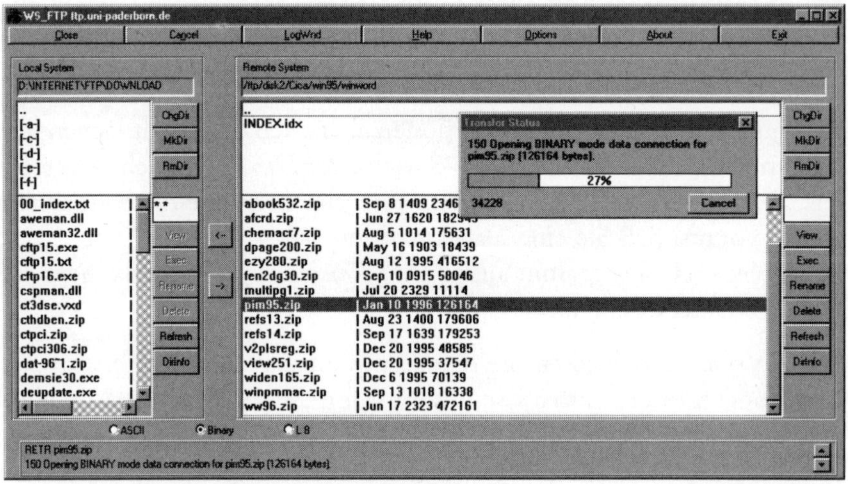

WS-FTP überträgt eine Datei vom FTP-Server der Uni Paderborn

Im rechten Fenster können Sie sich genauso bewegen wie im linken. Ein Doppelklick auf die beiden Punkte oberhalb der Verzeichnisse bringt Sie ein Verzeichnis zurück. Ein Doppelklick auf ein Verzeichnis öffnet dieses. Wenn Sie im gesuchten Verzeichnis angekommen sind, klicken Sie auf die zu übertragende Datei, um diese zu markieren. Wenn Sie zwischen den beiden Fenstern den Pfeil nach links anklicken, wird die markierte Datei ins linke Fenster, also auf die Festplatte Ihres PCs, übertragen, und zwar in das gerade geöffnete Verzeichnis.

Wenn Sie eine Datei von der Festplatte Ihres PCs auf einen FTP-Server übertragen wollen, gehen Sie im linken Fenster in das Verzeichnis, in dem die Datei abgelegt ist. Im rechten Fenster klicken Sie sich zu dem Verzeichnis durch, in dem die Datei gespeichert werden soll. Dann markieren Sie im linken Fenster die Datei und klicken auf den Pfeil nach rechts.

Mehr müssen Sie nicht wissen, um die Dateiübertragung mittels FTP zu beherrschen. Nachfolgend finden Sie jedoch noch einige Hinweise zu den Schaltflächen, die Ihnen WS-FTP bietet.

Cancel beendet die Dateiübertragung, *LogWnd* zeigt Ihnen eine Art Protokoll von FTP-Sitzungen an, und *Help* öffnet die Hilfedatei. Die Schaltfläche *Options* müssen wir etwas näher anschauen:

Hinter *Program Options ...* verbergen sich verschiedene Möglichkeiten, WS-FTP Ihren Wünschen anzupassen. Sie sollten hier auf jeden Fall Ihre E-Mail-Adresse und Ihren Texteditor (notepad) angeben. Rechts, unter *Double Click*, bestimmen Sie, was passiert, wenn Sie eine Datei doppelt anklicken. Die beste Wahl treffen Sie mit der Option *Transfer*, da dann eine markierte Datei durch einen Doppelklick in das im benachbarten Fenster geöffnete Verzeichnis befördert wird. Der Eintrag *Debug Messages* ist überflüssig: Fehlermeldungen werden Ihnen auf jeden Fall angezeigt. Aktivieren Sie am besten alle Einträge außer *Alternate Screen Layout* und *Debug Message*.

Unter *Session Options ...* bestimmen Sie, wie das Programm FTP-Sitzungen durchführt. Wichtig ist, daß hinter *Host Type* der Eintrag *auto detect* steht. Des weiteren sollten *Auto Update Remote Directories* und *Show Transfer Dialog* aktiviert sein. Ganz unten klicken Sie unter *Transfer Mode* die Option *Auto Detect* an.

Die Schaltfläche *About* in der Menüleiste gibt Ihnen Informationen über WS-FTP und seinen Autor (samt Foto!), *Exit* beendet das Programm.

Tip

Vor allem Universitäten betreiben FTP-Server mit umfangreichen Datenbeständen. Da deren FTP-Adressen fast durchgehend nach demselben Schema aufgebaut sind, sind diese Server leicht zu finden, zum Beispiel bei

ftp.uni-stuttgart.de oder *ftp.uni-paderborn.de* oder *ftp.uni-mainz.de* usw.

Der FTP-Server an der Uni Stuttgart spiegelt das große US-amerikanische Softwarearchiv SIMTEL, dessen Dateibestände Sie aus Stuttgart viel schneller übertragen können als beim elektronischen Trip über den großen Teich. Der FTP-Server der Uni Paderborn spiegelt nicht nur SIMTEL, sondern auch das Shareware-»Konkurrenzunternehmen« CICA und noch einige andere Softwarearchive. Wenn Sie ein Programm suchen, dann sollten Sie zuerst den FTP-Server in Paderborn ansteuern (für den Fall, daß Sie Dateien nicht mit Archie suchen).

Interessante FTP-Server sind außerdem

ftp.leo.org oder *ftp.pcpraxis.de* oder *ftp.maz.net* oder *papa.indstate.edu* usw.

8// Virtueller Staub

Telnet oder Wie recherchiere ich in Bibliotheken?

Um in Bibliotheken zu recherchieren, gibt es einen bequemen und einen mühsamen Weg. Der bequeme Weg führt ins WWW, der zunächst mühsame zu Telnet (letzterer wird allerdings nach den Erläuterungen auch ganz einfach sein). Bibliotheken, die online erreichbar sind, bieten zunehmend die Möglichkeit, mit Hilfe eines Web-Browsers wie etwa des Netscape-Navigators nach Buchtiteln oder Fachzeitschriftenbeiträgen zu suchen.

Trotz dieses Fortschritts hin zur komfortablen Literaturrecherche werden Lesehungrige noch lange Zeit darauf angewiesen sein, mit Hilfe des Internet-Dienstes Telnet Bibliotheksrechner fernzusteuern. Telnet verwandelt Ihren PC gewissermaßen in ein entferntes Terminal eines Großrechners und erlaubt es Ihnen, diesem Großrechner Befehle zu geben.

Praktisch alle größeren Bibliotheken haben zumindest ihre neueren Bestände elektronisch erfaßt. Die Idee, diese Bestände auch Besuchern aus dem Cyberspace zu öffnen, lag daher nahe. Sie brauchen sich also nicht mehr auf den Weg zu Ihrer Uni- oder Stadtbibliothek zu machen, sondern können sich bequem an den Rechner setzen und den Digitalknecht für Sie arbeiten lassen, und zwar mit Hilfe eines Telnet-Programms oder -Client. Dieses Programm verbindet Sie mit einem Bibliotheksrechner und gibt Ihnen die Möglichkeit, seine Bestände zu durchsuchen. Das populärste und wohl beste Telnet-Programm unter Windows heißt EWAN Telnet.

EWAN Telnet

EWAN Telnet können Sie sich zum Beispiel auf dem FTP-Server *ftp.lysator.liu.se* besorgen. Die Programmdatei heißt EWAN.EXE. Wenn Sie diese per Doppelklick starten, haben Sie einmal mehr das klassische Windows-Outfit vor Augen: oben die Titelleiste, darunter die Menüleiste und darunter schließlich das Programmfenster.

Um das Programm zu verstehen, ist es am besten, wenn Sie gleich eine konkrete Aufgabe lösen. Angenommen, Sie wollen wissen, welche Bücher es zum Thema »Museen in Deutschland« in den Beständen des Telnet-Servers der Universität Tübingen gibt.

Ihre erste Aufgabe besteht darin, eine Verbindung zum Telnet-Server aufzubauen. Wenn Sie in der Menüleiste auf *File > New ...* klicken, öffnet sich das Fenster *Address*. Im Feld *Name* geben Sie ein:

Uni Tübingen

oder etwas Ähnliches. Unter *Network address or host name* muß die Telnet-Adresse stehen. Sie lautet:

opac.ub.uni-tuebingen.de

Unter *Service Port* klicken Sie *Telnet* an. Die Option *Custom* brauchen Sie nur, wenn bei einem Telnet-Server nicht standardmäßig Port 21 eingestellt ist (Port 21 ist gewissermaßen die im Server definierte Zugangstür zum Telnet-Dienst). Das Feld unter *Configuration* lassen Sie frei. Dort können Sie später für verschiedene Telnet-Verbindungen im einzelnen festlegen, wie EWAN Telnet aussehen und sich verhalten soll. Das kann hier aber egal sein.

Bevor Sie Ihre Eingaben mit *OK* bestätigen, sollten Sie sich ins Internet einloggen. Sobald dies geschehen ist, bewirkt ein Klick auf *OK*, daß die Verbindung zum Telnet-Rechner aufgebaut wird. Wenn die Verbindung steht, meldet EWAN Telnet in der Statuszeile (unterer Rand) *Connected*. Außerdem öffnet sich die Startseite. Geben Sie hinter der Aufforderung *Login*

opac

ein und drücken Sie danach die EINGABE-Taste. Hinter der Aufforderung *Password* geben Sie ebenfalls ein:

opac

Sie sehen das Paßwort nicht auf dem Bildschirm, während Sie es eintippen. Bestätigen Sie die Paßworteingabe (und alle späteren Eingaben) mit der EINGABE-Taste. Daraufhin öffnet sich ein Fenster, in dem Sie auswählen können, in welchen Beständen Sie suchen wollen.

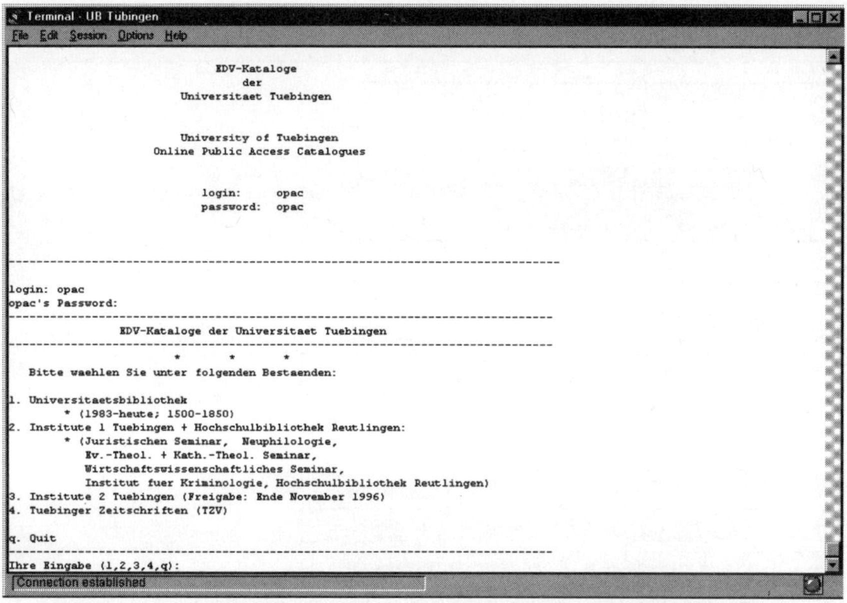

EWAN Telnet mit Verbindung zur Tübinger Universitätsbibliothek

In der letzten Zeile dieses Fensters steht

Ihre Eingabe (1,2,3,4,q):

Geben Sie für den Bestand der Universitätsbibliothek ein:

1 (EINGABE-Taste nicht vergessen!)

Im sich jetzt öffnenden Fenster werden Ihnen drei Möglichkeiten angeboten:

Hilfe: ⇒ *?*

und

Programmende: ⇒ *q(uit)*

Hinter dem Pfeil in der letzten Zeile können Sie als geübter Nutzer aber auch gleich in die Suche einsteigen. Da Sie noch nicht geübt sind, sollten Sie ein Fragezeichen eingeben:

?

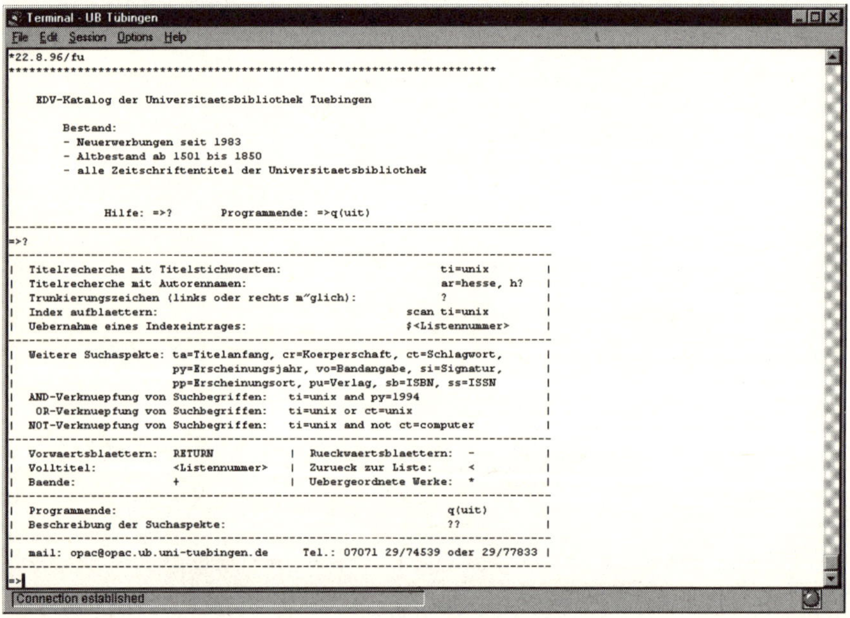

Die Hilfeseite des Telnet-Zugangs zur Universitätsbibliothek Tübingen

Jetzt öffnet sich ein Fenster, in dem Sie erfahren, wie Sie Ihre Suchbegriffe schnell finden.

Tip

Wenn Sie einen Telnet-Server zum erstenmal ansteuern, empfiehlt es sich immer, sich zuerst die Hilfeseiten anzusehen. Manchmal erreichen Sie diese durch ein Fragezeichen, manchmal durch die Eingabe von *help* oder *info*. Drucken Sie sich diese Hilfeseiten von Telnet-Servern am besten aus. So haben Sie immer ein Minihandbuch zur Hand. Der

Ausdruck von Seiten mit EWAN Telnet ist ganz einfach: *File > Print*.

Wenn Sie nach Museen in Deutschland suchen, geben Sie folgendes ein:

ti=muse? and ti=deutschland

(*ti* bedeutet, daß Sie nach Titelstichwörten suchen. Wenn Sie nach Autoren suchen, müssen Sie *ar* eingeben, also *ar = marx?*. Beachten Sie dazu bitte das Bild auf S. 126.) Bald erhalten Sie die Meldung

Suchanfrage! Bitte warten ...

und nach kurzer Zeit meldet Ihnen der Server:

FIND TI=MUSE? AND TI=DEUTSCHLAND Treffer: 41

Darunter werden die Suchergebnisse angezeigt, dies aber nur in Kurzform. Wenn Sie einen Titel genauer betrachten wollen, dann tippen Sie die davorstehende Nummer ein. Hat der Server mehr Titel gefunden, als auf der Seite Platz finden, können Sie mit der EINGABE-Taste weiterblättern. Bei Titel 30 werden Sie dann fündig:

30 Der deutsche Museumsfueh ... / Moermann, Klemens, 1986

Geben Sie

30

ein und schon wird Ihnen der Museumsführer mit allen erforderlichen bibliographischen Angaben samt Signatur auf dem Bildschirm angezeigt.

Sie haben gewiß bemerkt: Im Prinzip arbeitet dieser Telnet-Server (wie viele andere) nach der gleichen Systematik wie Suchmaschinen, nämlich nach Regeln der formalen Logik. Wenn Sie sich in die Suchtricks des Telnet-Servers der Uni Tübingen eingearbeitet haben, werden Sie feststellen, daß Ihnen damit ein außerordentlich gutes Recherchewerkzeug zur Verfügung steht. Andere Telnet-Server funktionieren im Prinzip genauso. Studieren Sie die Hilfeseiten!

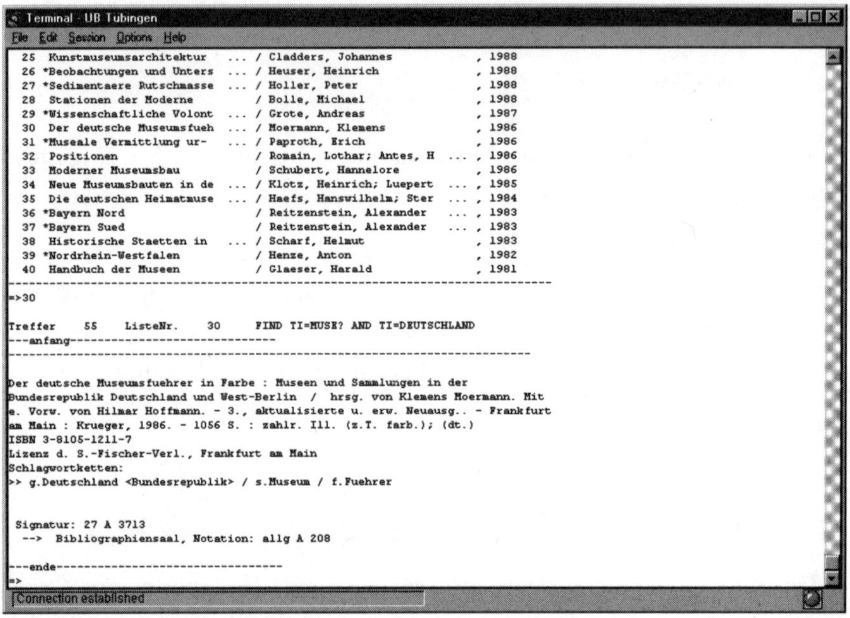

```
Terminal - UB Tübingen
File Edit Session Options Help
  25  Kunstmuseumsarchitektur   ... / Cladders, Johannes            , 1988
  26 *Beobachtungen und Unters  ... / Heuser, Heinrich              , 1988
  27 *Sedimentaere Rutschmasse  ... / Holler, Peter                 , 1988
  28  Stationen der Moderne         / Bolle, Michael                , 1988
  29 *Wissenschaftliche Volont  ... / Grote, Andreas                , 1987
  30  Der deutsche Museumsfueh  ... / Moermann, Klemens             , 1986
  31 *Museale Vermittlung ur-   ... / Paproth, Erich                , 1986
  32  Positionen                    / Romain, Lothar; Antes, H  ... , 1986
  33  Moderner Museumsbau           / Schubert, Hannelore           , 1986
  34  Neue Museumsbauten in de  ... / Klotz, Heinrich; Luepert  ... , 1985
  35  Die deutschen Heimatmuse  ... / Haefs, Hanswilhelm; Ster  ... , 1984
  36 *Bayern Nord                   / Reitzenstein, Alexander   ... , 1983
  37 *Bayern Sued                   / Reitzenstein, Alexander   ... , 1983
  38  Historische Staetten in   ... / Scharf, Helmut                , 1983
  39 *Nordrhein-Westfalen           / Henze, Anton                  , 1982
  40  Handbuch der Museen           / Glaeser, Harald               , 1981
--------------------------------------------------------------------------------
=>30

Treffer    55    ListeNr.    30     FIND TI=MUSE? AND TI=DEUTSCHLAND
---anfang------------------------------
-----------------------------------------------------------------------------

Der deutsche Museumsfuehrer in Farbe : Museen und Sammlungen in der
Bundesrepublik Deutschland und West-Berlin  /  hrsg. von Klemens Moermann. Mit
e. Vorw. von Hilmar Hoffmann. - 3., aktualisierte u. erw. Neuausg.. - Frankfurt
am Main : Krueger, 1986. - 1056 S. : zahlr. Ill. (z.T. farb.); (dt.)
ISBN 3-8105-1211-7
Lizenz d. S.-Fischer-Verl., Frankfurt am Main
Schlagwortketten:
>> g.Deutschland <Bundesrepublik> / s.Museum / f.Fuehrer


 Signatur: 27 A 3713
  -->  Bibliographiensaal, Notation: allg A 208

---ende---------------------------------
=>
Connection established
```

Ergebnis einer Telnet-Recherche

9// Bon Voyage!
Suchdienste und Verzeichnisse für Architekten

Am besten läßt sich die Nutzung des Internet mit einer Reise zu immer wieder neuen, unbekannten Zielen vergleichen. Sie entscheiden dabei, ob Sie eine Pauschalreise buchen (weniger spannend, aber Erfolg garantiert) oder ob Sie einen Abenteuerurlaub beginnen (spannend, aber Ausgang ungewiß). Probieren Sie die Angebote, die wir Ihnen in diesem Buch schildern, einfach aus (Pauschalreise), oder benutzen Sie sie als Startpunkte für eigene Wege (Abenteuerurlaub). Das Internet mit seinen fast unbegrenzten Möglichkeiten wartet auf Sie.

In diesem Sinne: gute Reise!

Die Frage, die sich einem Newcomer im Netz aller Netze zunächst stellt, ist die nach dem Ausgangspunkt. Wo soll man in dem schier unendlichen Angebot beginnen, ohne sich allzu oft zu verlaufen? Die Antwort auf diese Frage können die vielen im Internet vorhandenen Suchmaschinen geben, von denen wir einige schon beschrieben haben.

Stichwörter suchen mit AltaVista

Was läge näher, als einmal mehr die enormen Fähigkeiten von AltaVista zu testen? Starten Sie Ihren Internet-Browser, und geben Sie folgende Adresse ein:

http://www.altavista.digital.com

Wir sind jetzt mal ganz mutig (bis ziemlich wahnsinnig), und geben als Suchbegriff ein:

architektur

Ein Klick auf *Submit*, und die Post geht ab. Und kommt gleich wieder zurück mit ein paar zehntausend Links. So geht's also nicht. Wir schränken die Suchergebnisse durch eine genauere Frage ein:

+Architektur +Deutschland +Baudaten

Nun findet AltaVista nur noch zehn Einträge, unter anderem einen Verweis auf einen professionellen Anbieter von CAD-Software, der auch eine Baudaten-Datenbank betreibt. Schauen wir, was dieses Angebot für uns bereit hält. Nach einem Klick auf den entsprechenden Eintrag in der Liste der Suchergebnisse landen wir umgehend auf der Seite des Anbieters. Dort stoßen wir auf weitere Links zu Informationen.

Als Beispiel klicken wir auf *Stadtbibliothek Cuxhaven*. Es wird uns eine Seite angeboten, die Informationen zum Gebäude und eine Ansicht aus einem CAD-Programm mit einem Ausschnitt des Baus enthält. Schon haben Sie in wenigen Schritten Ihre erste Fachinformation gewonnen.

German spoken – es geht auch in Deutsch

Sie können natürlich auch auf deutschen Suchmaschinen nach Stichwörtern suchen. Eine »Super-Suchmaschine« verbirgt sich hinter dem Namen »MetaGer«. Sie finden sie unter

http://meta.rrzn.uni-hannover.de/

Mit Hilfe von MetaGer kann man verschiedene Suchmaschinen, die auf deutsche Angebote spezialisiert sind, gleichzeitig zur Arbeit animieren.

Versuchen wir es noch einmal mit dem Begriff »Baudaten«. Es ist hier natürlich nicht notwendig, die Suche auf Deutschland zu begrenzen, denn MetaGer sucht ohnehin nur in deutschsprachigen Dokumenten. Ähnlich wie bei AltaVista gibt es auch hier ein Eingabefeld für die Suchbegriffe. Allerdings ist als Art der Verknüpfung immer UND vorgegeben (Sie erinnern sich: In AltaVista wurde diese Art der

Suche durch ein vorangestelltes + erreicht). ODER-Anfragen lassen sich leider nicht realisieren.

Nach der Eingabe von

Baudaten

und dem Klick auf den *suchen*-Button vergeht nur eine kurze Weile, bis die ersten Ergebnisse auf dem Bildschirm erscheinen. Als Vorgabe sucht MetaGer maximal eine Minute. Nach und nach trudeln die Ergebnisse ein, darunter viele Einträge, auf die wir später noch zurückkommen werden.

Unsere Suche war erfolgreich: Wir haben mehrere Datenbanken mit Baudaten gefunden, wenn auch mit der Einschränkung, daß einige der Angebote Werbeseiten von professionellen Softwareanbietern sind. Aber dafür haben wir einige Link-Sammlungen bzw. -Verzeichnisse entdeckt, die wiederum viele Verweise auf weitere interessante Seiten enthalten.

Verzeichnissuche – Wegweiser im Labyrinth

Informationen für Architekten finden wir auch auf dem Weg über bekannte Verzeichnisse oder Startrampen. »WEB.DE – Deutschland im Internet« unter

http://www.web.de

zum Beispiel bietet einen guten und ausführlichen Überblick über deutsche Informationsangebote im Netz.

Unter dem Verweis »Kunst und Kultur« steht gleich an erster Stelle der Link *Architektur*. Ein Klick darauf führt zu einer Liste, die bei *ADAB – Allgemeine Denkmaldatenbank* (Datenbank des Landesdenkmalamts Baden-Württemberg) beginnt und bei *StudArchInfo* (Informationen zum Studium der Architektur an deutschen Hochschulen) aufhört. Das Angebot an Links ist – wie immer – bunt gemischt und enthält Empfehlenswertes und weniger Empfehlenswertes. Insgesamt ist die Ausbeute eher mager.

Ein spezielleres Angebot, das sich vor allem auf Server mit wissenschaftlichen Beständen bezieht, findet sich in der »Virtual Library«, einer Sammlung von deutschen Datenquellen an der Universität Karlsruhe:

http://www.uni-karlsruhe.de/Outerspace/VirtualLibrary/

Hier stoßen Sie unter anderem auf das Angebot von Fachbereichen deutscher Hochschulen und der Deutschen Forschungsgemeinschaft (DFG) zu Architektur, Städtebau, Landesplanung und Raumordnung.

Bei diesen Verzeichnissen muß man allerdings bedenken, daß sie nicht gesondert für architektonische Belange gepflegt werden, sondern einen möglichst weitgefaßten Überblick über möglichst viele Themen geben wollen.

Verzeichnisse für Architekten

Es gibt aber auch spezielle Verzeichnisse, die sich um unser »Lieblingskind«, die Architektur, bemühen.

Ein gutes, weil überlegt gegliedertes und umfangreiches Verzeichnis für Architekten bietet zum Beispiel »architektur+bauen«, ein Angebot der TFH Berlin, zusammengestellt von Hans-Stefan Müller. Die Internet-Adresse lautet:

http://www.tfh-berlin.de/~hasspro/arch/

Im linken Teil der Seite finden Sie viele Informationsquellen, die jeweils nach dem Anklicken weitere Verweise herausrücken. Das Angebot reicht von *Architekten* über *Forschungsarbeiten* und *Hochschulen* bis hin zu *Stromversorgern*.

Wählen Sie aus diesem Inhaltsverzeichnis die *Informationsquellen*, so werden Ihnen im grau unterlegten Teil des Fensters weitere Links angeboten. Sie finden hier die Crème de la crème der deutschsprachigen Internet-Anbieter in Sachen Architektur. Wenn auch nicht alle Angebote von gleicher Qualität sind, so kann doch jedes von ihnen Ausgangspunkt für Reisen im Internet sein.

Um die Probe aufs Exempel zu machen, klicken wir auf *Informationsquellen* im linken Teil des Fensters und dann auf den Eintrag *archiV* im grau unterlegten Suchergebnis. Es öffnet sich das Angebot von WORKSHOP archiV, das sie auch direkt ansteuern können über:

http://www.workshop-archiv.de/

Hier finden wir einen Verweis auf *weitere links*. Dies ist ein direkter Weg zu einer riesigen Menge von Angeboten zur Architektur.

»archiV« ist weit mehr als ein Verzeichnis. Es hält selbst ein umfangreiches Angebot bereit. Genannt sei hier besonders die Baudaten-Datenbank, die in Zusammenarbeit mit der hessischen Architektenkammer entsteht.

Alles, was das Architektenherz begehrt: »architektur+bauen«

»architektur+bauen« ist das Nonplusultra der deutschsprachigen Informationsquellen im WWW. Grund genug, das Verzeichnis einmal genauer unter die Lupe zu nehmen. Das grobgegliederte Inhaltsverzeichnis beginnt mit *Architekten*. Dieser Link verweist auf drei Punkte:

Architekten/Architekturbüros
Architektenkammern
Handwerkskammern

Die Liste der Architekten und Architekturbüros mit eigenem Internet-Angebot ist relativ kurz. Das liegt sicherlich auch daran, daß viele Architekten befürchten, gegen Standesrecht (Werbeverbot) zu verstoßen. Es gibt aber Gerichtsurteile, die sehr wohl zwischen Information und Werbung unterscheiden. Und informieren dürfen Architekten allemal.

Unter der Überschrift »Architektenkammern« finden Sie zwar einen Verweis auf alle deutschen Kammern, jedoch ist nur die Architektenkammer des Landes Nordrhein-Westfalen mit einem Link vertreten. Auch die Kammern haben aus dem genannten Grund immer noch Bedenken, ein eigenes Angebot in das WWW zu stellen. Allerdings sollten zum Erscheinungstermin dieses Buches bereits weitere Kammern »ins Netz gegangen« sein.

Unter »Handwerkskammern« finden Sie den »Zentralverband des Deutschen Handwerks« und »Handwerkskammern in Deutschland« verzeichnet. Unter dem letztgenannten Link finden Sie weitere Verweise regionale Handwerkskammern.

Klicken Sie im Verzeichnis der Informationsquellen auf *Architekturführer*, erscheinen rechts im Fenster Verweise auf *ArchINFORM (Architekturführer)*, das *Dokumentationssystem zum Potsdamer Platz in Berlin* und die *Friends of Schinkel.* Alle Informationen sind eher kultureller Art.

ArchINFORM ist eine Datenbank, die Fakten über 6000 gebaute und unrealisierte Projekte vieler Architekten enthält. Schwerpunkt ist die Architektur des 20. Jahrhunderts. Neben Ortsangaben und Stichworten wird für die meisten Projekte mindestens ein Literaturhinweis genannt. Teilweise gibt es auch Links zu anderen projektbezogenen Web-Seiten sowie Kommentare und Verweise. Für einige (ca. 5 Prozent) der Projekte sind auch Bilder abrufbar. Dieses Angebot erreichen Sie direkt unter der Adresse

http://www.archinfo.de

Zurück zur Homepage. Umfangreich ist die Liste der Verweise zu AutoCAD, der Standardsoftware für Computer-Aided Design:

Autodesk, Support, Software...
User Groups
Shareware, Utilities...
Zeitschriften

Der interessanteste Link in der ersten Zeile (*Autodesk* ...) ist die Verbindung zum Softwarehersteller. Dort finden AutoCAD-Benutzer alles Wissenswerte zu ihrer Software, sowie Utilities und ⇒ *Shareware*-Programme. Empfehlenswert für AutoCAD-Benutzer sind alle Verweise auf Server, die Shareware und Utilities abrufbereit halten. Vielleicht finden Sie dort (kostenlos) das ultimative Hilfswerkzeug, das Sie schon lange für Ihre Arbeitsumgebung in AutoCAD gesucht haben.

Der Gliederungspunkt *Immobilien* verbirgt unter nur fünf Verweisen eine Menge an interessanter Information. Unter anderem gibt es hier eine Sprungmöglichkeit zum Angebot des Verbandes Deutscher Makler e. V.:

http://www.vdm.de

Dort finden Sie gute Recherchemöglichkeiten in einer bundesweiten Online-Immobiliendatenbank, die allerdings zur Zeit noch im Aufbau befindlich ist. Sollten Sie allerdings zu den Glücklichen gehören, die die eine oder andere Million erübrigen können, sind bereits jetzt (Mai 1997) einige nette Objekte käuflich zu erwerben.

Interessant sind auch die Verweise auf deutsche Institute, die sich mit Architektur im weitesten Sinn beschäftigen. Als Beispiel sei hier das »Zentrale UmweltDaten InformationsSystem« genannt. Sie finden es direkt unter

http://hbksun17.fzk.de:8080/ZUDIS

Das Verzeichnis der *Länderinformationen* ist in zwei weitere Gliederungspunkte unterteilt: *Deutscher Bundestag* und *Deutsche Bundesländer*. Während das Angebot des Deutschen Bundestags eher allgemein gehalten ist, gibt es auf den Seiten der Bundesländer doch einige Infos. Als Beispiel sei hier das Angebot des nordrhein-westfälischen Ministeriums für Bauen und Wohnen genannt:

http://www.mbw.nrw.de

Hier finden Sie von *Neubau- und Erhaltungsförderung* bis hin zu *Neue Wohnungen auf Entwicklungsstandorten* viele interessante Informationen aus der Politik.

Umfangreich ist das Verzeichnis der Medien und Zeitschriften in »architektur+bauen«. Ein Verzeichnisweg führt zum »German Online Kiosk«:

http://www.gok.de/euroweb/zis/

Dort findet sich ein Verzeichnis der vielen deutschsprachigen Fachzeitschriften. Unter anderem gibt es in der Sachgruppensystematik einen Gliederungspunkt *Bauen und Planen* mit vielen Verweisen, von denen wir uns fürs erste den Begriff *Architektur* auswählen. Hier werden alle Verlage mit ihren regelmäßig erscheinenden Publikationen aufgelistet, und Sie können Kontakt zu Verlagen aufnehmen, um zum Beispiel ein Probeheft zu bestellen.

Einige Verlage haben ihr Medium auch für das Internet aufbereitet. Als Beispiel sei die »Deutsche Bauzeitung« genannt:

http://db.bauzeitung.de/

Sie hat ein umfassendes Angebot von der Job- und Praktikasuche bis hin zu aktuellen Ausschreibungstexten. In der Datenbank, die Sie über eine Suchmaske befragen können, finden Sie Wettbewerbsdaten, sortiert nach dem Abgabedatum. Natürlich gibt es auch redaktionelle Beiträge zu verschiedenen Themen.

Auch Buchverlage stellen ihr Angebot im Internet bereit. Als ein Beispiel sei hier der Birkhäuser Verlag in Basel genannt:

http://www.birkhauser.ch/home/sachgeb/va2/va2.htm

Auf dieser Seite können Sie sich durch viele Themen der Architektur klicken. Zu jedem Buch sind eine kurze Inhaltsangabe und Besprechungen vorhanden. Natürlich gibt es – am Fuß der Seite – auch einen Punkt *Order*, so daß Sie Ihr Wunschbuch gleich bestellen können.

Das Verzeichnis *Ökologie* in »architektur+bauen« ist nicht sehr umfangreich. Aber durch die angegebenen Links gelangen wir zu weiteren Angeboten, die wiederum neue Links umfassen.

Eine wichtige Adresse ist

http://nesa1.uni-siegen.de/

Die Universität Siegen zeigt interessante Informationen zu *Bauphysik und Solarenergie*, betreut aber auch ein gründlich recherchiertes Verzeichnis mit Links zu anderen Rechnern, die Informationen zu verwandten Themen aufbewahren. Achtung: Sie müssen schon ein wenig arbeiten, wenn Sie die Angebote entdecken wollen. Sie zeigen sich dem Benutzer nämlich nur, wenn er die Seiten fleißig nach unten »scrollt«. Nutzen Sie zum »Blättern« die BILD-NACH-UNTEN-Taste, oder klicken Sie auf dem Laufband am rechten Rand auf den nach unten zeigenden Pfeil.

Das Verzeichnis von *Organisationen* in »architektur+bauen« ist klein, aber fein. Es reicht vom Bundesministerium für Bildung und Forschung über die verschiedenen Normungsorganisationen bis hin zu internationalen Verbänden, wie zum Beispiel dem *American Institute of Architects (AIA)*.

Als Beispiel für eine gelungene Präsentation sei hier auf

http://www.daz.de

verwiesen. Dahinter verbirgt sich das auf Initiative des Bundes Deutscher Architekten (BDA) gegründete Architekturzentrum in Berlin. Die Seiten bieten Informationen über Veranstaltungen (Veranstaltungskalender) und die Nutzungsmöglichkeiten der Veranstaltungsräume.

Die Verzeichnisübersicht *Produktdatenbank* ist untergliedert in die Bereiche:

Baukonstruktion
Technische Anlagen
Industrieverbände
Bauunternehmen

Welche dieser Möglichkeiten Sie auch immer wählen, stets werden Sie zu einer Liste mit Herstellern von Bauprodukten geführt vom Leuchtenhersteller (ERCO) bis hin zum Steinproduzenten (YTONG). Immer haben Sie dort die Möglichkeit, direkt Kontakt zum Hersteller aufzunehmen oder sogar Bestellungen aufzugeben.

Ein weiterer Verweis des Verzeichnisses bezieht sich auf das BauNet-Angebot »Wer bietet was?«:

http://www.bau.net/wer/

Hier finden Sie Adressen und teilweise auch Sprungmöglichkeiten zu einer langen Reihe von Anbietern aller möglichen Produkte, die am Bau benötigt werden, vom Hohlraumdübel bis hin zur Schwimmbadausstattung.

Architektenglück in Las Vegas

Am Ende unserer Übersichtsreise wollen wir noch einen Blick in ein internationales Verzeichnis tun – in eine der umfangreichsten Link-Sammlungen für Architekten überhaupt. Sie finden sie unter

http://www.nscee.edu/unlv/Libraries/arch/rsrce/webrsrce/index.html

Jeanne Brown, Bibliothekarin an der Nevada-Universität in Las Vegas – ja, da kann man außer Poker und Roulette auch noch was anderes betreiben –, arbeitet seit 1993 an diesem Verzeichnis von Architektur-

und Bauinformationen, das ständig gepflegt und erfreulicherweise immer auf dem aktuellen Stand gehalten wird.

Das Verzeichnis umfaßt zahlreiche Gliederungspunkte, die wiederum auf lange Listen von weiteren Verweisen zeigen (in Klammern ein Übersetzungsversuch):

1.1 Architecture and Computing
(CAD und AVA – d. h. Ausschreibungstexte und Software zur Verwaltung von Angeboten –, Simulationen etc.)
1.2 Architecture Courses and University Catalog Information
(Studienangebote und Universitätskataloge)
1.3 Architecture Instruction and Student Work
(Angebote aus Lehre und Studentenarbeiten)
1.4 Associations and Societies; Miscellaneous Institutions and Organizations
(Institutionen und Organisationen)
1.5 Booksellers and Publishers
(Buchhändler und Verlage)
1.6 Building Engineering (Lighting, HVAC)
(Bauingenieurwesen)
1.7 Building Industry
(Bauindustrie)
1.8 Digitizing Projects, Image Collections, and Experiments in Design and Publishing
(Digitalisierte Projekte und Bildersammlungen)
1.9 Electronic Journals and Newsletters
(Online-Journale)
1.10 Energy Efficiency and Energy Alternatives
(Alles zum Thema Effizienz von Energieträgern und alternative Energien)
1.11 Green Design
(Ökologisches Bauen)
1.12 Library Guides
(Bibliotheksführer)
1.13 Miscellaneous Design Disciplines
(Bunt gemischte Designdisziplinen)
1.14 Real Estate and Housing
(Immobilien und Wohnen)

1.15 Research Centers/Networks
(Foschungszentren und Forschungsnetzwerke)
1.16 Safety
(Sicherheitsfragen)
1.17 Services
(Dienste)
1.18 Sites Devoted to a Single Architect, Firm, Location, Building Type
(Einzelne Architekten, Firmen, Orte und Bautypen)
1.19 Standards
(Normungsfragen)
1.20 Accessibility/Universal Design
(Universelle Designthemen)
1.21 Government-Sites
(Die amerikanische Regierung im Netz)
1.22 Government-Publications (Specific Publications)
(Veröffentlichungen der amerikanischen Regierung)
1.23 Urban Environment
(Stadtarchitektur)
1.24 Virtual Galleries
(Virtuelle Bildergalerien)
1.25 World Wide Web Link Collections
(Verzeichnis von Link-Sammlungen)
Section 2: Discussion Groups: Lists
(Liste von Online-Diskussionsforen)
Section 3: Discussion Groups: Newsgroups
(Liste von Newsgroups)
Section 4: Indexes
(Indizes von Architektur- und Bauinformationen)
Section 5: Library Catalogs
(Bibliothekskataloge)

Wenn auch dieses Verzeichnis primär auf amerikanische Bedürfnisse ausgerichtet ist, so findet sich doch in allen Gliederungspunkten auch die Rubrik »Internationales«.

Besonders ergiebig und wie geschaffen für den Internet-Reisenden, der sich nie umfangreich genug informieren kann, ist der Gliederungspunkt *1.25 World Wide Web Link Collections*. Hier finden Sie Verweise auf weitere auf Architektur spezialisierte Verzeichnisse.

Jeanne Browns Verzeichnis bietet Zehntausende von internationalen Verweisen auf Architektur- und Bauinformationen im Netz. Schauen Sie doch einmal Ihren Kollegen in die Karten. Der Blick über den eigenen Tellerrand lohnt sich immer.

Intermezzo I – Kurztrip zum WORKSHOP archiV

Am Ende jedes Kapitels dieses Buches werden wir einen Kurztrip zu einem besonderen Angebot unternehmen. Ein Ausflug auf einer Pauschalreise gewissermaßen. Aber wie das auf Reisen oft ist, solche Extratouren bringen manchmal erhellende Aufschlüsse. Unser erster Kurztrip führt uns zum WORKSHOP archiV.

Die Macher der Seiten sind ein junges Team von Architekten, das angetreten ist, Informationen *über* Architektur und Architekten auch für Nichtarchitekten anzubieten, nicht unbedingt jedoch einen Informationsdienst *für* Architekten. Das Angebot steht seit September 1996 im Netz und wird ständig erweitert.

Das Team hat bereits mehrere WWW-Projekte realisiert, unter anderem das Infosystem »ISA« der Universität Stuttgart (*www.architektur.uni-stuttgart.de:1200/*) und die WWW-Präsenz des Süddeutschen Rundfunks (*www.sdr.de*). Man sieht es den Seiten an, daß Profis am Werk waren.

Die Ziele von WORKSHOP archiV sind in den Worten seiner Macher:

»archiV ist provider für deutsche architekten und informiert über deren büro und deren arbeit. es enthält adressen, werkverzeichnisse, biografien und projektdokumentationen. außerdem finden sie informationen über den beruf des architekten und eine übersicht über architektur-informationen im internet.«

WORKSHOP archiV bietet übrigens allen Architekten kostenlos die Möglichkeit an, Büro und Projekte im Internet vorzustellen. Interessiert? Dann liefern Sie Ihre Daten, und WORKSHOP archiV sorgt für die Präsentation (gesponsert vom Baukosteninformationszentrum Deutscher Architektenkammern).

Aber jetzt zum Informationsangebot von WORKSHOP archiV. Unter der Adresse *http://www.workshop-archiv.de*

zeigt sich ein sehr klar gegliedertes Angebot. Wie manche andere Web-Seite auch, präsentiert sich WORKSHOP archiV konsequent in Kleinschreibung (abgesehen vom Eigennamen) und ist damit heutigen Rechtschreibreformern weit voraus.

Das übersichtliche Inhaltsverzeichnis:

architekten
projekte
datenbank-suche
weitere links
über archiV

Unter *architekten* finden Sie Architektenadressen, über hundert sind es zur Zeit (Stand Mai 1997). Schauen wir einmal, was sich hinter einem Adressenlink verbergen kann. Wir interessieren uns für den Eintrag *ohm architekten hamburg*. Ein Klick darauf genügt, und es öffnet sich eine Seite mit Anschrift und Telefon. Weiter unten finden sich drei weitere Gliederungspunkte:

büroprofil
objektplanung
wettbewerbe

Unter dem Punkt *büroprofil* finden wir Daten zur Firmengeschichte, zur Qualifikation der Mitarbeiter und zur technischen Ausstattung des Büros.

objektplanung führt zu Werkverzeichnissen der Firma. Sie umfassen in einigen Fällen Projektbeschreibungen (zum Beispiel Hotel-Gasthof »Seeterassen«, Lubmin). Klickt man auf der Seite mit der Projektbeschreibung auf einen Link zur Baukostendokumentation, landet man beim Baukosteninformationszentrum Deutscher Architektenkammern. Hier werden einige wenige weitere Informationen zum ausgewählten Projekt dargeboten.

Unter *wettbewerbe* schließlich werden alle Wettbewerbe genannt, an denen die Firma teilgenommen hat, sowie ihre jeweiligen Plazierungen. Auch hier gibt's bei einigen Projekten weiterführende Links.

Alles in allem gute Möglichkeiten also, sich Informationen über ein Architekturbüro zu beschaffen.

Zurück zur Homepage von WORKSHOP archiV. Der Link zur Seite *projekte* hat ebenfalls einiges an Informationen zu bieten. Hier finden wir folgende Kategorien:

parlaments-, gerichts-, verwaltungsgebäude
gebäude für wissenschaftliche lehre und forschung
gebäude des gesundheitswesens
schulen
sportbauten
wohnbauten und gemeinschaftsstätten
gewerbe, handel, lagergebäude und garagen
bauwerke für technische zwecke
gebäude anderer art
stadtplanung

Klickt man auf einen dieser Punkte, wird man zu einer weiteren Seite geführt, die Verweise auf Gebäude der gewählten Kategorie enthält. Noch ein Klick, und schon wissen wir mehr über einzelne Projekte: kompakte Informationen auch über Planung und Konzept.

Der nächste Punkt der Gliederung auf der Homepage von WORKSHOP archiV ist die *datenbank-suche*. Die Auskunft der Macher verweist darauf, daß es sich um ein »ernstgemeintes experiment [handelt], das aufschluß darüber geben soll, ob die nachfrage für diese form der darstellung von architekten überhaupt vorhanden ist«.

Da wollen wir uns doch sofort eine Meinung bilden. Also gleich darauf geklickt. Wir finden eine internetübliche Suchseite. In einem Feld kann man Suchbegriffe eingeben. Beispiele, wie verschiedene Eingaben (Architektenname, Gebäude, Stadt usw.) eventuell zu verknüpfen sind, entdecken wir auf der Seite leider nicht.

Tippen wir einfach den Namen des uns schon bekannten Architektenbüros (*ohm architekten*) in das Abfragefeld, und schauen wir, was passiert.

Erfreulich flott erscheint eine Liste der Seiten, in denen der Suchbegriff vorkommt. Das Ergebnis ist so umfangreich wie übersichtlich. Ein Mausklick auf einen gefundenen Verweis läßt uns zu der entsprechenden Seite springen.

Bleibt noch nachzuschauen, ob die *weiteren Links* auf der Homepage ebenso brauchbar sind wie unsere bisherigen Funde. Klickt man auf diesen Eintrag, öffnet sich eine Seite mit zahlreichen interessanten Gliederungspunkten:

architekten-homepages im WWW
architektenberufsverbände
architektenkammern
architekturführer
architekturhochschulen
architekturzeitschriften im WWW
berufsbild architekt
nextroom – architektur im netz
produktinformationen
veranstaltungshinweise
WWW-links zum thema architektur

Ein Blick auf die *WWW-links zum thema architektur* beweist, daß WORKSHOP archiV nur wenige Themen des Bereichs ausläßt. (Alternative und ökologische Architektur ist aber leider nicht mit einem eigenen Link vertreten). Information für Nichtarchitekten bedeutet bei WORKSHOP archiV keineswegs Oberflächlichkeit. So kann dieses Angebot auch dem interessierten Fachpublikum einiges bieten.

Die Macher dieser Seiten haben alles in allem nicht zuviel versprochen. Und das ist im Internet nicht eben die Regel.

10// Back to the roots

Hochschulen, Projekte und Forschungsarbeiten

Auf unserer Reise durch das Internet haben wir bislang – abgesehen von unserem ersten Internetzo – eigentlich nichts getan, außer uns die Reiseführer genauer anzusehen. In den nun folgenden Kapiteln werden wir uns konkreten Reisezielen zuwenden. Siteseeing ist angesagt. Beginnen wir mit Forschung und Lehre.

Hochschulen

Träumen und Phantasieren erlaubt: Wie könnte das ideale Internet-Angebot einer Hochschule aussehen?

Natürlich wären Informationen über die Studienmöglichkeiten, die verschiedenen Fachbereiche, die Verwaltung (Vorlesungsverzeichnisse, Prüfungsanmeldungen etc.) und studentische Gremien nützlich. In der Forschung wäre es interessant, wenn Projekte ihre (Zwischen-)Ergebnisse als Seiten im Internet zur Verfügung stellten, ergänzt um ein Diskussionsforum. Interessierte, auch von außerhalb der Hochschule, könnten so am Forschungsprozeß teilnehmen und zum Beispiel praktische Erfahrungen aus dem Berufsleben in die wissenschaftliche Arbeit mit einfließen lassen.

Schön wär's, wenn dem so wäre. Aber dem ist nicht so. Genausowenig gibt es veranstaltungsbegleitende Internet-Seiten (Veranstaltungsmitschriften, Übungsaufgaben, Skripts der Hochschullehrer), die vor allem von Studenten genutzt werden könnten.

An einigen wenigen Universitäten kann man sich via Internet zu Prüfungen anmelden (Uni Bamberg, TU Berlin), was verwaltungstechnische Vorgänge beschleunigt. Wenn Sie sehen wollen, wie so etwas aussehen könnte – voilà, hier ein Beispiel:

http://www.tu-berlin.de/stubue/

Sehr aktiv sind an einigen Hochschulen die Fachschaften und der AStA, die oft ein eigenes Angebot zur Verfügung stellen. Auch dazu ein sehenswertes Beispiel:

http://www.a.tu-berlin.de

Von der Homepage der TU Berlin verzweigen Sie mit einem Klick zu den Fachschaften.

Fast alle deutschen Hochschulen sind per Internet zu erreichen. Universitätsadressen sind nach einem Muster gestrickt:

http://www.uni-wodenn.de

wobei Sie bitte *wodenn* durch eine Ortsangabe ersetzen, also zum Beispiel:

http://www.uni-koeln.de

Ähnliches gilt für die Fachhochschulen, nur daß statt des Kürzels *uni* das Kürzel *fh* eingesetzt wird:

http://www.fh-oldenburg.de

Alle Hochschulen, die das Fach Architektur im Studienangebot haben und über das Internet erreichbar sind, ergänzt um die Internet-Adressen der Fachbereiche, die sich mit Architektur beschäftigen:

Rheinisch-Westfälische TH Aachen:
http://www.informatik.rwth-aachen.de/RWTH/index.html
Fakultät für Architektur:
http://www.informatik.rwth-aachen.de/RWTH/FB2/

FH Aachen (FB 1: Architektur):
http://www.fh-aachen.de/

TU Berlin:
http://www.tu-berlin.de
FB 08 (Architektur):
http://www.a.tu-berlin.de

Technische FH Berlin:
http://www.tfh-berlin.de/
FB 4 (Architektur):
http://www.tfh-berlin.de/~fb04lab/

FH Biberach:
http://www.fh-biberach.de/
FB Architektur:
ttp://www.fh-biberach.de/fh-www/bcfh1.html

FH Bielefeld:
http://www.fh-bielefeld.de/
FB Architektur und Bauingenieurwesen:
http://www.fh-bielefeld.de/fb6/fb6home.html

FH Bochum:
http://www.fh-bochum.de
FB Architektur:
http://www.fh-bochum.de/fb1/

TU Carola-Wilhelmina zu Braunschweig:
http://www.tu-bs.de/

TU Cottbus:
http://www.tu-cottbus.de/
Fakultät 2 (Architektur und Bauingenieurwesen):
http://www.tu-cottbus.de/btu/fak2.html

TH Darmstadt:
http://www.th-darmstadt.de/
FB 15 (Architektur):
http://www.th-darmstadt.de/fb/arch/Welcome.de.html

FH Darmstadt:
http://www.fh-darmstadt.de/

Universität Dortmund:
http://www.uni-dortmund.de/
FB Bauwesen
http://www.bauwesen.uni-dortmund.de/

FH Dortmund:
http://www.fh-dortmund.de/

TU Dresden:
http://www.tu-dresden.de/
Fakultät für Architektur:
http://www.tu-dresden.de/architek/architek.htm

FH Düsseldorf:
http://www.fh-duesseldorf.de/
FB 1 (Architektur):
http://www.fh-duesseldorf.de/www/docs/fb/architk/fb-1_allgeinr.html

Universität – Gesamthochschule Essen:
http://www.uni-essen.de/
FB 9 (Architektur, Biologie- u. Geowissenschaften):
http://www.waste.uni-essen.de/bauwesen/

FH Frankfurt:
http://www.fh-frankfurt.de/
FB Architektur:
http://www.fh-frankfurt.de/

FH Hamburg:
http://www.fh-hamburg.de/

Universität Hannover:
http://www.uni-hannover.de/
FB Architektur:
http://www.uni-hannover.de/fb/fb-architektur.html

FH Hannover:
http://www.fh-hannover.de/
FB Architektur:
http://www.fh-hannover.de/ab/inhalt.html

FH Hildesheim/Holzminden:
http://www.fh-hildesheim.de/
FB Architektur:
http://www.fh-hildesheim.de/guide.htm#Architektur_Hildesheim

Universität Kaiserslautern:
http://www.uni-kl.de/
FB Architektur, Raum- u. Umweltplanung, Bauingenieurwesen:
http://www.uni-kl.de/FB-ARUBI/

Universität Fridericiana zu Karlsruhe:
http://www.uni-karlsruhe.de/
Fakultät für Architektur:
http://www.uni-karlsruhe.de/Uni/Fakultaeten/Architektur/

FH Karlsruhe:
http://www.fh-karlsruhe.de/
FB Architektur:
http://www.fh-karlsruhe.de/fh/html/Fachbereiche/Architektur/Architektur.html

Universität – Gesamthochschule Kassel:
http://www.uni-kassel.de/
FB 12 (Architektur):
http://www.uni-kassel.de/fb12/

FH Kiel:
http://www.fh-kiel.de/
FB Bauwesen:
http://www.fh-kiel.de/www/documents/fhbauwesen.html

FH Rheinland-Pfalz, Abt. Koblenz:
http://www.koblenz.fh-rpl.de/
FB Architektur:
http://www.koblenz.fh-rpl.de/fachbereiche/fbar/allgem.html

FH Köln
http://www.fh-koeln.de/
FB Architektur:
http://www.fh-koeln.de/fb-ar/ar.html

FH Konstanz:
http://www.th-konstanz.de/
FB Architektur:
http://www.th-konstanz.de/neuversuch/architektur.html

FH Lippe (Lemgo):
http://www.fh-lippe.de/

FH Nordostniedersachsen (Lüneburg):
http://www.fh-lueneburg.de/
FB Architektur:
http://www.fh-lueneburg.de/fbarc/fbarc.html

Technische Universität München:
http://www.tu-muenchen.de/
Fakultät für Architektur:
http://www.arch.tu-muenchen.de/

FH München:
http://www.fh-muenchen.de/
FB 01 (Architektur):
http://www.fh-muenchen.de/home/fb/fb01/d_Welcome.html

FH Münster:
http://www.FH-Muenster.de/
FB Architektur:
http://www.FH-Muenster.de/FB5/fb5_idx.htm

FH Georg Simon Ohm Nürnberg:
http://www.fh-nuernberg.de/

FH Oldenburg:
http://www.fh-oldenburg.de/
FB Architektur:
http://www.fh-oldenburg.de/fh_arch.htm

Universität – Gesamthochschule Paderborn:
http://www.uni-paderborn.de/
FB 7 (Landschaftsarchitektur und Umweltplanung):
http://www.uni-paderborn.de/extern/fb/7/

FH Regensburg:
http://www.fh-regensburg.de/

Universität – Gesamthochschule Siegen:
http://www.uni-siegen.de/
FB 9 (Architektur, Städtebau):
http://www.uni-siegen.de/dept/fb09/

Universität Stuttgart:
http://www.uni-stuttgart.de/
Fakultät 1 (Architektur und Stadtplanung):
http://www.architektur.uni-stuttgart.de:1200

Fachhochschule Stuttgart – Hochschule für Technik:
http://indigo.rz.fht-stuttgart.de/
FB Architektur:
http://indigo.rz.fht-stuttgart.de/fba/fba.main.html

FH Rheinland-Pfalz, Abt. Trier:
http://www.trier.fh-rpl.de/
FB Architektur:
http://www.trier.fh-rpl.de/Abt-TR/fb/ar/

Hochschule für Architektur und Bauwesen Weimar:
http://www.hab-weimar.de
Fakultät Architektur, Stadt- und Regionalplanung:
http://www.hab-weimar.de/architektur

FH Wiesbaden:
http://www.uni-wiesbaden.de/
FB Architektur:
http://www.uni-wiesbaden.de/fachbereiche/architektur/

FH Würzburg-Schweinfurt:
http://www.fh-wuerzburg.de/
Abt. Würzburg, FB Architektur, Bauingenieurwesen:
http://www.fh-wuerzburg.de/fh/fb/arch/

Bergische Universität – Gesamthochschule Wuppertal:
http://www.uni-wuppertal.de/
FB 10 (Architektur, Innenarchitektur):
http://www.uni-wuppertal.de/fachbereiche/FB10/welcome.html

Projekte und Forschungsarbeiten

Als das wohl umfassendste deutsche Projekt, das im Internet präsent ist, sei hier NESA (Niedrigenergie-Häuser und Solar-Architektur der Arbeitsgemeinschaft Solar NRW) genannt:

http://www.ltt.rwth-aachen.de/ags/NESA-index.html

Das Projekt, dessen Koordinationsstelle an der TH Aachen angesiedelt ist, beschreibt seine Ziele wie folgt:

»Im Schwerpunkt Niedrigenergie-Häuser und Solar-Architektur (NESA) werden die vorliegenden Kenntnisse und Techniken auf dem Gebiet des ›Solaren Bauens‹ weiterentwickelt, umgesetzt und verbreitet. Simulationsprogramme werden erstellt und an die Anwendungsanforderungen angepaßt. Sie sollen dazu beitragen, Energiepläne neuer Gebäude zu verbessern und bestehende Gebäude solartechnisch nachzurüsten. An bestehenden Gebäuden wird beispielhaft eine energetische Diagnose durchgeführt, um Schwächen und Stärken herkömmlichen und solaren Bauens aufzudecken. Komponenten des solaren Bauens – z. B. transparente Wärmedämmung oder lichtlenkende Elemente – werden untersucht und weiterentwickelt.

Durch Schulungs- und Weiterbildungsveranstaltungen werden die bereits erzielten Ergebnisse verbreitet, um Studenten, Architekten, Handwerksbetriebe sowie Bauämter und Stadtplaner mit den Möglichkeiten des solaren Bauens vertraut zu machen.«

Zu diesem Thema gibt es umfassende Verweise auf Angebote im Internet, wovon nur einige genannt seien:

Energetische Diagnose von Gebäuden: *http://nesa1.uni-siegen.de/enerdiag/ed.htm*

Zentrallabor für NESA-Software: *http://nesa1.uni-siegen.de/softlab/softlab.htm*

Rechenprogramm für eine koordinierte Licht-Wärme-Nutzung: *http://www.ltt.rwth-aachen.de/ags/Adressen.html#gutjahr*

Entwicklung von Photovoltaik-Bauteilen mit holographisch-optischen Elementen (PV-Bauteile mit HOE):

http://www.ltt.rwth-aachen.de/ags/Adressen.html#gutjahr

Die Links enthalten Informationen auf unterschiedlich hohem wissenschaftlichen Niveau, diese sind aber durchgehend allgemeinverständlich. Auf allen Seiten können Sie mit den Machern Kontakt aufnehmen.

Einen Überblick zu diesem Thema und weitere Links zu Angeboten im Internet finden Sie unter

http://nesa1.uni-siegen.de/

Ein interessantes, weil multimedial aufbereitetes studentisches Projekt (Hochschule für Gestaltung Karlsruhe, Fachbereich Architektur) finden Sie unter der Adresse

http://www-lug.architektur.uni-karlsruhe.de/~vr-arch/

Gezeigt werden Ihnen hier Entwürfe für Künstlerateliers in Rom. Wenn Sie Lust haben – und viel freien Platz auf der Festplatte sowie genug Geld für einen Online-Marathon (122 MB) –, können Sie sich einen Videofilm herunterladen und ansehen, der Sie auf einen Gang durch die entworfenen Ateliers mitnimmt.

An einigen der genannten Hochschulen finden Sie in den entsprechenden Fachbereichen, manchmal auch auf einer speziellen Seite des Lehrstuhlinhabers weitere Informationen zu Forschungsvorhaben und Lehraufträgen. Allerdings sind diese Angebote eher rar und wenig ergiebig.

Wenn Sie nach bestimmten Informationen suchen und nicht genau wissen, an welcher Hochschule oder Forschungseinrichtung Sie fündig werden könnten, bietet Ihnen DINO vielleicht entscheidende Hilfe:

http://www.dino-online.de/seiten/go14ia.htm

Die Gliederung auf dieser Seite – »DINO – Ingenieurwissenschaften – Architektur« – sieht wie folgt aus:

Ingenieurwissenschaften – Architektur
Architekten, Architekturbüros, Architektonische Arbeiten
Fachbereiche und Fakultäten
Architekturinformatik
Landschaftsarchitektur
Städtebau

Es existiert auch eine Seite mit einer uns nicht ganz fernliegenden Disziplin, dem Bauingenieurwesen:

http://www.dino-online.de/seiten/go14ib.htm

Die Gliederung dieser Seite umfaßt folgende Punkte:

Fachbereiche und Fakultäten – Ingenieurwissenschaften Bauingenieurwesen
Ingenieurwissenschaften Bauingenieurwesen
Bauinformatik
Baukonstruktion
Baustoffe
Bautechnik
Wasserbau
Werkstoffwissenschaften
Sonstiges

Lassen Sie uns einige Links ausprobieren, um herauszufinden, was das Angebot von DINO uns bringt.
Unter der Adresse

http://www.archinet.de/a-inhalt.htm

findet man eines der wenigen »E-Ziness« (Electronic magazines), also eine Online-Zeitung. ARCHiNET veröffentlicht zahlreiche Artikel, aber auch Messe- und Wettbewerbstermine und Adressen aus aller Welt (und natürlich eine Liste von Links).

Unter dem Verweis »*Wolkenkuckucksheim – CloudCuckooLand*« (das ist fast so gut wie »Take you yes in eight«) finden wir eine weitere Publikation. Der THEO (Lehrstuhl Theorie der Architektur der Brandenburgischen TU Cottbus) präsentiert seine »Internationale

Zeitschrift für Theorie und Wissenschaft der Architektur«, die halbjährlich erscheint. Anzusehen unter der Adresse

http://www.theo.tu-cottbus.de/wolke/wolke_1.html

Hinter dem Verweis *Publikationen Architektur und Stadtplanung* verbirgt sich (sehr international!) das »Department of CAAD and Planning Methods, Faculty of Architecture, Town and Environmental Planning, Civil Engineering at the University of Kaiserslautern« – oder einfacher ausgedrückt: ein Angebot der Universität Kaiserslautern zum Thema CAAD (Computer-Aided Animated Design):

http://www.uni-kl.de/AG-Streich/

Das Angebot ist professionell gemacht und vor allem für diejenigen User interessant, die das Neueste aus der Forschung zum multimedialen Design von Gebäuden wissen möchten.

Der Fachbereich Landschaftsarchitektur und Umweltentwicklung der Uni Hannover bietet unter der Adresse

http://www.laum.uni-hannover.de/

Informationen zum Thema Landschafts- und Freiraumplanung. Sogar die Beschreibung einiger Forschungsprojekte findet man unter den Links zu einzelnen Instituten.

Als Beispiel sei das Projekt »Unterstützung des Planungsprozesses durch Geo-Informationssysteme bei der ökologisch orientierten Fließgewässerplanung« genannt:

http://salomon.ifk.uni-hannover.de/~ifk/WWW/PROJEKTE/VW01/info. htm

Auf diesem Dokument und den anhängenden Seiten finden Sie gutpräsentierte Fakten zu diesem interdisziplinären Projekt (unter anderem in Zusammenarbeit mit Kartographen).

Soviel zu DINO, der so vorsintflutlich, wie es sein Name vermuten läßt, wirklich nicht ist. Im Gegenteil: Auch für Architekten ist DINO ein guter Ausgangspunkt für die Internet-Recherche.

Studenten

Alle für Architekturstudenten in Frage kommenden Hochschulen unterrichten via Internet über ihr einschlägiges Studienangebot. Die Fachbereiche informieren oft noch ausführlicher und detaillierter. Zum Beispiel finden Sie dort Stundenpläne, gegliedert nach Semestern (Semesterwochenstunden), und Angaben zu Prüfungsanforderungen und Prüfungsablauf. Oft sind die Daten gegliedert wie ein Studienführer in Papierform, können diesen aber meist nicht ersetzen.

Eine große Menge von Informationen zum Studium finden Sie auf dem Server

http://www.uni-online.de

Dort entdecken Sie Infos für Erstsemester und diverse Studienführer, aber auch eine Bücherdatenbank mit einer Millionen Eintragungen (inklusive Suchmöglichkeit). Daß man die Bücher dort auch direkt bestellen kann, ist schon fast selbstverständlich.

Einen grundsätzlichen Überblick über »Studium und Studentisches« finden Sie unter

http://www.dino-online.de/seiten/go02st.htm

Auf dieser Übersichtsseite gibt es alles von ASten bis hin zu studentischen Wohnheimen, und Sie können die jeweiligen Angebote auch gleich bestaunen, wenn Sie die entsprechenden Links anklicken.

Allgemeine Informationen zum Studium der Architektur finden Sie unter

http://www.stud.uni-hannover.de/user/74322/

Es gibt allerdings auch Negativbeispiele, bei denen hinter einem Verweis auf einen Fachbereich nur der Name und die Adresse des Sekretariats eines Lehrstuhlinhabers steht. Aber darüber hüllen wir gnädig das Mäntelchen des Schweigens. Genauso über die zahlreichen Link-Leichen: Seiten, die seit Jahren ungepflegt und unverändert virtuellen Staub angesetzt haben.

Intermezzo II – »nextroom – architektur im netz«

»nextroom – architektur im netz« bezeichnet sich selbst als »ein unabhängiges Forum für zeitgenössische Architektur«. Es ist seit März 1996 im Internet. Sie finden nextroom unter

http://www.nextroom.at/

Wenn Sie das hübsche Logo überspringen und gleich zur Homepage springen wollen:

http://www.nextroom.at/frame.htm

Wie Sie an dem *.at* in der URL unschwer erkennen können, handelt es sich um ein österreichisches Angebot, das (natürlich!) aus Wien kommt. nextroom betreibt unter anderem eine Mailing-Liste, einen Pressespiegel und einen interaktiven Wettbewerbs- und Veranstaltungskalender. Idee, Konzeption und Durchführung stammen von Juerg Meister. Im linken Drittel der Homepage sind fünf Bereiche genannt:

Bauten und Projekte
Kiosk
Institutionen
Themen
Kalender

Der Punkt *Bauten und Projekte* präsentiert geplante und realisierte Bauten in Text, Zeichnung und Bild.

Im *Kiosk* finden Sie Links zu fachspezifischen Publikationen im Internet und außerhalb des Netzes: zu Netzpublikationen (E-Zines, Newsletters etc.) und zu WWW-Angeboten herkömmlicher Printmedien.

Derzeit sind im Kiosk wöchentliche Architekturkritiken aus der Wiener Tageszeitung »Die Presse« sowie die Zeitschriften »BauArt« und »zolltexte« vertreten. Im Pressespiegel werden außerdem Architekturbeiträge diverser Tages- und Wochenzeitungen zusammengestellt (»Die Zeit«, »Standard«, »Süddeutsche Zeitung«).

Hinter dem Gliederungspunkt *Institutionen* verbirgt sich für Verbände und Institutionen die Möglichkeit, Veranstaltungshinweise sowie verbandsinterne und sonstige Informationen zu hinterlegen. Leider nutzen diese Gelegenheit zur Zeit nur österreichische Einrichtungen (architekturnetzwerk niederösterreich, Architekturforum Oberösterreich, Österreichische Gesellschaft für Architektur – Initiative Architektur Salzburg).

Der Bereich *Themen* ist in einige Unterpunkte aufgeteilt:

Städtebau
Freiraumgestaltung
Raum- und Verkehrsplanung sowie Ingenieurbau
Kunst und Bau
Innenraum-/Produktgestaltung

Zurück zur Hauptseite. Hinter dem Link *Kalender* verbirgt sich ein interaktiver architekturspezifischer Wettbewerbs- und-Veranstaltungskalender. Er vor allem ist es, der das Angebot von nextroom erheblich von konkurrierenden Web-Seiten gleichen Themas unterscheidet. Jeder kann Veranstaltungshinweise kostenlos im Kalender von nextroom eintragen. Dabei können Sie Daten, zum Beispiel aus Ihrem Textverarbeitungsprogramm, direkt in die Eingabefelder kopieren. Anschließend haben Sie die Möglichkeit, eine Vorschaufunktion zu benutzen, die es Ihnen erlaubt, die Eingabe so lange zu verändern, bis sie Ihren Vorstellungen entspricht. Ist das der Fall, schicken Sie Ihren Eintrag mit einem Klick auf *einverstanden* ab. Ihre Daten sind jetzt in der Datenbank aufgenommen und stehen allen Interessierten zur Verfügung.

Eine integrierte Suchfunktion erlaubt es dem Benutzer, themenspezifisch nach Ereignissen, Wettbewerben oder Veranstaltern im Kalender zu nachzuschauen.

Nicht weniger interessant ist die Mailing-Liste. nextroom beschreibt ihren Zweck so:

»Die nextroom Mailing-Liste ist eine deutschsprachige Diskussions- und Ankündigungsliste zum Thema Architektur und Bauen – einschließlich der Bereiche Städtebau, Freiraumplanung, Ingenieurbau sowie Kunst und Bau und Produktgestaltung/Design.

Angesprochen sind Architekten und Architektinnen, Studierende und alle in den obengenannten Bereichen tätigen Fachleute sowie am Thema Interessierte. Universitäten, Schulen, fachspezifische Organisationen und Institutionen sind eingeladen, auf diesem Wege öffentlich zugängliche Veranstaltungen, Ausstellungen oder Wettbewerbe etc. anzukündigen oder zu besprechen sowie auf interessante Netzaktivitäten hinzuweisen.«

Jeder Besucher dieser Seite kann seine E-Mail-Adresse in die Mailing-Liste eintragen und wird nun mit Informationen aus den genannten Bereichen versorgt.

11// Born des Wissens

Bibliotheken und Bibliothekskataloge

Das technische Nonplusultra meiner Studientage waren Microfiches. Ich sehe mich noch wegen meiner Examensarbeit stundenlang in der Bibliothek vor einem der Lesegeräte sitzen, viele engbedruckte Seiten mit Literaturhinweisen vor mir. Aber das ist längst passé. Alle Hochschulbibliotheken verfügen heute über computergestützte Informationssysteme und fast alle über Online-Kataloge (OPAC = Open Public Access Catalog), in denen der gesamte Bestand mit allen Standardangaben (Autor, Titel, Erscheinungsjahr etc.) elektronisch verfügbar ist. Werfen wir einen Blick auf die papierlosen Bibliotheken im Internet.

Bibliotheken

Eine sehr gute Adresse, um einen gründlichen Überblick über Bibliotheken zu bekommen ist

http://www.laum.uni-hannover.de/iln/bibliotheken/bibliotheken.html

Die Gliederung dieser Seiten, angeboten vom Fachbereich Landschaftsarchitektur und Umweltentwicklung des Instituts für Landschaftspflege und Naturschutz an der Universität Hannover, ist übersichtlich und bietet umfangreiche Suchmöglichkeiten in zahlreichen Bibliotheken:

Universitäre Bibliothekskataloge : Städte A.. bis G.. , H.. bis N.. und O.. bis Z..

Bibliothekskataloge nach Fachgebieten gegliedert
CDROM-Recherchen
Sonderkataloge (Zeitschriftenaufsätze, Verbundkataloge, bibliothekarische Sonderinitiativen)
Außeruniversitäre und weltweite Bibliothekskataloge
Bibliographien
Datenbanken zu diversen Themen
Wirtschaftsdaten
Wörterbücher und Lexika
Kopierbare Bücher (Volltext)
Fachzeitschriften
Aktuelle Nachrichten, Tageszeitungen und Zeitschriften
Aktuelle Hochschulpolitik (ASten und Fachschaften, Beratung etc.)
Bundesämter und Bundesanstalten, Bundesländer
Botschaften in Deutschland
Politische Weltorganisationen

Gut suchen läßt es sich auch im Hamburger Verbundkatalog. Kryptisch ist dabei nur die Adresse

http://134.100.172.181/cgi-bin/maskec.pl?db=hvk

Ist Ihnen das Eintippen dieser Adresse im Browser zu kompliziert, dann können Sie auch einen einfacheren Weg gehen. Wenn Sie

http://hvk.sub.uni-hamburg.de/

eingeben, gelangen sie auf die Seiten des Hamburger Verbundkatalogs. Von der Homepage springen Sie dann zu den Suchmöglichkeiten, indem Sie *Registersuche* anklicken. Manchmal sind Umwege bequemer.

Probieren wir aus, wie es sich hier suchen läßt. Zum Beispiel nach Infos über die Statik bei Holzbauten. Klicken Sie auf den Pfeil neben dem Feld *Register*, dann auf *3 Stichwort- /Schlagwortregister*. Im Feld *Beginn des Registers* tragen Sie *architektur* ein. Groß- oder Kleinschreibung ist gleichgültig. Klicken Sie jetzt auf *Register aufschlagen*. Das Ergebnis, das in erstaunlich kurzer Zeit geliefert wird, sieht wie folgt aus:

1407 architektur
65 architektur(K)
*793 architektur **

1 architektur ⇒ alternative architektur *
1 architektur ⇒ architekturbild *
1 architektur ⇒ baudenkmal *
1 architektur ⇒ bauwerk *
1 architektur ⇒ betonbau *
1 architektur ⇒ computerarchitektur *
1 architektur ⇒ eisenarchitektur *
1 architektur ⇒ fachwerkbau *
1 architektur ⇒ gebaeude *
1 architektur ⇒ glasbau *
1 architektur ⇒ holzbau *
1 architektur ⇒ industriebau *

In der ersten Zeile finden wir die Zahl der insgesamt gefunden Einträge: 1407. Wir könnten uns zu weiteren Registerseiten durchklicken, aber »Holzbau« erscheint schon auf dieser ersten Seite. Also klicken wir *holzbau* an. Sekundenschnell erscheint folgendes Ergebnis:

43 holzbau *
1 holzbau ⇒ holzhaus *
1 holzbau ⇒ holzrahmenbau *
1 holzbau ⇒ ingenieurholzbau *
1 holzbau ⇒ |756.14'
1 holzbau/altbaumodernisierung/beispielsammlung *
1 holzbau/balkon/landschaftsgebundenes bauen/beispielsammlung *
1 holzbau/baukonstruktion/beispielsammlung *
1 holzbau/bauphysik/richtwert *
1 holzbau/bauschaden/instandsetzung/beispielsammlung *
1 holzbau/baustatik *
1 holzbau/bemessung *
1 holzbau/cad *
1 holzbau/dach/bemessung *
1 holzbau/din 1052 *

Es gibt insgesamt 43 Einträge zum Holzbau. Unter anderem auch einen Verweis auf Baustatik. Nach einem Klick auf *baustatik* wird uns folgender Literaturhinweis angeboten:

Hempel, Gerhard :
100 Statikbeispiele aus dem Holzbau/Gerhard Hempel. – 10. Aufl. . –

Karlsruhe : Bruder, 1993. – 197 S. : graph. Darst.
⇒(Bau-Fachschriften ; 4)
ISBN 3-87104-073-8

Klicken wir auf den Autornamen, landen wir gleich bei sonstigen Werken dieses Autors, darunter ist ein weiteren Band zu unserem Thema.

Wenn Sie auf dem Weg über die Suchmaske eines Katalogs nicht zu einem befriedigenden Suchergebnis gelangen, dann gehört Ihr Fachgebiet eventuell zu den Sondersammelgebieten.

Was sind Sondersammelgebiete? Nicht jeder Universität ist es möglich, alle Bücher zu einem Thema zu beschaffen. Um sicherzustellen, daß wichtige Fachliteratur, zum Beispiel auch im Ausland erschienene Titel und Zeitschriften, wenigstens einmal irgendwo in einer Bibliothek verfügbar ist, haben die großen Universitäts- und Fachbibliotheken das Sammeln nach Themen untereinander aufgeteilt. Einen Überblick über die Sondersammelgebiete eröffnet WEBIS, erreichbar auf einem eigenen Server der Universität Hamburg:

http://webis.sub.uni-hamburg.de/

Einige WEBIS-Kataloge sind nur via Telnet erreichbar. Wie man diesen selten werdenden Internet-Dienst nutzt, steht in Kapitel 8. Wir können uns hier auf das WWW-Angebot beschränken, weil es in praktisch allen Fällen zum Ziel führen dürfte. Dies auch dank DBV-OSI II. Was, um Himmels willen, ist das?

Dieser furchterregende Name steht für die offene Kommunikation zwischen den Fachinformations- und Bibliothekssystemen in Deutschland. Die vorhandenen Systeme sollen in diesem Projekt zu einem übergreifenden Netz aller Bibliotheken zusammengeführt werden. So wird es möglich, Literaturrecherche, -nachweis und -bestellung miteinander zu verknüpfen. Außerdem können einzelne Bibliotheken Daten fremder Kataloge online und ohne Systemwechsel übernehmen.

Letztes Entwicklungsstadium eines solchen gigantischen Systems könnte eine weltweit vereinheitlichte Suche in allen Datenbanksystemen aller Bibliotheken sein. Ist das nicht eine phantastische Perspektive? Sie könnten am Schreibtisch zu Hause den Wissensvorrat der Welt anzapfen. Dann ist die Welt wirklich ein Dorf.

Ein großes Stück Arbeit in dieser Richtung ist bereits getan. Schauen Sie doch mal nach unter der DBV-OSI-II-Adresse

http://z3950gw.dbf.ddb.de/

Papers – ohne Papier

Wie sich unsere Altvordern in manchem schließlich doch irrten, kann man im Internet-Zeitalter an dem Sprichwort erkennen: »Nur was man schwarz auf weiß besitzt, kann man getrost nach Hause tragen.« Denn heute läßt sich etliches nach Hause tragen (auf den eigenen Rechner kopieren), was nur virtuell existiert. Gemeint sind hier Forschungsberichte und Diskussionspapiere, die online zur Verfügung stehen.

Das Angebot ist noch recht dünn gesät, gerade was unser Fachgebiet betrifft. Aber mit ein bißchen Geduld läßt sich doch das eine oder andere wälderschonende Forum im Internet finden. Ein gutes Beispiel ist die Bauhaus-Universität Weimar (Lehrstuhl für Informatik in der Architektur):

http://www.uni-weimar.de/architektur/InfAR/publific/

Dort können Sie unter anderem folgende Dokumente übers Telefonkabel beziehen:

University CAAD-education for architectural students
a report on the realisation of a use-oriented computer education at the bauhaus-university Weimar
author: Donath, Dirk
Weimar, august 1996

Digital building surveying and information systems : an object oriented approach.
Autoren: Donath, Dirk; Albrecht, Wieland; Maye, Hans-Günher; Ott, Claudia
Vortrag IKM'94, Weimar

VRAD (Virtual Reality Aided Design) in the early phases of the architectural design process
Autoren: Donath, Dirk; Regenbrecht, Holger
Weimar, 1995

VRAD – Virtual Reality Aided Design
DFG – Forschungsantrag 1995
Weimar, September 1995
Virtuelle Realität und Design
Diplomarbeit
Autor: Regenbrecht, Holger
Weimar, Dezember 1995
VRAD (Virtual Reality Aided Design) in the early phases of the architectural design process
Autoren: Donath, Dirk; Regenbrecht Holger
speech and proceedings at caad-futures Singapore 1995
Using Virtual Reality Aided Design techniques for three-dimensional architectural sketching
Autoren: Donath, Dirk; Regenbrecht Holger
speech and presentation at ACADIA 96
Virtuelle Architektur als reale Architektur...
Techniken und Umfeld der Entwurfsunterstützungen mittels VR
Autor: Donath, Dirk
Bauhaus-Kolloquium 1996, Weimar »techno-fiction«
Virtual Reality und Architektur
Dieses Papier beinhaltet Zusammenstellungen von Arbeiten im Rahmen des Forschungsthemas atelier, virtual; insbesonders Diplom- und Studienarbeiten, Projektideen und Lehrauswertungen.
Autoren: H. Regenbrecht, D. Donath
Architectural Education and Virtual Reality Aided Design (VRAD)
Autoren: Regenbrecht, Holger; Donath, Dirk
Veröffentlichung in: »Designing Digital Space«, Daniela Bertol, (Wiley and Sons), 1996

Auch andere Fachbereiche oder Lehrstühle offerieren Online-Dokumente. Allerdings wechselt das Angebot rasch. Und so sollten Sie an den einschlägigen Adressen immer mal wieder nachschauen.

Schlag nach im Internet

Ein Verweis auf ein Verzeichnis mit Links zu diversen Nachschlagewerken ist uns bereits an der Uni Hannover begegnet:

http://www.laum.uni-hannover.de/iln/bibliotheken/bibliotheken.html

Unter der Adresse

http://www.forwiss.uni-passau.de/~ramsch/bookmarks/english.html

finden Sie Verweise auf diverse Wörterbücher, unter anderem für technisches Englisch, Abkürzungen, Synonyme, und sogar zu einem Stil- und Reimwörterbuch.

Auch das uns schon bekannte Verzeichnis Yahoo hat eine Liste mit Wörterbüchern unter

http://www.yahoo.com/Reference/Dictionaries/

Und DINO bietet ebenfalls Links zu Nachschlagewerken:

http://www.dino-online.de/seiten/go01n.htm

Aus unserem Fachgebiet findet sich immerhin ein Baustofflexikon in der Rubrik *Lexika* im Verzeichnis WEB.DE:

http://web.de/sql/select/Info/Lexika?id=970302-15214

Direkt zum Baustofflexikon kommen Sie über die Adresse

http://www.hagebau.de/lexikon/

Geboten werden hier simple Begriffserklärungen von »Rohbau« über »Ausbau« bis hin zu »Außenanlagen«. Das schön gestaltete Angebot ist allerdings eher für Architekturlaien als für Fachleute geeignet.

Eine Übersicht über internationale Nachschlagewerke finden Sie an der RWTH Aachen:

http://www.comnets.rwth-aachen.de/chf/nachschlagewerke.html

Intermezzo III – ARCHiNET

»ARCHiNET« finden Sie bekanntlich unter

http://www.archinet.de

»ARCHiNET« ist eine Abkürzung des Begriffsmonsters »Architekturrelevantes im Netz«.

Wer steckt hinter diesem Angebot? Ein Klick auf *Impressum*, ganz oben links in der Ecke, führt zu einer Antwort. Wir erfahren, daß »ARCHiNET« ursprünglich an der FH Bochum ins Leben gerufen und dort betreut wurde, bis die Macher den Schritt in die Unabhängigkeit wagten. Als presserechtlich verantwortlich zeichnet der CAD-Experte Professor Harald Gatermann.

Links auf der Inhaltsseite findet sich ein Überblick, der nicht nur als sprachliche Spielerei zu betrachten ist, sondern auch der weiteren Verzweigung dient:

a ktuelles
r edaktionelles
c ad, ava etc.
h ochschulen
i nfo-service
n eues aus dem netz
e uropäisches
t ips und Technik

Ein Klick auf *aktuelles* bringt uns ein buntes Allerlei mit Nachrichten aus der Branche.

Der Link *redaktionelles* verzweigt in folgende Gliederung:

Allgemeines
Neu im ARCHiNET
Termine
Architektur
Architektur-Fotografie
EDV
WWW
Andere Online-Dienste
Verbände
Hochschulen
Literatur
Diskussion
Unser Archiv

Gespannt war ich vor allem auf das Diskussionsforum. Leider war es aber zum Zeitpunkt der Niederschrift dieser Zeilen noch nicht verfügbar. Seitdem sind einige Monate vergangen, und so sollte sich etwas getan haben.

Auf den Seiten zur *EDV* findet man eine Reihe von Links zu Softwareherstellern, wie es sie in diesem Umfang in keinem anderen Verzeichnis gibt. Wenn Sie Ihren Lieblingsprogrammanbieter suchen, werden Sie ihn hier finden, so er denn im Internet präsent ist.

Unter *Hochschulen* werden Links zu den Hochschulen angeboten, an denen Architektur studiert werden kann. Sie können auf einer Landkarte die Hochschulorte anklicken, um dann direkt auf den jeweiligen Server geschickt zu werden. Hübsch gemacht!

Zurück zur Homepage. Der Info-Service teilt sich in folgende Gebiete auf:

ARCHiNET-	*1997: Alle Termine am scrollenden Cursor*
ARCHiNET-	*Adressbuch:Adressen zu Büros, Firmen, Verbänden, Ausbildungsstätten*
ARCHiNET-	*Baumarkt:Direktinformationen zu Baustoffen, Herstellern und deren Vertriebsnetz (nebst Referenzobjekten etc.)*
ARCHiNET-	*Börse: Stellenangebote, -gesuche,Tausch und Tips*
ARCHiNET-	*Buchladen: Informationen zu Fachbuchhandlungen, Neuerscheinungen, natürlich mit direkter Bestellmöglichkeit*
ARCHiNET-	*Büro-Porträts: Sie werden es nicht glauben: es gibt auch hier zu Lande (Duden 96 statt hierzulande!) schon einige Büros, die sich im Netz darstellen – nicht nur die durch Film, Funk und Fernsehen bekannten internationalen Architektur-Prommis!*
ARCHiNET-	*Ökomarkt: Wenn Sie sich fragen, wo der Strom für Ihren PC gerade herkommt, schauen Sie mal hier rein!*
ARCHiNET-	*Messeplaner: Hier finden Sie die wichtigsten Baumessen*
ARCHiNET-	*PressePool: Sie brauchen nicht auf die papiernen Zeitschriften zu warten und den Auswahlmodus der Redaktionen: hier liegen die Pressemitteilungen von Firmen,Veranstaltern etc. taufrisch aus!*
ARCHiTOUR-	*Wo, wann und wie geht´s auf Exkursion zu nahen und entfernten Architekturen?*

ARCHiNET- *Wettbewerbe: Tagesaktuelle Informationen zu Wettbewerbsausschreibungen, Ergebnissen und Ausstellungen*

Alle Gliederungspunkte sind inhaltlich ansprechend gestaltet und informativ. Sie enthalten das, was die Überschriften versprechen. Ein bißchen gewöhnungsbedürftig ist die oft aufgesetzt wirkende »lockere« Sprache, die eben dadurch nicht locker ist. Aber: Wer's mag, mag's mögen.

Und dennoch: Ein Blick auf diese Seiten lohnt sich, denn das Angebot ist umfangreich und zum Teil von guter Qualität. Bildet man einen Internet-Qualitätsdurchschnitt, rangiert ARCHiNET zwar nicht in der Spitzengruppe, aber gewiß im oberen Drittel aller Anbieter im Architekturbereich.

12// Der direkte Weg zu den Machern

CAD und AVA

Da immer mehr PC-Anwender einen Internet-Anschluß nutzen, ist es naheliegend, diesen Weg auch für den Softwareservice zu nutzen. So lassen sich übers Internet etwa Treibersoftware-Updates und Vorschläge für Problemlösungen schnell und leicht verbreiten. Den Firmen erspart es Geld und dem Programmnutzer ewige Wartezeiten an dauerbesetzten Hotlines.

CAD-Anbieter

Allerdings betreiben noch lange nicht alle Anbieter von Software einen Internet-Server. Einige Angebote werden wohl erst bei Erscheinen dieses Buches zur Verfügung stehen. Dazu gehört hoffentlich auch die Firma Acadgraph, die Sie unter der Adresse

http://www.acadgraph.de

finden. Auf der Homepage müssen Sie zunächst auswählen, ob Sie die Informationen in Deutsch oder Englisch wünschen. Danach erscheint eine gutaufbereitete Seite, die es Ihnen ermöglicht, sich verschiedene (Werbe-)Informationen anzuschauen. Das ist dürftig.

Das Angebot zum netzwerkfähigen CAD-System ARRIS unter der Adresse

http://www.fca.de/fca/dist/welcome.htm

ist da schon vielfältiger:

Get your ARRIS patches via Internet
Frequently Asked Questions and Bug Reports
Send us a Bug Report

Sie können hier Patches (Upgrades, Korrekturen) via Internet beziehen, sich eine Seite mit häufig gestellten Fragen (Frequently Asked Questions: ⇒ *FAQ*) ansehen oder Ihren Fehlerbericht loswerden.

Auch Autodesk Deutschland (AutoCAD, Autosketch) bietet einiges an:

http://www.autodesk.de/

Die Übersichtsgliederung sieht so aus:

Über Autodesk
Aktuelles/Termine
Produkte
Produktsupport
Einsatzgebiete
Vertrieb
Entwickler
Schulung/Training
Forschung/Lehre
Presse

Weniger als die Hälfte der angebotenen Sprünge dient der Werbung, die meisten Links verzweigen auf Support-Seiten, offerieren also praktische Hilfe. Das ist vorbildlich.

Den Bausoftwarehersteller Cubulus in der nordrhein-westfälischen Landeshauptstadt Düsseldorf erreichen Sie unter

http://www.cubulus.de

Neben Produktinformationen, Stellenanzeigen von Kunden und Cubulus selbst gibt es hier Anwendertips.

Graphisoft Deutschland, Entwickler der Architektensoftware ArchiCAD, präsentiert ein gutdurchdachtes Konzept unter

http://www.graphisoft.de

Die übersichtliche Homepage gliedert sich in die Bereiche

Aktuelles

Produkt-Support
Feedback

Der Link *Produkt-Support* führt zu einer langen Beschreibung des umfangreichen Serviceangebots von Graphisoft mit vielen Verzweigungsmöglichkeiten, darunter zum Support-Center des Anbieters in München. Hier erhalten Sie die Möglichkeit, Updates, Upgrades, Tips und Treiber auf Ihren Rechner zu kopieren.

Nemetschek, Hersteller des Bauprogramms ALLPLAN, finden Sie unter

http://www.nemetschek.de

Von allen deutschen Anbietern besitzt dieser Hersteller das am besten durchdachte und modernste Support-Konzept. Neben bekannten Unterstützungsdiensten wie Teamlines und Hotline gibt es als Clou die Tele-Assistance, eine Art Fernwartung der Software durch den Hersteller beim Kunden. Wenn Sie mit ALLPLAN arbeiten, haben Sie offensichtlich Ihre Software bei einem Hersteller gekauft, der sich wirklich Gedanken um einen ausgefeilten Support und Service macht.

Das Internet-Angebot der IEZ (speedikon) entdecken Sie unter

http://www.iez.com

Allerdings bietet IEZ nur Werbung neben dem Verweis auf die Service-Hotline und Schulungen der Firma.

Gleiches gilt für mb-Programme aus Hameln (ArCon):

http://www.mb-hameln.de

Wesentlich umfangreicher, aber auch nicht mehr als PR ist die Homepage der RIB GmbH (RIBCON, Idealog):

http://www.rib.de

Hilfreich sind allenfalls die unter *Partnerfirmen* angegebenen Links zu anderen Herstellern.

Bentley (MicroStation) hat erst seit Januar 1997 eine deutsche Seite, und zwar unter:

http://www.bentley.de

Auch hier nur die übliche Mischung aus Werbung und Produktinfor-

Prozessor - Herz Computer

Festplatte (Festplattenlaufwerk)

Hauptplatine auf der sitzt der
(Motherboard) Mikroprozessor ?

Arbeitsspeicher

"Karten" = kleine Platinen

Platine ?

KLAUS U. RUTH LANGHAMMER
ARCHITEKTEN + BAUINGENIEURE
61184 KARBEN 1, TANNENWEG 23

KRL
☎ 06039/2541
FAX. 06039/43995

K.u.R. Langhammer, Tannenweg 23, 61184 Karben

Firma
Caparol

FAX

Ihr Zeichen	Ihr Schreiben vom	Unser Zeichen	Datum
		Lh	20.08.98

Betr. Echo des Lichtes

Bitte senden Sie an obige Adresse die Ambiente - Broschüre „Echo des Lichtes“.

Graphikkarte:

Bildwiederholerfrequenz:

> 72 90 Hz 256 Farben

---

interlaced (interlacing) ⇒ vorsicht

Mindestnorm

MPR II

besser wäre TCO 92

Optimum TCO 95

mationen. Eine user group für Anwender von Bentley-Programmen wird angekündigt, ist aber noch nicht mit einem Link ausgestattet. Die newsgroup war zum Zeitpunkt meines Besuches noch mit einem Baustellenschild versehenen (nett, die blinkende Warnleuchte), was sich aber später im Jahr sicher ändern wird.

Internationale Angebote

Einige große internationale Firmen sind zwar mit Dependancen auch in Deutschland vertreten, aber ihr Hauptangebot präsentieren sie doch auf ihren Servern am Unternehmenssitz.

Ein Beispiel dafür ist Autodesk USA, viertgrößter Softwarehersteller der Welt, unter

http://www.autodesk.com

Besonders interessant ist der »virtual campus«,

http://www.vcampus.com/

der es unter anderem ermöglicht, interaktiv und online mit AutoCAD zu trainieren. Außerdem gibt es dort Links zu Buchhandlungen und Softwarehändlern. Wer mag, kann an wöchentlich stattfindenden Zeichenwettbewerben teilnehmen, deren Sieger (natürlich) mit Software belohnt wird.

Gehen Sie zurück zur Autodesk-Homepage unter

http://www.autodesk.com

Nach einem Klick auf *Support and training* finden Sie die folgenden weiteren Möglichkeiten:

Technical Support Documents
Product Information FAQs
Patches, Updates, Drivers, and Utilities
News Groups
User Groups
Autodesk Support Resources
Autodesk Systems Centers

Autodesk Training Centers
Autodesk Developer Network
Dealers Worldwide
Autodesk University
Autodesk Virtual Campus

Hier waren professionelle Entwickler am Werk, denen es nicht am Kleingeld mangelte. So ist dieses Angebot von Autodesk ein Beispiel dafür, was das Internet in Service und Support zu leisten vermag. Auch wenn Sie kein Autodesk-Nutzer sind: Schauen Sie sich die Internet-Präsenz des Softwareriesen einmal an.

Das internationale Angebot von Graphisoft, dessen deutschsprachige Filiale wir ebenfalls schon besuchten, finden Sie unter

http://www.graphisoft.com

Die Gliederung auf der Homepage ist umfangreich, was auch für den Inhalt des Angebots insgesamt gilt:

About ArchiCAD
The 1997 GRAPHISOFT PRIZE!
About Graphisoft
Additional Products
Graphisoft Store
Technical Support
Events Calendar
Connections
Classifieds
ArchiCAD in the Press
ArchiCAD USer
Architects in the Information Age
QuickTime VR Gallery
Rendering Gallery
Ginny Herzog Gallery
Request for Information

Der Gliederungspunkt *Technical Support* führt zu einer weiteren Liste mit vier Möglichkeiten:

Tech Bulletins
Tech Links

Downloads
Tech Tips

In *Tech Bulletins* finden Sie eine Liste technischer Dokumente, in *Tech Links* Verbindungen zu weiteren Seiten, die Dokumente und Dateien zum Download bereithalten, in *Downloads* Patches und Upgrades/ Updates und in *Tech Tips* – wer hätte das gedacht? – technische Tips für Graphisoft-Anwendungen.

Unter *Connections* werden *cool links* angeboten zu anderen Anbietern, aber zum Beispiel auch eine Straßenkarte von San Francisco, für den Fall, daß Sie die Firma eines Tages persönlich heimsuchen möchten.

Architects in the Information Age (direkter Zugang: *http://www.graphisoft.com/adsup/index.html*) ist ein schön aufbereitetes Angebot an Architekten, sich umfangreich über die Möglichkeiten neuer (Software-) Technologien zu informieren. Selbst wenn man diese Seiten nur als optischen Genuß in einer Arbeitspause ansehen will, lohnt ein längerer Ausflug zu diesem Ziel.

Alles in allem ist das Internet-Angebot von Graphisoft ähnlich umfangreich und professionell gestaltet wie das von Autodesk und kann nur das Attribut »sehenswert und vorbildlich« erhalten.

Ein besserer Start als die Homepage von Architrion

http://www.architrion.com

ist die Index-Seite, die alle Support-Möglichkeiten in Listenform anbietet, ohne daß man Gefahr läuft, sich in einem Verzweigungslabyrinth zu verlaufen:

http://www.architrion.com/html/pagindx.htm

Wer allerdings nur Antworten auf einige brennende Fragen sucht, findet einen Link auf die FAQ-Seite auch direkt auf der Homepage.

Als eines der wenigen Internet-Angebote bietet Architrion die Möglichkeit, Fragen per E-Mail direkt an den Support zu schicken. Die Antwort erfolgt dann ebenfalls per E-Mail (hoffentlich fix genug). Sonst bietet Architrion aber keine weiteren direkt zugänglichen Service- und Support-Angebote, sondern nur die üblichen Informationen und Produktbeschreibungen.

Bentley Systems (MicroStation), aufzufinden unter

http://www.bentley.com

hat ebenfalls einiges zu bieten für die Anwender seiner Software. *Services, Training and Support* füllen eine lange Seite mit vielen Links (FAQs, Updates, technische Dokumente, User Groups, regionale Benutzer-Gruppen, Beta-Test-Software zum Download etc.). Sie können auch per E-Mail Kontakt zur Firma aufnehmen.

In der *Academia* werden Studenten und Hochschulen mit vielen Sonderangeboten verwöhnt (schließlich sind dort die zukünftigen Kunden zu finden). Einen direkten Zugang zu diesen Seiten finden Sie über

http://www.bentley.com/academic/

Softdesk betreut unter der Internet-Adresse:

http://www.softdesk.com

umfangreiche Informationen inklusive Support, zum Beispiel Download-Möglichkeiten für Patches. Auch *discussion groups* zu verschiedenen Themen und themenorientierte *news groups* werden aufgelistet. Zu allen Links findet man am besten über die *Softdesk Site Map*, in der, übersichtlich in verschiedene Bereiche gegliedert, alle Möglichkeiten des Softdesk-Angebots dargestellt sind.

AVA und Ausschreibungstexte

Im deutschsprachigen Internet gibt es momentan nur zwei Homepages von deutschen Anbietern von AVA und Ausschreibungstexten.

Die Edition Aum hat gleich zwei Adressen:

http://www.aum.de
http://www.edition-aum.de

die den staunenden Betrachter zu einer netten multimedialen Selbstdarstellung führen.

Quadric aus München (QuAva und Avanti) finden Sie hier:

http://www.quadric.com

Intermezzo IV – ein Ausflug zum BauNetz

Zeit für einen weiteren Ausflug. Wir werden diesmal einen Abstecher zum BauNetz unternehmen, einem Unternehmen der Bertelsmann Fachinformation, das sich unter

http://www.BauNetz.de

findet. Das Besondere an diesem Angebot ist, daß es nur einer geschlossenen Benutzergruppe zur Verfügung steht. Sie müssen also einen Zugang beantragen.

Das BauNetz hat das aber auf die denkbar einfachste Weise gelöst: Sie wechseln zur Anmeldeseite, tragen ein paar persönliche Angaben (Name, Adresse, Telefon, Beruf) ein, wählen einen Zugangsnamen und ein Paßwort und schicken das so ausgefüllte Formular ab. Ab sofort haben Sie dann Zugang zur Benutzergruppe.

Der Server erlaubt Ihnen allerdings nur den Zugang, wenn Sie Ihrerseits dem Server erlauben, einige Cookies zu setzen. Dieses Vorgehen ist wenig fair, denn der Inhalt der Cookies bleibt dem Anwender verschlossen.

Tip

Cookies sind winzige Programme, die es unter anderem dem Server erlauben, Informationen auf Ihrem Rechner abzufragen. Im Netscape-Navigator können Sie sich warnen lassen, wenn ein Server einen Cookie auf Ihrem Rechner plazieren will. Sie können dann mit einem Klick auf die Schaltfläche *Abbrechen* im Hinweisfenster das Setzen des Cookies verhindern. Um diese Möglichkeit zu nutzen, gehen Sie wie folgt vor: Klicken Sie in der Menüleiste des Navigators auf *Optionen > Netzwerk-Einstellungen... > Protokolle*, und aktivieren Sie die Option *Cookie akzeptieren*, indem Sie das weiße Kästchen vor dem Eintrag anklicken.

Nichtsdestotrotz: Die grafische Aufbereitung der Homepage des BauNetz ist ansprechend und übersichtlich. Auf der linken Seite finden

Sie einen Frame (Rahmen), der die Inhaltsübersicht des BauNetz darstellt (Navigator).

Im rechten, großen Frame sind einige aktuelle Angebote untergebracht, alle mit einer zum Thema passenden kleineren Grafik und einer überschriftartigen Inhaltsangabe. Eine Klick auf eine dieser Überschriften führt direkt zur Seite mit dem angegebenen Thema. Im Inhaltsverzeichnis finden Sie folgende Punkte:

News
Mediathek
Wettbewerbe
Fachplanung
Planungshilfen
Forum
Organisationen
Kultur
Service
Werkschau
Hilfe

Klicken Sie auf einen der Punkte der Gliederung, wird ein grauer Würfel neben der Überschrift dargestellt, und Sie können in Unterthemen verzweigen. Da das Angebot umfangreich und von hervorragender Qualität ist, lohnt sich ein genauer Blick. Fangen wir mit dem Gliederungspunkt *News* an.

Der Text, der beim Klick auf diesen Link erscheint, sagt eine Menge aus über das BauNetz:

»Der Name News ist hier Programm: Unter Szene erhalten Sie von München bis Hamburg täglich aktualisierte, redaktionell aufbereitete regionale Architekturnachrichten. Die »Architektur-Tagesschau« aus Norddeutschland, Berlin, Sachsen, Rhein-Ruhr, Rhein-Main, Südwestdeutschland und Bayern gibt es nur im BauNetz. Der Kalender zeigt Ihnen, wo Sie auch live dabeisein können – Hunderte von Terminen können Sie bequem über eine Datenbank recherchieren. Selbstverständlich werden Sie außerdem in den Hersteller-News stets aktuell über neue Produkte der Baustoffindustrie informiert. Und unter der Rubrik Messe finden Sie Neuigkeiten rund um die wichtigsten Baufachmessen.«

Diese Ankündigung verspricht nicht zuviel.

Wollen wir doch mal schauen, was die *Mediathek* uns zu bieten hat. Gemeinhin versteht man darunter eine »Biblio«thek, die keine Bücher, sondern verschiedene andere Medien verwahrt (Bilder, Grafiken, Videos, Sound). In der Mediathek des BauNetz gibt's vor allem Printmedien, darunter Inhaltsangaben und Artikel der Fachzeitschriften »DBZ«, »Bauwelt« und »Arch+«. Interessanter ist da schon der *Book-Shop*, wo Sie Synopsen von Büchern unseres Lieblingsfachgebiets lesen und die Titel, wenn's pläsiert, auch bestellen können.

Eine nützliche Einrichtung ist auch die *Literatur-Datenbank*, die eine Recherche in Datenbanken und Markt- und Produktinformationen erlaubt.

Fachliteratur zum Planen und Bauen liefert der Link zum Literaturservice des Fraunhofer-Informationszentrums Raum und Bau (IRB). Dort erhalten Sie Fachzeitschriftenaufsätze über Bauingenieurwesen, Architektur, Raumordnung, Städtebau und Wohnungswesen als Kopie, dazu Forschungsberichte, Fachbücher, Zulassungen für Bauprodukte, Hochschulpublikationen, Firmenschriften und Tagungsberichte.

Die Rubrik *Wettbewerbe* enthält – was sonst? – umfassende Informationen über das Wettbewerbsgeschehen in Deutschland. Nach Bundesländern geordnet, finden Sie hier eine vollständige Sammlung aller aktuellen Auslobungen. Die detaillierten Teilnehmerunterlagen können Sie sich auf Wunsch auf den Bildschirm holen. Auch die aktuellsten Entscheidungen können Sie sich ansehen. Eine datenbankgestützte Chronik erhält die Daten vergangener Wettbewerbe. Der *Blick in die Zukunft* enthält Hinweise auf Wettbewerbe, die irgendwann stattfinden werden, bei denen genaue Planungsschritte aber noch nicht feststehen.

In der Rubrik *Fachplanung* finden Sie Informationen über Bauobjekte, die Sie nach individuellen Kriterien (Region, Baukostensumme) aussuchen können. Als Fachplaner bietet Ihnen diese Dokumentation frühzeitigen Einblick in Bauvorhaben und damit Auftragschancen. Zugegriffen wird auf die Daten des größten deutschen Bautennachweisdienstes ibau. Bei ihm läßt sich auch ein Abonnement der aktuellsten Informationen bestellen (Auslieferung per E-Mail oder Fax zweimal wöchentlich).

Unter *Planungshilfen* finden Sie die Rubriken

Produkte
Vorschriften

Baukosten
Beratungsstellen

Die Ihnen hier angebotenen umfangreichen Recherche- und Hilfeleistungen sind für Ihre tägliche Arbeit sehr empfehlenswert: redaktionell vereinheitlichte Datenblätter aus dem Heinze Verlag zu Produkten der Industrie, Vorschriften – zum Beispiel Landesbauordnungen, Baukostenindizes – und Datensammlungen der spezialisierten Beratungsstellen im Bauwesen. Es gibt kaum einen besseren und schnelleren Weg, Fachinformationen zu finden. Wegen seiner enormen Recherchemöglichkeiten ist das Medium Internet jeder gedruckten Bibliothek überlegen, zumal Aktualisierungen zügig vorgenommen werden können und dann sofort online zur Verfügung stehen.

Im *Forum* finden Sie eine Möglichkeit zu Meinungsaustausch und Diskussion mit Ihren Kollegen.

Im *Chat* (Online-Dialog) können Sie Fragen stellen oder gestellte Fragen beantworten, anderen Ihr Wissen weitergeben oder Ihr Wissen durch Beiträge anderer ergänzen, aktuelle Diskussionen verfolgen und an ihnen teilnehmen. Und das alles in Echtzeit wie bei einer Unterhaltung!

Die *Pinnwand* bietet redaktionell moderierte und ausgewertete Debatten zu aktuellen Fachthemen. Außerdem haben Mitglieder des BauNetz hier die Gelegenheit, sich mit ihrem Büroprofil, ihren Entwürfen und Bauten vorzustellen.

In der Rubrik *Organisationen* finden Sie zum Beispiel als Angebot des Bundesbauministeriums das Baugesetzbuch online, aber auch innovative Multimedia-Studentenarbeiten und mediengerecht präsentierte, vollständige und aktuelle Architektenlisten. Ergänzt wird die Rubrik durch umfangreiche Informations- und Service-Offerten der Architektenkammern.

Die Rubrik *Kultur* ist untergliedert in

Ausstellungen
Reiseführer
Museen, Zentren, Galerien

Das Informationsangebot im BauNetz wird durch diesen Gliederungspunkt um eine baukulturelle Komponente erweitert: Begeben Sie sich mitten hinein in das weltweite Geschehen in Museen, Zentren und Galerien. Sollten Sie mit Ihrem Büro eine Exkursion planen, hilft Ihnen der Reiseführer bei der Auswahl der Besichtigungsziele und der Organisation der Reise.

Der Bereich *Service* ist in folgende Rubriken untergliedert:

Stellenmarkt
Schadis
Finanzen
Internet

Der Stellenmarkt bietet Ihnen den Zugriff auf eine fachbezogene Jobbörse – geordnet nach Angeboten und Gesuchen. Sie können hier aber auch Dienstleistungen aus den Bereichen Beratung und Finanzen abrufen.

Das Angebot zum Thema Internet hat folgende Gliederung:

Architektur & Design
Suchmaschinen, Crawler
Lexika und Informationen
Forschung und Lehre
Wirtschaft und Verwaltung
Presse

Die zur Verfügung gestellten Links sind nicht sehr zahlreich, dafür wurde aber offensichtlich besonderes Augenmerk auf die Qualität der Angebote gelegt. Die Mehrzahl der Verweise gilt allerdings professionellen Anbietern, also Servern, deren Betreiber auf die eine oder andere Art und Weise ihr Geld mit Architektur verdienen.

Unter *Werkschau* finden Sie Einträge zur Architekturkritik und Baudokumentationen.

Der Link *Report* führt Sie zu Informationen über neue Gebäude und Planungen, die zum Teil interaktiv aufbereitet sind.

Im *Album* liegen Kurzcharakteristiken wichtiger Neubauten vor, die im Lauf der Zeit zu einer recherchierbaren Objekte-Datenbank ausgeweitet werden sollen.

Betrachtet man das Angebot des BauNetz als eine Einheit, so gibt es an anderer Stelle im deutschsprachigen Internet kaum eine derartig große Menge an kompetenter fachlicher Information.

Eine medienkritische Anmerkung darf an dieser Stelle aber nicht fehlen: Wo immer Medien etwas präsentieren, sollte man mit einem kritischen Auge darauf blicken. Das gilt auch für das BauNetz. Das hindert einen ja nicht daran, das Design der Selbstdarstellung zu bewundern.

Da wir wissen, daß im Fall des BauNetz ein kommerziell arbeitender Verlag die darzubietenden Daten auswählt, muß gefragt werden, ob in allen Fällen die gebotene Objektivität waltet. Es ist zum Beispiel vom BauNetz nicht zu erwarten, daß es eigene Produkte miesmacht. Das Internet bietet glücklicherweise genügend Chancen, alternative Informationen zu beschaffen. In der Cyberwelt wie im »richtigen Leben« gilt, daß man konkurrierende Angebote kritisch vergleichen soll. Skepsis gegenüber Informationen und Warenanpreisungen verhindern manche (teure) Enttäuschung.

Trotz dieser warnenden Einschränkung: Für alle diejenigen, die sich ernsthaft mit Architektur beschäftigen, sei es als Profession oder Hobby, ist die Internet-Adresse des BauNetz ein Muß-Link im Lesezeichen-Menü des Navigators.

13// Baumaterialien Online

Produktpräsentationen und -informationen im Internet

Produkte aus dem Baubereich werden im Internet auf verschiedene Art und Weise präsentiert. Drei unterschiedliche Varianten herrschen dabei vor:

1. Angebote von Verbänden – zum Beispiel der deutschen Beton- und Zementindustrie –, die übergreifend über einen Industriezweig (oder eine Produktgruppe) informieren.
2. Produktdatenbanken, die versuchen, einen möglichst kompletten Überblick über die Anbieter einer Produktgruppe zu bieten.
3. Homepages einzelner Firmen, die die Branche mit Produkten versorgen, mit gezielten Informationen zu einem speziellen Produkt und Bestellmöglichkeiten.

Vereine und Verbände

Um mit der ersten Gruppe zu beginnen, hat zum Beispiel die deutsche Zementindustrie unter

http://bau-forum.bdzement.de

ein umfangreiches, übersichtliches Angebot zu allem, was an Informationen über Zement und Beton im Internet vorhanden ist. Die Seite ist gut in folgende Bereiche gegliedert:

Architektur
Bautechnik
Umwelt

kostengünstiger Wohnungsbau
Statistik
Veranstaltungen
Presse-Infos
Organisationen
Adressen
Suchindex
weitere Links
Gästebuch
Downloads
Impressum

Architektur verweist auf einige Wettbewerbe (und Preise) der deutschen Betonindustrie und die Fachpublikationen, die online – Sie wissen schon: E-Zines – vorhanden sind.

Die Seite *Bautechnik* bringt, um nur einige Themen zu nennen, Informationen über:

- Hochbau allgemein (Gestaltung, Brandschutz, Schallschutz, Wärmeschutz, begrünte Dächer, Flachdächer)
- Wohnungsbau (Wohnen und Wohlbefinden, kostengünstiges Bauen mit Beton, Keller)
- gewerblichen Hochbau (Betonböden)
- landwirtschaftliches Bauen (Ställe, Güllebehälter, Flachsilos, Wegebefestigung)
- Ingenieurbau (Weiße Wannen, Parkhäuser, Unterwasserbeton)
- Straßen-/Verkehrsbau (Autobahnen, Radwege, Parkflächen, Schutzwände, Pflaster, Walzbeton, Dränbeton, Tunnel, Gleisbau, Recycling) und
- Wasserbau (Küstenschutz, Talsperren)

Zu den jeweiligen Themen sind kurz kommentierte Literaturhinweise aufgeführt. Sie haben hier die Möglichkeit, die zum Teil kostenlosen Broschüren sofort online zu bestellen.

Auf der Seite *Adressen* finden Sie weitere Links zum Thema Beton am Bau, beispielsweise zu den regionalen Beratungsstellen Beton.

Im Bereich *Downloads* sind sogar einige Programme vorhanden, die Ihnen bei Berechnungen und der komfortablen Auswertung von Informationen hilfreich sein können (Betonmix, RLS-90, Lärmschutz an Straßen und ein Inhaltsverzeichnis der Zeitschrift »Beton-Informationen« als Datei).

Wie eigentlich bei allen Internet-Angeboten sollten Sie – wenn vorhanden – immer auf die Seite mit Presseinformationen (hier: *Presse-Infos*) schauen, da Sie dort Aktuelles in konzentrierter Form erfahren.

Übergreifende Informationen bietet auch das BauNet:

http://www.baunet.de

Die Aufteilung der Homepage und die Orientierung im Angebot ist etwas gewöhnungsbedürftig, das Angebot aber vielfältig und mit interessanten Features versehen.

Besonders hilfreich ist hier die Möglichkeit, Unternehmen des deutschen Baugewerbes im Online-Branchenbuch zu suchen. Die Suchoptionen sind komfortabel gestaltet. In einer Listbox werden alle verfügbaren Branchen aufgeführt. Sie wählen eine oder mehrere Branchen aus und können so Ihre Suche einschränken. Eine weitere Eingrenzung ist durch die Vorgabe einer bestimmten Postleitzahlenregion – oder einer Kombination mehrerer Bereiche – möglich. Zudem stehen logische Verknüpfungen mit den Optionen ODER bzw. UND zur Verfügung. Ist das Unternehmen im Internet vertreten, ist im Firmenprofil ein Link zur entsprechenden Homepage integriert.

Die Probe aufs Exempel brachte bei wiederholten Versuchen nur in der Hauptübersicht und nicht bei den Branchendetails Ergebnisse. Na ja, auch dieses Angebot wird mit der Zeit wachsen (und irgendwann erwachsen werden) und mehr Unternehmen im Branchenbuch aufweisen können, als das momentan noch der Fall ist. Es lohnt sich allerdings, eine Suche im Branchenbuch zu starten, wann immer man einen Anbieter sucht. Natürlich können Sie diese Suchseite auch direkt anwählen:

http://www.baunet.de/branchenbuch/index.html

In das Branchenbuch kann man übrigens die eigene Firma oder das eigene Büro kostenlos eintragen.

Auch der Hauptverband der deutschen Bauindustrie hat ein eigenes Internet-Angebot unter

http://www.bauindustrie.de

das jedoch wegen seiner geringen »Informationstiefe« vor allem schön anzusehen ist. Einzig interessant sind die neuesten Umsatzzahlen der Baubranche und ein paar Presseinformationen.

Weitere mehr oder weniger wertvolle Angebote finden Sie unter den nachfolgend genannten Adressen:

http://www.bauinfo.de
http://www.bauonline.de
http://www.betonservice.de
http://www.suedwestzement.com

http://www.window.de	Verband der Fenster- und Fassadenhersteller e. V.
http://www.din.de	Deutsches Institut für Normung e. V
http://www.ift-rosenheim.de	Institut für Fenstertechnik e. V., Rosenheim
http://www.ibp.fhg.de	Fraunhofer-Institut für Bauphysik, Stuttgart
http://www.ise.fhg.de	Fraunhofer-Institut für solare Energiesysteme

Produktdatenbanken

Wesentlich nützlicher als manche der genannten Internet-Offerten ist das Angebot des »Bau.Net – Wer bietet was?« unter der Adresse

http://www.bau.net/wer/index.htm

Gegliedert ist das Angebot in elf verschiedene Rubriken:

1. *Bau-Beratung*
2. *Bau-Planung*
3. *Hausbau/Fertighaus*
4. *Bau-Produkte*
5. *Bau-Finanzierung*
6. *Staatliche Förderung*
7. *Literatur*
8. *Software*
9. *Baustoff-Recycling*

10. Bau-Marketing
11. A-Z der Bau-Partner

Wählt man beispielsweise die Rubrik 4 (*Bau-Produkte*) aus, wird eine weitere Untergliederung in Rubriken angeboten:

Baustoff-Fachhändler
Baumärkte
Keller
Wand/Fassade
Dach
Fenster/Fenstertüren/Wintergarten
Haustüren
Treppen
Innenausbau
Heizung/Warmwasser
Elektro-Installation/-Geräte
Bad-Ausstattung/Sanitär-Installation
Sauna/Dampfbad
Schwimmbad/Whirlpool
Küche
Einrichten und Wohnen
Außenanlagen
Garage/Carport

In allen Rubriken finden Sie Firmenanschriften und Telefon-/Faxnummern von Anbietern aus dem gewählten Bereich. Bei einigen Anbietern ist auch ein Internet-Link angegeben. Leider ist das allerdings die Ausnahme, was nicht am Bau.Net liegt, sondern einfach daran, daß noch zu wenige deutsche Firmen ein eigenes WWW-Angebot vorzuweisen haben. (Jüngste Daten besagen, daß in Deutschland ungefähr drei Prozent der mittelständischen Firmen im Internet vertreten sind.)

Nach allen Begriffen können Sie im Bau.Net mit den üblichen Internet-Suchmöglichkeiten auch suchen.

Auch architektur+bauen – Sie erinnern sich vielleicht an unseren Abstecher zu dieser Adresse am Anfang von Kapitel 9 – hat eine kleine, aber nicht weniger feine Produktdatenbank zu bieten, nachzuschlagen unter

http://www.tfh-berlin.de/~hasspro/produkt/home.html

Der Startpunkt für das Thema *Baukonstruktion* ist die Seite

http://www.tfh-berlin.de/~hasspro/produkt/kg300.html

Aufgeteilt ist die Datenbank in die Bereiche

Baugrube
Gründung
Außenwände
Innenwände
Decken
Dächer
Baukonstruktive Einbauten
Sonstiges

Schaut man zum Beispiel unter *Dächer* nach, findet man zwei Links zu deutschen Firmen. Insgesamt gibt es in dieser Datenbank, die nur Produzenten anbietet, die ein eigenes Internet-Angebot haben, 21 (!) Verweise. Bei der Zahl von Firmen, die Bauprodukte herstellen oder vertreiben, ist das zwar mehr als nichts, aber alles andere als befriedigend. Um es noch einmal zu sagen: Solange sich nicht mehr – gerade mittelständische Firmen – am Internet mit eigenen Angeboten beteiligen, ist nicht mehr zu holen. Auch nicht für die internetabstinenten Unternehmen.

Wie eine Produktdatenbank im Internet aussehen und was man mit ihr alles anstellen kann, müssen uns wieder einmal die Amerikaner vorexerzieren. Beim AEC Infocenter in den USA unter

http://www.aecinfo.com/bpl/index.html

können Sie das Mögliche und Wünschenswerte in diesem Bereich bestaunen.

Das AEC Infocenter hält eine Datenbank bereit, die über alle Produkte der Baubranche informiert. Zu jedem Hersteller gibt es einen direkten Link. Leider sind – mit nur ganz wenigen europäischen Ausnahmen – in erster Linie amerikanische Hersteller verzeichnet.

Das Internet hat in Amerika, von wo es ja seinen Ausgang genommen hat, offensichtlich nach wie vor einen wesentlich höheren Stellenwert als in Europa. Nach Meinung des großen US-Nachrichtenmagazins »Time« ist das Informationszeitalter auf dem nordamerikanischen Kontinent soweit fortgeschritten, daß eine Firma ohne Internet-Präsenz quasi für den Markt nicht mehr existiert.

Die Bewohner der Alten Welt haben in den nächsten Jahren also noch eine ganze Menge nachzuholen, wenn sie sich dem amerikanischen Standard annähern wollen. Dazu gibt es der Einschätzung vieler Fachleute nach keine Alternative. Wer sich diesem Trend entzieht, aus welchen Gründen auch immer, verschlechtert in den kommenden Jahren seine Marktchancen, auch und gerade im internationalen Handel.

Einzelfirmen

Die konkretesten Produktinformationen gibt es natürlich bei den Firmen, die ein spezielles Bauprodukt herstellen oder als Händler vertreiben. Doch – siehe oben – Firmen, die ein derartiges Angebot vorzuweisen haben, sind in Europa (und gerade in Deutschland) noch sehr rar. Nichtsdestotrotz gibt es einige Anfänge, von denen wir uns beispielhaft zwei ansehen wollen.

Die erste Adresse, die zu einem recht interessanten, professionell gemachten und informativen Angebot führt, ist die URL der Firma Braasch, Produzent von Bauprodukten für Dächer:

http://www.braas.de/index.htm

Braaschs Werbeslogan »Alles gut bedacht« gilt auch für das Internet-Angebot. Es gibt sogar ein Fachforum für Architekten, das momentan allerdings noch im Aufbau ist: Es werden Architekten gesucht, die mitmachen. Auch dieses Angebot dürfte später im Jahr, wenn Sie dieses Buch lesen, schon viel weiter ausgebaut sein. Schauen Sie doch mal nach, was sich so getan hat, unter

http://www.braas.de/holding/events/fach.htm

Natürlich gibt es jede Menge detaillierte Fakten zu den Produkten der Firma (Flachdach-/Dach-Systeme), jeweils versehen mit der Möglichkeit, sich mehr Infos per Post zukommen zu lassen (eine Hochglanzbroschüre verschickt sich eben weniger gut per E-Mail).

Das Angebot ist aber per se schon so reich illustriert, daß man von den Produkten, die vorgestellt werden, einen guten Eindruck gewinnt. Trotzdem sind die Seiten nicht mit Grafiken überlastet, was sich positiv bei den Ladezeiten zeigt.

Ein Direktkontakt zur Firma läßt sich über E-Mail oder die angegebenen Telefonnummern der regionalen Auslieferer herstellen.

Alles in allem macht die Internet-Präsenz der Firma Braasch einen ausgesprochen professionellen Eindruck, was nicht nur für das Design, sondern nicht weniger auch für die umfangreichen Informationsmöglichkeiten gilt.

Unser zweites Beispielangebot, dem wir in einem Kurztrip zu Leibe rücken, ist zu finden unter der Internet-Adresse

http://www.schueco.de/

Hinter dieser Adresse verbirgt sich die Internet-Präsenz der Firma Schüco, die sich mit Fenster-, Türen- und Fassadenbau beschäftigt.

Allein die Homepage ist ein grafischer Genuß, der sich erstaunlicherweise aber nicht auf die Ladezeit auswirkt. Der optische Eindruck ist nur äußerst schwer in Worte zu fassen, also müssen Sie schon selbst nachschauen.

Neben der gelungenen grafischen Aufmachung sind vor allem die angebotenen technischen Informationen wichtig. Sie bekommen Informationen zu folgenden Rubriken aus der Produktpalette der Firma:

Fenster
Haustüren
Balkone
Vordächer
Fassaden
Lichtdächer
Photovoltaik
Wintergärten
Ökologie

Der Link *Lichtdächer* zum Beispiel bietet eine Seite mit Informationen zu – na, was wohl? – Lichtdachkonstruktionen, inklusive relativ detaillierter technischer Daten eines Beispielobjekts. Sie haben die Möglichkeit, per E-Mail weitere Daten anzufordern und sich in den Schüco-Infodienst einzutragen, der dafür sorgt, daß Sie immer die neuesten Nachrichten der Firma ins Haus bekommen.

Auf den *Action*-Seiten finden Sie, so unpassend und neodeutsch der Titel auch anmuten mag, ein »Bauobjekt des Monats«, Presseinformationen, Messetermine und Links zu anderen Internet-Seiten.

Auch ein Besuch dieses Angebots lohnt sich, nicht nur wegen der dort angebotenen Informationen, sondern auch wegen des Augenschmauses.

Abschließend zu diesem Kapitel noch einige (unkommentierte) Links von Baufirmen:

Dyckerhoff: *http://www.dyckhoff.de*
Eternit: *http://www.eternit.de*
Geberit: *http://www.geberit.de*
Hebel: *http://www.hebel.de*
Interpane: *http://www.interpane.de*
Ispo: *http://www.ispo.de*
Megalith: *http://www.megalith.de*
Prüm: *http://www.pruem.de*
Sto: *http://www.sto.de*
Schiedel: *http://www.schiedel.de*
Unipor: *http://www.unipor.de*
Velux USA: *http://www.veluxusa.com*
Ytong: *http://www.ytong.de*

Wenn Sie Informationsangebote von hier nicht genannten Herstellern und Anbietern von Bauprodukten oder sonstigen Baufirmen herausfinden wollen, sollten Sie den üblichen Vorspann für das WWW (*http://www.*), gefolgt vom Firmennamen und den Domain-Kürzeln *de* oder *com* in die Adressenzeile Ihres Browsers eingeben. Als Beispiel sei hier eine (nichtexistente) Adresse einer nicht mehr existenten, aber dennoch berühmten Baufirma genannt, die unseres Wissens etwas mit Peanuts zu tun hatte: *http://www.schneider.com*. Die Adresse *www.peanuts.com* hingegen führt nicht ins Cyber-Nirwana, sondern zu Snoopy & Co. Sie fragen sich, was Peanuts mit Bau und Banken zu tun haben sollen? Das frage ich mich auch seit einiger Zeit.

Intermezzo V – der Bau-Online Service

Unser letzter Ausflug soll uns zum Bau-Online Service führen, dessen Absicht es ist, Informationen für Planer und Architekten, Handel, Handwerker und Bauherren bereitzustellen.

Sie finden Bau-Online unter der Internet-Adresse

http://www.bau-online.de/d/index.htm

Die Macher der Seiten beschreiben ihre hehren Ziele so:

»Die Online-Dienste haben sich in den vergangenen Monaten von einem Zauberreich für Eingeweihte hin zu einem umfassenden Pool der Informationen für jedermann gewandelt. In der heraufziehenden Informationsgesellschaft bilden sie das zentrale Nervensystem. Vieles wird über sie laufen: Information, Kommunikation, Lernen, Kaufen ...

Der Bau-Online Service hat sich zum Ziel gesetzt, die umfassende Informations- und Kommunikationsplattform für alle Beteiligten am Geschehen ›Rund um den Bau‹ zu werden.

Der Bau-Online Service öffnet allen am Baugeschehen tätigen Unternehmen über ein offenes, vernetztes System den zielgerichteten Weg zum Kunden.

Durch die systemimmanente Offenheit des Netzes wird die Zugangsmöglichkeit zu den Dienstleistungen anderer Anbieter wie Banken, Bausparkassen, Versicherungen, Verlage etc. gegeben sein.«

Dieser wahrlich nicht geringe Anspruch – vor allem: »die umfassende Informations- und Kommunikationsplattform« werden zu wollen – verspricht interessante Perspektiven. Also, hinein ins Abenteuer und ausprobiert, ob denn Anspruch und Wirklichkeit zumindest annähernd schon zusammengefunden haben, auch wenn das Versprechen in Gänze erst in der Zukunft eingelöst werden soll.

Die Homepage ist hübsch bunt mit etwas zuviel Grafik in den Frames, was sich natürlich auf die Ladezeiten auswirkt. Wie immer finden Sie links im Rahmen das Inhaltsverzeichnis, für das sich in der Frame-Technologie der Begriff »Navigator« durchgesetzt hat.

Folgende Rubriken entdecken Sie im Navigator:

Planer/Architekten
Handel
Handwerk
Bauherren
News
Termine
Das digitale Gebäude
Hersteller

Verlage
Verbände
Agenturen
Presse-Service
Wir über uns

Der Bereich *Planer und Architekten* – und der soll uns vornehmlich interessieren, zumal Handel und Handwerk derzeit noch im Aufbau befindlich sind – ist in folgende Punkte unterteilt:

Aktuelles	aktuelle Informationen aus dem Baubereich
Das Digitale Gebäude	Ausschreibungssysteme und mehr; Informationen der Firmen ACO, Braas, Bundesverband der Deutschen Transportbetonindustrie, Grünau, Kenngott, Kronimus, PCI, PRÜM, RuppKeramik, Sto und YTONG
Service	Planungsdaten, CAD-Grafiken zum Download, Informationen zu Bausoftware suchen.

Die Informationen unter *Aktuelles* sind eher dürftig und beziehen sich vor allem auf Änderungen auf dem Server.

Das Digitale Gebäude will Ihnen die Bearbeitung von Ausschreibungen leichter machen. Es soll Ihnen die Möglichkeit bieten, auf ein auszuschreibendes Gewerk zu klicken, woraufhin das gewählte Ausschreibungssystem Ihnen die gewünschten Planungsdaten zur Verfügung stellt.

Aber großer Irrtum: Nicht online im Internet wird dies realisiert, sondern das Ganze soll offline stattfinden. Und auch sonst sollen wir uns nach dem Willen von Bau-Online die ganze Sache nicht zu einfach machen.

Zunächst einmal muß ein Ausschreibungssystem vorhanden sein, nach Möglichkeit natürlich das von Bau-Online promotete. Das Ausschreibungssystem muß dementsprechend in der Lage sein, mit dem *Digitalen Gebäude* zusammenzuarbeiten, und die erforderlichen Expertensysteme müssen ebenfalls beschafft werden (was darf es kosten?). Also ein Riesenwust an (eher teuren) Voraussetzungen, die zunächst einmal auf Ihrem Rechner geschaffen werden müssen, um an diesem Expertensystem von Bau-Online teilnehmen zu können. Freude kommt dabei nicht unbedingt auf.

Erfreulicher sieht es da schon in der Rubrik *Service* aus.

Wenn Sie auf *Baulexikon* klicken, steht Ihnen online ein Bau- und Baustoffhandbuch zur Verfügung. Über die internetübliche Stichwortsuche haben Sie Zugriff auf rund 5000 aktuelle Marken- und Handelsnamen mit kurzen Produktbeschreibungen von mehr als 350 namhaften Herstellern sowie auf deren Firmenadressen. Dieses Angebot wird durch das Verlagshaus Wohlfarth angeboten, das Sie über die folgende Adresse auch direkt ansteuern können:

http://www.wohlfarth.de

Die Rubrik *Bausoftware* enthält Informationen und Links zu Softwareproduzenten aus dem Baubereich; es sind zur Zeit (Mai 1997) ganz genau zwei Anbieter. Größere Hersteller, deren Software eine weite Verbreitung hat, sind nicht vertreten. Aber wozu auch, haben die wichtigen Programmentwickler doch eigene Internet-Seiten.

Im Bereich *CAD Grafiken* stehen Ihnen – laut Ankündigung – Grafiken aus dem Bauarchiv des Bundesverbandes der Deutschen Transportbetonindustrie zur Verfügung. Aber auch wiederholtes Zählen unter Zuhilfenahme aller denkbaren Extremitäten ergab nicht mehr als fünf kleinere Grafiken, die Sie via Internet auf Ihren PC herunterladen können. Mehr dürfen Sie dann auf einer CD-ROM kaufen.

Die Planungsdaten sind momentan eine virtuelle Baustelle – nicht einmal mit blinkendem Warnlicht.

Im Bau-Online-Bereich *Update-Service* sollen – auch hier wieder laut Ankündigung – Patches und Upgrades/Updates für verschiedene Bauprogramme zum Download bereit stehen. Aber das gilt auch nur in höchst beschränktem Maß, denn es gibt gerade mal ein paar Dateien für Benutzer der Software »YTONG Bausatzhaus«. Lassen Sie uns auch hier gerechterweise noch einmal nachzählen. Ein (in Ziffern: 1) Update wird angeboten, Stand: September 1996. Immerhin. Benutzer des YTONG-Programms sei die Freude gegönnt.

Tja – und das war dann auch schon das Angebot für Architekten in Bau-Online. Ergeht's den Bauherren besser?

(Private) Bauherren dürfen immerhin ein bißchen mehr tun – Sie können eine Baufinanzierung modellhaft berechnen. Sonst ist hier auch – pardon – weitgehend tote Hose.

Ergibt summa summarum ein eher enttäuschendes Bild vom Angebot von Bau-Online. Zumindest finden wir auf diesen Seiten einen Beweis dafür, daß im Internet Anspruch und Wirklichkeit oft noch sehr weit auseinanderklaffen. Es gibt, das muß fairerweise gesagt werden, neben dem eher zufällig herausgepickten Beispiel Bau-Online unzählige andere Internet-Selbstdarstellungen mit einem ähnlich hohen Anspruch und einer vergleichsweise schwachen Umsetzung.

Ein Grund dafür ist sicherlich, daß man auf die Schnelle die schönsten Pläne machen und die tollsten Ansprüche entwickeln kann. Die Umsetzung ist aber ein ganz anderes, vor allem sehr zeitaufwendiges Kapitel. Je mehr Möglichkeiten ein Angebot umfassen soll, desto komplizierter werden die zu entwickelnden Strukturen und Programme (meist ⇒ *Java-Scripts*). So geht man bei Experten davon aus, daß der Aufbau eines umfassenden Internet-Angebots, das interaktive Elemente wie Datenbankabfragen enthält, eben nicht in Wochen, sondern eher in Monaten oder gar Jahren zu verwirklichen ist.

In diesem Sinn sollten wir Bau-Online die Daumen drücken, daß die eigenen Ideen irgendwann einmal umgesetzt sein werden. Daher auch hier wieder unser Hinweis: Schauen Sie doch mal in das Angebot hinein. Ganz sicher sieht es zum Erscheinungstermin dieses Buches schon gaaaanz anders aus.

14// Das Neueste vom Tag

Newsgroups & Co.

Neben den Neuigkeiten, die Sie in E-Zines erfahren können – da haben Sie ja schon das eine oder andere in einem der Intermezzi kennengelernt –, gibt es viele andere Dienste, die Ihnen auf verschiedene Art Aktuelles und Interessantes aus aller Welt anbieten.

Sie finden übrigens einen Überblick über die E-Zines mit der Möglichkeit, alphabetisch oder über ein Stichwortverzeichnis auf einzelne Einträge zuzugreifen, unter der Adresse

http://www.meer.net/~john/e-zine-list/

Internet-Newsgroups

Unsere bisherigen Schilderungen von Internet-Angeboten bezogen sich zumeist auf Adressen, deren Charakteristikum eine Einbahnstraßenkommunikation ist. Sie können sich dort alle möglichen Informationen ansehen und sie, so Sie das denn wollen, auf Ihren Rechner herunterladen. Aktiv ins Geschehen eingreifen können Sie fast nur per E-Mail, wenn Ihnen also etwa auf Homepages die Gelegenheit gegeben ist, direkten Kontakt mit Firmen oder Organisationen aufzunehmen. Das ist nun nicht gerade sensationell, wenn auch komfortabler und schneller als die sonst übliche Postkarte.

Auf den Seiten des BauNetz (Intermezzo IV) haben wir gesehen, daß das Internet auch andere Möglichkeiten bietet, zum Beispiel Diskussionsforen, in denen Sie im direkten Austausch mit anderen Ihre Meinung loswerden können, und Newsdienste, die Ihnen auf Wunsch direkt die neuesten Information ins Haus, sprich auf Ihren Rechner, liefern.

Diese Möglichkeit zur zeitgleichen Interaktion ist eine der großen Neuerungen, die das Internet (und andere Netze) in der Geschichte der Medien gebracht haben.

Newsgroups oder Newsgruppen sind ein Internet-Dienst, bei dem verschiedene Newsserver in der Welt ihre Nachrichten untereinander in bestimmten Zeitabständen automatisch austauschen. Das heißt für Sie, wenn Sie eine NetNews, also eine Nachricht in einer Newsgruppe, schreiben, daß sie nach kurzer Zeit überall in der Welt zur Verfügung steht und gelesen werden kann. Fascinating, isn't it?

Die Newsgroups sind hierarchisch in unzähligen »schwarzen Brettern« organisiert, die für verschiedenste Interessengruppen zur Verfügung stehen. Deutsche Bretter beginnen immer mit einem *de*, internationale bezeichnen sich meist ohne Umweg nach ihrem Thema. Beispiele für internationale Bretter sind *sci* (science) für Wissenschaftliches und *misc* (miscellanous) für Vermischtes.

Ihr Netscape-Navigator kommt gut mit Newsgroups klar. Klicken Sie im Browser auf *Fenster > Netscape-News*, und schon sollten Sie im linken Teil des sich öffnenden Fensters eine lange Liste von Einträgen jener Newsgroups sehen, die Ihr Provider bezieht.

Ist das nicht der Fall, liegt leider ein wenig an Arbeit vor Ihnen, denn die Konfiguration des Navigators ist dann nicht vollständig. Unter *Optionen > Mail- und News-Einstellungen... > Server* muß der Newsserver Ihres Providers eingetragen sein. Ist Ihnen der Server nicht bekannt, kommen Sie um einen Anruf beim Provider nicht herum (oder schauen Sie doch noch mal in den Unterlagen nach, die er Ihnen möglicherweise geschickt hat). Achten Sie beim Eintrag darauf, den Servernamen buchstabengetreu einzutippen.

Sie können dort allerdings auch andere Newsserver als den Ihres Providers eingeben. Probieren Sie doch mal

news.belwue.de

Klicken Sie auf *Optionen > Mail- und News-Einstellungen...> Server*. Geben Sie in die Zeile *News(NNTP)-Server* ein: *news.belwue.de*. Bestätigen Sie mit *OK*. Klicken Sie nun in der Menüleiste des Navigators auf *Fenster > Netscape-News*. Es öffnet sich das Newsfenster. Nun müssen Sie im linken Teil dieses Fensters den neuen Server (*news.belwue.de*) anklicken und im Menü *Optionen* die Möglichkeit *Alle Newsgruppen anzeigen* aktivieren. Das funktioniert natürlich nur, wenn Sie online sind. Sonst sehen Sie keine einzige Newsgruppe.

Diese Möglichkeit im Menü *Optionen* (*Alle Newsgruppen anzeigen*) sollte zunächst einmal Ihre Voreinstellung sein. Nach und nach werden Sie Ihre Lieblingsgruppen finden und sollten dann auf *Abonnierte Newsgruppen anzeigen* umstellen. Dann werden nur noch die Artikel Ihrer favorisierten Gruppen auf Ihren Rechner geladen.

Die Sache hat allerdings einen Haken: Beim besagten Newsserver *news.belwue.de* können Sie nur Nachrichten lesen, selbst aber keine verfassen. Daher ist er für Anfänger, die sich zunächst einmal orientieren wollen, auch besonders gut geeignet.

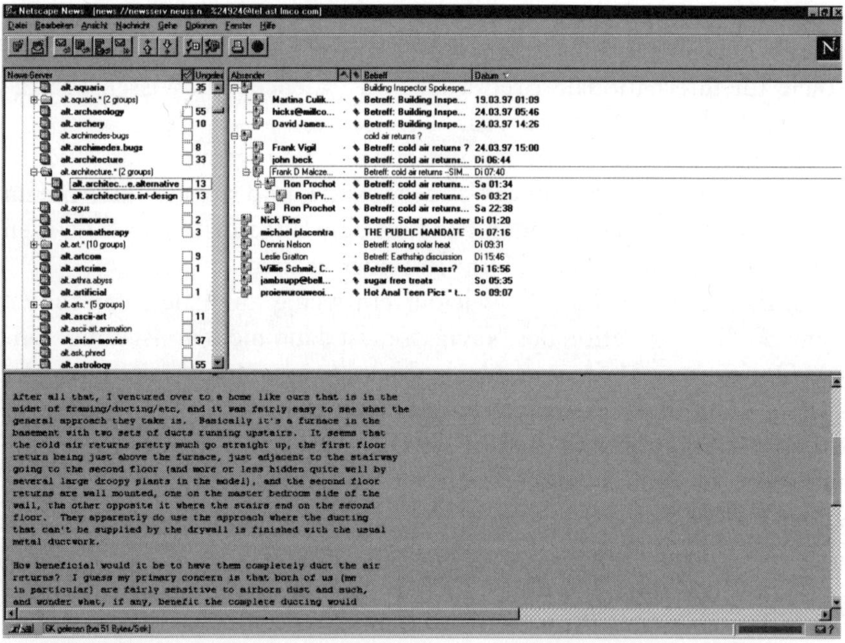

Zugang zu den Diskussionsforen des Internet via Netscape-News

Ist Netscape-News richtig konfiguriert, sehen Sie links unter dem Newsserver, quasi als Unterverzeichnisse, die vorhandenen Newsgruppen; manchmal verstecken sie sich hinter übergeordneten Gruppen. Klicken Sie auf eine der eingetragenen Gruppen, erscheinen im rechten

Fenster die vorhandenen Beiträge. Klicken Sie rechts auf einen der aufgeführten Beiträge, steht bald im unteren Fenster der Text des Artikels.

Schauen Sie sich das alles in Ruhe an. Abonnieren Sie zur Übung mal diese oder jene Newsgruppe, indem Sie auf das Kästchen rechts neben dem Gruppennamen klicken, so daß darin ein gelber Haken erscheint. Klicken Sie dann im Fenster *Netscape News* auf *Abonnierte Newsgruppen zeigen.*

Bevor wir Ihnen gleich verraten, wie Sie selbst aktiv werden können, müssen wir vorab etwas zur (ungeschriebenen) »Netiquette« sagen, dem Knigge des Internet. Orientieren Sie sich bitte an den folgenden Verhaltensregeln. Zum einen ist es ein Gebot der Höflichkeit, zum anderen bewahren Sie sich dadurch selbst vor Schaden, zum Beispiel davor, mit wütenden E-Mails eingedeckt oder aus einer Newsgruppe ausgeschlossen zu werden. Also:

1. Schreiben Sie nie eine Nachricht, die jemand anderen in seiner Würde verletzt oder ihn unfair attackiert. Besonders gilt ein striktes Verbot für rassistische, sexistische und faschistische Äußerungen.
2. Schreiben Sie nie eine Nachricht, die nur Trivialitäten enthält, die niemanden interessieren (»Hi, ist es nicht toll, daß ich jetzt auch an Eurer Newsgroup teilnehme?«). Denken Sie immer daran, daß Ihre Nachrichten weltweit verbreitet werden. Eigentlich ein ganz einfacher Tip: Schreiben Sie nie eine Nachricht, die Sie selbst nicht gerne erhalten würden.
3. Schreiben Sie nie eine Nachricht, bei der Sie nicht angeben, worauf Sie sich beziehen (Äußerungen eines Teilnehmers, Thema/Sachgebiet). Andere, die Ihre Nachricht lesen, können sonst eventuell keine Zusammenhänge herstellen.
4. Schreiben Sie Ihre Nachrichten nach Möglichkeit in Englisch, da die Newsgroups internationale Verbreitung finden. Übrigens ist es unwesentlich, wenn Sie grammatische oder sonstige Fehler machen. Niemand regt sich darüber auf, und viele Teilnehmer beherrschen Englisch wesentlich schlechter als Sie. Ausnahme sind Newsgruppen, die sich offenkundig nur an ein deutschsprachiges Publikum richten.

Wenn Sie diese vier Grundregeln beachten, sollten Sie sich viele Freunde in Ihren Lieblingsnewsgruppen schaffen.

Wenn Sie vor dem Start Ihrer Newsgruppenkarriere mehr Informationen benötigen, gibt es in der Gruppe mit dem Namen

de.newusers

einige Texte mit weiteren Tips. Dort finden Sie auch mehr zum Thema »Netiquette«.

Aber wie verfaßt man nun selbst Nachrichten? Wenn Sie gerade einen Beitrag lesen (Anzeige im unteren Fenster von Netscape-News), können Sie zum Beispiel direkt darauf reagieren. Zuerst markieren Sie die betreffende Nachricht im rechten Fenster. Dann klicken Sie im Menü *Nachricht* auf die Option *Antwort als News*. (Oder Sie klicken in der Symbolleiste auf das vierte Symbol von links.) Jetzt erscheint ein Fenster, ähnlich einem Mail-Fenster, in dem Sie Ihre Antwort eingeben können. Anschließend klicken Sie einfach auf den linken Button mit dem Briefumschlagsymbol oder auf *Datei* > *Jetzt senden*.

Sie können allerdings auch dem Autor einer News per E-Mail antworten. Manchmal ist das sinnvoll, weil Ihre Antwort nicht immer alle interessieren muß. Oder vielleicht haben Sie auch eine spezielle Frage an den Autor. Klicken Sie in diesem Fall auf *Nachricht* > *Antwort als Mail* oder auf das dritte Symbol von links in der Symbolleiste. Es öffnet sich ein Mail-Fenster, in dem bereits die E-Mail-Adresse des Autors und ein Betreff eingetragen sind.

Das Erstellen komplett neuer Nachrichten – solcher Nachrichten also, die sich nicht auf andere Beiträge beziehen – ist genauso einfach: Markieren Sie die Gruppe, in der Sie etwas veröffentlichen wollen. Wählen Sie dann aus dem Menü *Datei* im Netscape-News-Fenster den Eintrag *Neue News-Nachricht*, oder klicken Sie auf das linke Symbol in der Symbolleiste.

Sie sollten, bevor Sie Ihre Beiträge auf die Weltöffentlichkeit loslassen, vielleicht die eine oder andere Nachricht erst einmal testweise verschicken oder »posten«, wie es auf internetchinesisch heißt. Auch zu diesem Zweck gibt es eine Newsgroup:

de.test

In dieser Gruppe können Sie beliebige und beliebige Mengen von Nachrichten verschicken und auf sämtliche dortige Nachrichten reagieren, so, wie Sie lustig sind. Also, nur Mut! Probieren Sie es doch einfach aus.

In vielen Newsgroups, das werden Sie schnell mitbekommen, gibt es eine Menge Beiträge, die nicht gerade konstruktiv und hilfreich bei der Klärung einer Frage oder der Diskussion eines Problems sind. Andere wiederum sind von hervorragender Qualität. Erfahrene Internet-Nutzer erkennen oft schon an der Überschrift, ob eine News Brauchbares enthält oder nicht.

Und wo gibt es nun die News, die uns so brennend interessieren?

Als eine große, fachübergreifende Gruppe mit mehreren hundert Einträgen sei hier zuerst

alt.architecture

genannt. Sie finden dort Diskussionen über Bauen, Design, Baukonstruktion und verwandte Themen.

Sehr viel konkreter ist

alt.architecture.alternative

wo Sie sich der alternativen Architekturszene nähern mit Themen von Solarenergie bis hin zu Kompost-WCs.

Die Gruppe

alt.planning.urban

tut so, als wären alle Städte wirklich am Reißbrett entstanden. Dort werden jedenfalls Fragen der modernen Stadtplanung heftigst diskutiert.

alt.landscape.architecture

schließlich ist eine Newsgroup, in der Aspekte der Landschaftsplanung erörtert werden.

Auch zum Thema CAD gibt es Newsgruppen:

alt.cad

behandelt allgemeine Fragen und Lösungsvorschläge.

alt.cad.autocad

ist eine Newsgruppe von Leuten, die mit dem Programm AutoCAD arbeiten. Damit befaßt sich ebenfalls die Gruppe

comp.cad.autocad

Tip

Wenn Sie Schwierigkeiten mit Bau- und Architektensoftware oder mit sonstigen Programmen haben, dann ist es immer sinnvoll, nachzuschauen, ob es zum Programm eine oder sogar mehrere Newsgruppen gibt. Das ist manchmal gar nicht einfach, denn oft warten die Antworten auf Ihre Fragen in Gruppen, auf die Sie möglicherweise nie gekommen wären oder die sich nicht im Angebot Ihres Providers befinden. Was also tun?

Stellen Sie sich vor, Ihr Programm erfreut Sie mit einer jener hübschen Fehlermeldungen, die alles mögliche tun, außer Ihnen bei der Problemlösung zu helfen. Ein Beispiel gefällig? Bei Experimenten mit Microsofts Internet Explorer 3.01 – dem Konkurrenzprodukt des Netscape-Navigators –, gefiel es dem Programm, mir folgende Fehlermeldung um die Ohren zu hauen:

Es fehlen Informationen der Inhaltsratgeberkonfiguration. Möglicherweise hat sich jemand daran zu schaffen gemacht. Überprüfen Sie die Inhaltsratgebereinstellungen.

Um die Sache abzukürzen: Es gibt im Internet Explorer keinen Menüpunkt *Inhaltsratgebereinstellungen*, und herumgefummelt hatte am Programm auch niemand. Ein so nettes Wort sucht man auch in sämtlichen Hilfeindizes vergeblich.

Getreu dem Grundsatz, daß Softwarefehler einen niemals allein befallen, ging ich also auf die Suche nach der einschlägigen Newsgruppe, wo, so durfte ich hoffen, irgendein kluger Zeitgenosse das Rätsel schon geknackt hatte. Nur wie finden?

Ganz einfach. Erinnern Sie sich an AltaVista? Adresse: *http://www.altavista.digital.com*

Rufen Sie AltaVista auf. Über dem Abfragefeld finden Sie die Zeile *Search the Web*.

Klicken Sie auf den Pfeil neben *Web* und dann auf *Usenet.* (Usenet ist ein Kürzel für User Network, eine andere Bezeichnung für den weltweiten Verbund der Newsgruppen.) Geben Sie jetzt aus der Fehlermeldung Ihres Programms einen oder mehrere (an +-Zeichen denken!) markante Begriffe ein. In unserem Fall bietet sich an:

Inhaltsratgeberkonfiguration

Klicken Sie jetzt auf *Submit*, und schon landen Sie in Newsgruppen, die sich mit exakt Ihrem Problem befassen (wenn es denn welche gibt oder Sie die richtigen Suchbegriffe eingegeben haben).

Wenn Sie keine (aussagekräftige) Fehlermeldung haben, dann versuchen Sie mit ein oder mehreren Begriffen das Fehlverhalten Ihrer Software zu definieren. Hakt es also bei der sogenannten Shortcutleiste von Microsoft Office 97, dann könnten Sie so suchen:

+Short +Office*

Sie werden feststellen, daß ein paar hundert Zeitgenossen ähnliche Glücksgefühle wie Sie entwickelt haben. Auch das ist ja manchmal schon ein Trost.

Am Schluß dieses Tips noch ein nervensparender Rat: Wollen Sie sich ein bestimmtes PC-Produkt kaufen, dann sollten Sie vorher im Usenet nachschauen, wer schon alles Ärger damit hatte und mit welchen anderen Komponenten Ihr Wunschprodukt nicht harmoniert (das nennt man dann kompatibel). Sie werden staunen, wie schnell viele Versprechungen der bunten Prospekte zerbröseln.

Mit Ray Tracing, Rendering und ähnlichen Aufgaben und der entsprechenden Software, den vorhandenen Tools und Methoden befaßt sich

comp.graphics.raytracing

Diskussionen über die technischen Aspekte rechnergestützter Animation finden Sie in der Newsgroup

comp.graphics.animation

Hier noch einige weitere Newsgroups (ohne Kommentar):

alt.architecture.int-design	Innenarchitektur und Design
alt.construction	Allgemeine Baukonstruktionsfragen
alt.housing.nontrad	Moderne Bauarchitektur
alt.urban.planning	Stadtplanung
*comp.graphics.**	Newsgruppen unter *comp.graphics*
comp.infosys.gis	Graphische Informationssysteme, unter anderem CAD
misc.consumers.house	Hausbau aus Konsumentensicht
sci.energy	Diskussionen über Energietechnologie und -forschung
sci.engr.lighting	Lichttechnologie und -forschung

Zusätzlich finden Sie in einigen Internet-Angeboten – dafür prädestiniert sind Universitäten und Fachhochschulen – weitere Verweise auf Newsgroups.

Mailing-Listen

Mailing-Listen folgen einer ähnlichen Grundidee wie Newsgruppen. Prinzipiell kann man sich eine solche Liste als Adreßbuch vorstellen, in das sich jeder eintragen kann, der an bestimmten Informationen interessiert ist. Stehen Sie erst einmal in der Liste, erhalten Sie automatisch alle News (per E-Mail), die an die Teilnehmer der Mailing-Liste verschickt werden.

Die Eintragung in das Adreßbuch erfolgt meistens auf einfache Art und Weise: Sie schicken an eine vorgegebene Adresse eine E-Mail mit einem ganz bestimmten Text. In der E-Mail, mit der Sie sich anmelden, kommt oft das Wort *subscribe* (abonnieren) vor sowie der Name der Liste und Ihr Name, also etwa so:

subscribe Listenname Name Vorname

wobei Sie natürlich den entsprechenden Listennamen eintragen und *Name* und *Vorname* durch Ihren Namen und Ihren Vornamen ersetzen. Das Verfahren ist allerdings nicht standardisiert, und Sie sollten immer nachschauen, was die Sie interessierende Mailing-Liste verlangt.

Als Fachbeispiel sei hier die Mailing-Liste *Architronic: The Electronic Journal of Architecture*

ARCITRON@KENTVM.BITNET

genannt, die Sie mit einer E-Mail an irgendeinen Listserver, zum Beispiel an

LISTSERV@LISTSERV.NET

abonnieren können, wenn Sie diese E-Mail so ausfüllen:

SUBSCRIBE ARCITRON Wilfried_Busch

Bald erhalten Sie dann die Nachricht, daß Sie als Mitglied in die Diskussionsliste aufgenommen worden sind. Von dem Listserver, der Ihnen diese Nachricht geschickt hat, können Sie meistens mit dem Befehl *HELP* eine Liste der verfügbaren Befehle anfordern, mit denen Sie als Mitglied den Listserver steuern. Schicken Sie ihm also einfach eine Mail mit dem schlichten Text

HELP

Die Befehle der meisten Listserver sind identisch, aber manchmal weichen sie doch leicht voneinander ab.

Weitere Hinweise auf Listserver für Architekturbegeisterte sind zwar selten – vor allem was deutsche Angebote betrifft –, aber manchmal findet sich doch ein verborgenes Schätzchen auf der einen oder anderen Internet-Seite. Vor allem an Universitäten in aller Welt finden Sie immer mal wieder einen Verweis auf einen derartigen Server.

Infodienste

Eine ähnliche Technik wie bei den Mailing-Listen finden Sie neuerdings auch bei professionellen Anbietern, die die naheliegende Vermutung ausnutzen, daß Wissen Macht bedeutet. Sie versuchen, die neuesten Informationen auf bestimmten Gebieten auf dem schnellsten Weg (über das Internet) an den Endabnehmer (Sie) zu bringen. Aktueller als Tageszeitungen und selbst als Nachrichtensendungen sind diese Informationsdienste allemal. Allerdings sind diese Services zum größten Teil kostenpflichtig (wie etwa Börsennachrichten in Echtzeit).

Es gibt jedoch einige kostenlose Informationsdienste, die jedem Netzbenutzer zur Verfügung stehen. Eine Liste dieser Informationsdienste finden Sie unter

http://www.yahoo.com

oder in anderen Suchmaschinen, wenn Sie

»free newsletter«

als Suchbegriff eingeben. Wie Sie sehen werden, ist das Ergebnis nicht gerade berauschend, aber einige Dienste (bei unserer Suche vierzig an der Zahl) gibt es doch. Die meisten tummeln sich allerdings im Bereich Finanzen und Wirtschaft. Mit der fortschreitenden Entwicklung des Internet wird aber auch die Zahl solcher Dienste wachsen und ein größeres Themenspektrum abdecken.

Leider gibt es zu der Art von Internet-Angeboten, wie sie in diesem Kapitel behandelt wurden, keinerlei Ausflugsmöglichkeiten. Daher gibt's hier auch kein Internetzo. Also: Schalten Sie doch einfach mal den Rechner aus, nehmen Sie sich Ihren allerliebsten Lieblingspartner, und gehen Sie mal wieder ins Kino oder nett essen.

Dies ist eine offizielle Empfehlung Ihrer Internet-Reiseleitung.

15// Das Leben jenseits der Architektur

Nützliches und Schönes

Es soll ja – so haben wir uns berichten lassen – auch für eingefleischte Architekturprofis noch ein Leben außerhalb von Reißbrett, Zement und Ziegel geben. Das klingt zwar unglaubhaft, aber wir wollen doch im letzten Kapitel einen Blick über den Tellerrand unseres Fachgebiets werfen und schauen, was sonst noch so im Internet zu finden ist.

Allerdings müssen wir gleich zu Beginn – ein erstes und letztes Mal – unser Versprechen brechen, uns jetzt peripheren Bereichen des Berufs zuzuwenden. Es bleibt eine wichtige Adresse nachzutragen, für die in den vorangegangenen Kapitel kein Platz war:

Unter der Internet-Adresse

http://atm.ins-coin.de/rda_inh.htm

finden Sie eine Rechtsdatenbank, in der Sie nach (bau)rechtlichen Auskünften fahnden können. Die Datenbank ist umfangreich und soll sogar von ausgewachsenen Juristen benutzt werden, wenn sie mit ihren umfangreichen Gesetzestexten nicht weiterkommen.

So, nun ist aber wirklich Schluß mit Internet-Seiten zur Architektur, und der Rest des Lebens kommt zu seinem Recht.

Zur Entspannung ist ein spannender Spaziergang immer gut. Also begeben wir uns an einen aufregenden Ort, den es gar nicht mehr gibt: eine vergangene Stadt, die im Internet als virtuelles archäologisches Museum nachgestaltet ist. Die – zugegeben etwas lang geratene – Adresse lautet:

http://www.bauwesen.uni-dortmund.de/forschung/xanten/german/xanten_stadtplan.html

Sie können hier in die römische Stadt Xanten (Colonia Ulpia Traiana) eintauchen, indem Sie in der Grafik bestimmte Bereiche anklicken und anschließend mehr Informationen (Bilder und Text) erhalten. So können Sie sich von der Vogelperspektive auf die römische Stadt bis etwa hin zur Detailansicht des Forums vorarbeiten.

Wußten Sie eigentlich, wie bequem die Damen und Herren Römer sich dort auf ihren Sitzgelegenheiten lümmeln konnten?

Wenn das noch am Rand mit Architektur zu tun haben könnte – also auch guten Gewissens nebenbei bei der Arbeit zu bewundern ist –, so dürfte es Rechtfertigungsnöte bei der Betrachtung der folgenden Seiten geben, jedenfalls während der Arbeitszeit. Es sei denn, Sie möchten, daß Ihr Vorgesetzter – oder sonst jemand, der vielleicht Wert auf Ihre Gegenwart legt – den Eindruck bekommt, Sie möchten dringend weit weg.

Gemeint sind alle Dinge, die mit Reisen zu tun haben. Irgendwie ist das ja sowieso unser Thema.

Reisen

Fangen wir bei der unverzichtbaren Fahrplanauskunft der Deutschen Bahn an. Sie finden sie sinnigerweise nicht unter der Internet-Adresse der Bahn

http://www.bahn.de/

sondern unter

http://www.hacon.de/

Zugegebenermaßen ist das Suchprogramm etwas langsamer als die flinke Hacon-CD gleichen Inhalts, aber man hat ja nicht immer ein CD-ROM-Laufwerk in der Tasche, wenn man gerade wissen will, wann der nächste Zug an die Côte d'Azur abfährt.

Sie erreichen natürlich auch alle anderen Unternehmen, die Sie in die Sonne (oder/und den Schnee) bringen, im Internet. Zum Beispiel finden Sie die Lufthansa unter

http://www.lufthansa.de/

Ist Ihnen eine andere Luftfahrtgesellschaft lieber, ist das Suchprinzip immer das gleiche: *http://www.Firmenname.de* (oder *com*) in die Adreszeile des Browsers getippt und abgeschickt. Ready for takeoff.

Auch wenn Sie unverständlicherweise gerade keine unbändige Lust verspüren, unseren vom sonnigen Wetter vernachlässigten Breiten den Rücken zu kehren, so ist der Virtual Airport der Lufthansa trotzdem einen Besuch wert. Sie erreichen ihn unter

http://virtualairport.lufthansa.com/

Ein sehr schön aufbereitetes Angebot finden Sie auch unter

http://www.amtrak.com

Wie Sie schon der Adresse entnommen haben, handelt es sich dabei um die amerikanische Eisenbahngesellschaft AmTrak (American Tracks). Besonders gut gelungen sind die USA-Karten (Gesamtübersicht, Details). Manche der Zugnamen erzeugen Fernweh. Und den »City of New Orleans« gibt es immer noch, Sie wissen schon: »Ridin' on the City of New Orleans, Illinois Central, Sunday morning rail«.

Ebenfalls im Netz zu erreichen sind alle großen deutschen Reiseveranstalter.

Und wenn Sie gerade einmal Ihr zwölfbändiges englisches Wörterbuch nicht mit sich herumtragen und benötigen trotzdem die Übersetzung einer Vokabel: Unter der URL

http://www.travlang.com/languages/

entdecken Sie vielleicht die Lösung. Dort finden Sie nicht nur »yes« als Übersetzung des deutschen »ja«, sondern auch »oui« (Französisch), »yebo« (Zulu) und »ja« (norwegisch). Und das alles kostet nada. Außerdem können Sie dort Sound-Dateien auf Ihren Rechner laden, die Ihnen helfen, wenn Sie die Aussprache der Begriffe üben wollen.

Politische Organisationen

Auch die Politik ist im Internet vertreten. Unter

http://www.bundesregierung.de

erreichen Sie unsere Regierung und die damit verbundenen Behörden wie zum Beispiel die Ministerien. Natürlich befindet sich darunter auch das Ministerium für Raumordnung, Bauwesen und Städtebau:

http://www.bundesregierung.de/.bin/lay/inland/ministerien/bauwesen.html

Die URL ist etwas lang geraten, aber das Angebot ist umfangreich, und ein Blick lohnt sich wirklich.

Auch die Europäische Union betreibt einen eigenen Server, den Sie unter

http://europa.eu.int

finden. Übrigens ist die internationale Domain *int* im Internet geradezu exotisch und wird nicht einmal von den Vereinten Nationen benutzt, die mit all ihren Unterorganisationen unter

http://www.unsystem.org

zu finden sind.

Vielleicht wollten Sie ja schon immer mal ein Schwätzchen (chat) mit dem amerikanischen Präsidenten halten? Die Internet-Adresse des Weißen Hauses lautet:

http://www.whitehouse.gov

Bill Clinton soll sich angeblich tatsächlich manchmal im Internet »herumtreiben« und ist auch unter einer eigenen E-Mail-Adresse zu erreichen. Die amerikanische Politik ist da etwas weiter als manche Regierungen in Europa.

Jobsuche

Auch wer dringend einen Job sucht, wird im Internet bestens bedient. Die Bemühungen, offene Stellen auf diese Weise zu besetzen, greifen immer mehr um sich. Bei vielen größeren Firmen finden Sie inzwischen eine Seite mit vakanten Posten, auf die Sie sich, zumindest für einen Erstkontakt, auch gleich per E-Mail bewerben können.

Ein umfangreiches Angebot dieser Art findet sich unter

http://www.stellenboerse.de

Dort finden Sie eine erstaunlich große Zahl von Stellengesuchen und -angeboten. Sie haben zudem die Möglichkeit, sich selbst als Jobsuchenden online zu registrieren. Angebote finden Sie sortiert nach dem Alphabet (anbietende Firmen) oder auch nach Postleitzahlenbereichen.

Jobs & Adverts, nach eigener Einschätzung der führende deutsche Stellenmarkt im Internet, unter der URL

http://www.jobs.adverts.de

hat ein ähnliches Spektrum mit vielfältigen Suchmöglichkeiten.

Auch Stellengebots-Rubriken aus Zeitschriften und Zeitungen finden Sie im Internet. Als Beispiel sei der Stellenmarkt der »Zeit« genannt:

http://www.zeit.de/stellenmarkt/

Dort können Sie sogar das Stellenangebot als E-Mail abonnieren. Zusätzlich gibt es einen *Zeit-robot*, der täglich das Internet nach Stellenanzeigen durchsucht.

Hinweise auf weitere Stellenbörsen finden Sie auf der Seite

http://oldenburg.bda.de/bda/int/zeit/stellenmarkt/hotlist.html

Ein Angebot mit speziellen Stellenangeboten für Hochschulabsolventen entdecken Sie unter der Adresse

http://www.bremen.de/karriere

Natürlich ist dort auch die Architektur mit Ihren verschiedenen Fachgebieten vertreten. Sie können sich, wenn denn Bedarf besteht, dort mit einer Fotografie und Angaben zu Ihrem Werdegang vorstellen. Dieses Angebot ist übrigens kostenlos. Sie schicken Ihre Unterlagen (per »gelber Post« oder E-Mail) an die dort angegebene Adresse, und die Anbieter basteln daraus für Sie eine Web-Seite.

Virtuelle Museen und Ausstellungen

Nur einige wichtige Internet-Adressen seien hier unkommentiert angegeben. Sie finden viele weitere Links auf fast jedem Internet-Server, der sich mit Architektur oder Kunst befaßt:

Deutscher Reichstag:
http://www.deutscher-reichstag.de/
Deutsches Museum für Virtuelle Kunst:
http://www.art-museum.de
Virtuelles Museum für Industriekultur:
http://www.industriekultur.de/
Unsere Dorfwirtschaft vor 1950:
http://www.fh-trier.de/fb/bw/ri/rhof/fgastw.htm
Museum of Hewlett-Packard Calculators:
http://www.teleport.com/~dgh/hpmuseum.html
Virtual Museum of Computing:
http://www.comlab.ox.ac.uk/archive/other/museums/computing.html
Web-Museum:
http://mistral.enst.fr

Was sonst im Kulturbetrieb läuft, finden Sie übersichtlich und schön aufgemacht in

http://kultur-online.com/

Dort finden Sie natürlich auch weitere Links zu Museen und Galerien.

... das war's dann

Würden Sie jetzt bitte unser Reisemobil verlassen? Wir sind am Ende unserer Internet-Tour angekommen und hoffen sehr, daß es Ihnen Spaß gemacht hat und Sie mit unseren Tips zufrieden sind. Eigentlich müßten wir ja noch durchzählen, ob alle, die am Anfang der Reise dabei waren, auch jetzt noch vollzählig vorhanden sind oder ob sich einige irgendwo verirrt haben. Aber was soll's, wir leben in aufgeklärten Zeiten.

Eines können wir Ihnen zum Schluß allerdings noch versprechen: Was immer auch auf der Welt an Dingen passieren wird und wie immer sich die Zeitläufte entwickeln: Das Internet wird wachsen und laufend neue Dienste bereitstellen (zum Beispiel E-Money). Diese Veränderungen werden zunehmend in unser aller Alltag eingreifen und unser Verständnis der Welt und unser Verhältnis zu ihr entscheidend verändern. Ob dieser Einfluß des Internet auf unser Leben positiv oder negativ zu beurteilen ist, müssen Sie selbst entscheiden.

Vielleicht trägt das Internet ja dazu bei, daß die Welt immer näher zusammenrückt, mehr Menschen zu Freunden werden und Konflikte zwischen Nationen abnehmen.

In diesem Sinn wünschen wir Ihnen viel Spaß beim Surfen.

Wichtige Links

Hier noch einmal die wichtigsten Adressen, die wir gemeinsam besucht haben:

Suchdienste

Einer der wichtigsten Helfer im internationalen Bereich:

http://www.altavista.digital.com

Als beste deutsche Suchmaschine hat sich MetaGer erwiesen, weil Sie automatisch in verschiedenen Suchdiensten herumstöbert:

http://www.rrzn.uni-hannover.de

Allgemeine Verzeichnisse

Eine Übersicht über alles, was es auf deutschen Servern gibt, erhält man bei DINO:

http://www.dino-online.de/

Ebenso übersichtlich und umfangreich ist WEB.DE mit der Startadresse

http://www.web.de

Ein wissenschaftliches Verzeichnis findet sich unter

http://www.uni-karlsruhe.de/Outerspace/VirtualLibrary

Ein weiteres gut zu nutzendes internationales Verzeichnis ist Yahoo:

http://www.yahoo.com

Spezielle Verzeichnisse für Architekten

An erster Stelle sei hier architektur+bauen genannt:

http://www.tfh-berlin.de/~hasspro/arch

International unschlagbar, auch was den Umfang betrifft, ist

http://www.nscee.edu/unlv/Libraries/arch/rsrce/webrsrce/index.html

Bibliotheken und Zeitschriften

Der optimale Ausgangspunkt für alles, was mit Bibliotheken zu tun hat, ist

htttp://www.laum.uni-hannover.de/iln/bibiotheken/bibliotheken.html

Empfehlenswert ist aber immer auch ein Blick in die Universitätsbibliotheken.

Eine umfangreiche Übersicht über Zeitungen und Zeitschriften im Netz – dazu gehören vor allem auch die E-Zines – finden Sie im German Online Kiosk unter:

http://www.gok.de/

PC-Links

Hardware- und Softwarehersteller

Das sehr übersichtliche deutsche Angebot von **Apple** finden Sie unter der Adresse

http://www.apple.de

ELSA zählt zu den weltweit führenden Anbietern in den Bereichen Datenkommunikation und Computergrafik und zu den Herstellern mit der besten Kundenunterstützung:

http://www.elsa.de

Besonders lobenswert ist es, daß ELSA aktuelle Updates der mit ihrer Hardware ausgelieferten Softwareprodukte zum kostenlosen Download bereithält. Auch die *Tips und Tricks* sind ansehnlich gestaltet und enthalten kompetentes Fachwissen (Beispiel: Installation eines ISDN-Adapters unter Windows 95).

Hewlett-Packard, bekannt für Drucker und Scanner, finden Sie unter

http://www.hp.com

und in Deutschland unter

http://www2.hp.com/germany/

Wenn Sie also neue Druckertreiber oder ähnliches suchen, dann ist diese Adresse genau richtig für Sie.

Den Hardwarehersteller **IBM** finden Sie unter

http://www.ibm.com

und seine deutsche Vertretung unter

http://www.ibm.de

IBMs Internet-Auftritt ist so mächtig wie die Firma. Sehr beeindruckend und hilfreich für Nutzer von IBM-Produkten.

Bill Gates Firma **Microsoft** beschäftigt sich bekannterweise mit Betriebssystemen und Office-Software. Gleich drei Internet-Adressen des Software-Giganten lassen sich finden:

http://www.microsoft.com/germany/ (Microsoft Deutschland)
http://www.microsoft.com (Microsoft USA)
http://www.activex.com (Microsoft Active-X)

Das Angebot des internationalen Servers in den USA ist logischerweise das umfassendste, aber auch der deutsche Server bietet interessante und hilfreiche Features. Unter

http://www.microsoft.com/msdownload/default.asp#sup

erhalten Sie die Möglichkeit, Updates von Windows-95-Produkten oder auch eine Menge an Freeware auf Ihren Rechner zu kopieren.

Und schließlich gibt es da noch Microsoft Support Online unter der Adresse

http://www.microsoft.com/windowsSupport/

Hier finden Sie wirklich alles, was an Windows-Patches und Updates zur Verfügung steht.

Der Netzwerk-Anbieter **Novell** (NetWare) hat ein umfangreiches deutsches Angebot unter

http://www.novell.de

zu bieten. Auch hier ist allerdings das internationale Angebot

http://www.novell.com

wieder wesentlich besser bestückt, wenn auch die Support-Möglichkeiten unter

http://support.novell.de/

und die Download-Area unter

http://www.novell.de/prodinfos/topdownloads.htm

vom deutschen Server aus direkt erreichbar sind. Der Support ist umfangreich und umfaßt unter anderem die Möglichkeit, Treiber-Updates herunterzuladen.

Die Internet-Präsenz des Modem-Weltmarktführers **U. S. Robotics** finden Sie unter

http://www.usr.com

und die deutsche Dependence unter

http.www.usr.de

Sagen wir vorsichtig, es ist Geschmackssache, ob man das Internet-Angebot von U. S. Robotics übersichtlich findet. Fest steht allerdings, daß die deutschen Seiten dürftig sind.

Suchen Sie die Hotline irgendeines Herstellers oder Vertreibers, dann hilft Ihnen womöglich die **Hotline-Datenbank** unter

http://www.pcspezialist.de/hotline.htm

Übrigens, haben Sie es schon gemerkt. Auch die Hardware- und Softwaregrößen findet man meist nach einem ganz einfachen Schema:

http://www.Firma.de (oder *com*)

Versuchen Sie es mal. Es klappt fast immer. Wenn der Firmenname lang ist (Hewlett-Packard oder U. S. Robotics), dann helfen sinnvolle Abkürzungen (*hp* oder *usr*).

Und wenn das nicht hilft, dann verwenden Sie den Herstellernamen als Suchbegriff in AltaVista. Ist er hier nicht aufzutreiben, dann ist die Wahrscheinlichkeit groß, daß die Firma pleite ist.

Hier die Adressen weiter wichtiger Hardware- und Softwarehersteller und -Vertreiber:

3Dlabs: *http://www.3dlabs.com*
Adobe: *http://www.adobe.com*
ALR: *http://www.alr.com*
AST Computer: *http://www.ast.com*
Asus: *http://www.asus.com.tw*
Borland: *http://www.borland.com*
Computer 2000: *http://www.computer2000.de*
Corel: *http://www.corel.com*
Digital (DEC): *http://www.digital.com*
Compaq (Deutschland): *http://www.compaq.de*
Compaq (international): *http://www.compaq.com*
Ingram Micro: *http://www.ingram.com*
Intel: *http://www.intel.com*
Netscape: *http://www.netscape.com*
Peacock: *http://www.peacock.de*

Raab Karcher Elektronik: *http://www.rke.de*
S3: *http://www.s3.com*
Star Division (StarOffice): *http://www.stardiv.de/*
Siemens: *http://www.siemens.de*
Siemens Nixdorf: *http://www.sni.de*
Sun Microsystems: *http://www.sun.com*
transtec AG: *http://www.transtec.de*
Vobis: *http://www.vobis.de*

Computer-Magazine

Chip: *http://www.chip.de*
c't: *http://www.heise.de*
Data Communications: *http://www.data.com*
Elrad: *http://www.heise.de/el*
Gateway: *http://www.heise.de/gw*
Heise-Verlag: *http://www.heise.de*
Microsoft Journale: *http://www.redmond.de*
PC Action: *http://www.pcaction.de*
PC Direkt: *http://www.zdnet.com/pcdirger/welcome.htm*
PC Games: *http://www.pcgames.de*
PC Magazine: *http://www.pcmag.com*
PC-Online: *http://www.pconline.de*
PC Praxis: *http://www.pcpraxis.de*
PC Professionell: *http://www.zdnet.com/pcpro/welcome.htm*
PC-Shopping: *http://www.pc-shopping.de*
PC Week: *http://www.pcweek.com*
Redmond-Verlag: *http://www.redmond.de*
Vogel-Verlag: *http://www.vogel.de*
Ziff-Davis (Deutschland): *http://www.zdnet.de*
Ziff-Davis (USA): *http://www.zdnet.com*

Shareware und Freeware

http://www.sharedirect.com/indexg.htm
http://prinz.hannover.sgh-net.de/~huuck/nettclicker/

http://members.aol.com/datainform/sw/swboerse.htm
http://www.slaughterhouse.com
http://www.windows95.com
http://www.shareware.com

Weiterführende Literatur

Natürlich gibt es Online-Bücher, in denen Sie eine Menge über das Internet erfahren und nicht zuletzt die Informationen unseres Buches vertiefen und ergänzen können. Ein solches Internet-Handbuch finden Sie unter dem Titel »Internet: kurz und fündig« auf Seite

http://eastside.in-berlin.de/buecher/inet/all-inet-Contents.html

Dieses Buch ist gut strukturiert. Die meisten Erklärungen sind Laien verständlich. Selbstverständlich dürfen Sie sich interessante Seiten herunterladen.

Auf weitere Online-Handbücher verweist eine Link-Zusammenstellung an der Adresse

http://www.uni-mannheim.de/unima/rum/netze/internet/internet.html

Dort sind auch Rezensionen über aktuelle Internet-Literatur erhältlich, so daß Sie stets auf dem laufenden bleiben und in schnellebiger Zeit die Literatur finden, die Sie weiterbringt.

Eine prima Übersicht über Internet-Buch-Neuerscheinungen mit Bewertungen und Rezensionen finden Sie an der Adresse

http://medweb.uni-muenster.de/zbm/liti.html

Was gedruckte Bücher angeht, beschränken wir uns deshalb guten Gewissens auf einige wenige Empfehlungen.

Ein Klassiker der Internet-Literatur ist der Titel:

Ed Krol, Die Welt des Internet. Handbuch und Übersicht, Bonn: O'Reilly/International Thomson Verlag, 1995, 606 Seiten, 59 Mark

Es ist die deutsche Ausgabe eines US-amerikanischen Buches. Obwohl man dem Buch seine Herkunft anmerkt und obwohl es schon ein wenig angegraut ist, bleibt es die didaktisch beste Einführung in das Sujet. Es ist ein prima geschriebener, kongenial übersetzter und nicht zu selten witziger Lesegenuß. Oder wer ist bisher auf die Idee gekommen, die Datenübertragung im Internet mit dem Paketdienst der Deutschen Post zu vergleichen? Kurz und gut: brillant.

Mit dem gleichen Anspruch wie der genannte Titel tritt ein Band aus deutschen Landen an:

Mathias Nolden/Thomas Franke, Das Internet Buch, Sybex Verlag: Düsseldorf, 1996, mit Internet-Programmen auf CD-ROM, 69 Mark

In dem dicken Wälzer erwarten Sie unzählige gute Informationen, die Ihnen gewiß weiterhelfen. Didaktisch verfehlt ist allerdings die Gliederung, die den Einsteiger zwingt, wild hin und her zu blättern. Sprachlich gibt sich das Werk eher spröde. Und doch, unterm Strich, handelt es sich um eine empfehlenswerte Lektüre.

Weniger als ein Drittel des »Internet Buchs« kostet das Buch

Thorsten Pusch, Das Einsteigerseminar Internet, Kaarst: bhv, 1995/96, 430 Seiten, 19,80 Mark

Es ist gut gegliedert und ordentlich geschrieben. Es bietet insgesamt vorzügliche Informationen, nicht nur für Einsteiger. Seine einzige kleine Schwäche besteht darin, daß es an manchen Stellen für Anfänger zu technisch ist. Aber wenn Sie unser Buch aufmerksam gelesen haben, ist das »Einsteigerseminar« ohne Einschränkung zu empfehlen.

Wenn Sie über den Online-Dienst CompuServe in das Internet einsteigen wollen – zum Ortstarif keine schlechte Idee –, dann sei Ihnen folgendes Buch nahegebracht:

Gabriele Hoofacker/Claus Herwig, Mit CompuServe ins Internet. In wenigen Stunden lernen, was man braucht, tewi: München 1995, 280 Seiten, Diskette mit CompuServe-Zugangssoftware, 49 Mark

Der Verlag verspricht, daß man den Kaufpreis zurückerhält, wenn man nicht binnen zwölf Stunden kapiert hat, wie man sich per CompuServe im Internet herumtreibt. Für den Fall der Fälle gibt es sogar eine Telefon-Hotline. In der Tat ist es didaktisch allererste Sahne, was dem Leser hier geboten wird, und keineswegs nur dem künftigen CompuServe-Nutzer.

Fast am Ende sei auf eine imposante Internet-Adressen-Sammlung verwiesen:

Kimmo Nikkanen, 20 000 WWW-Adressen, tewi: München 1996, 436 Seiten, 49 Mark

Das ist eine nicht ganz fehlerfreie URL-Sammlung (aber wie sollte dies auch möglich sein?), die sich in unzählige Themengebiete auffächert. Es würde uns wundern, wenn Sie mit Hilfe dieses Bandes nicht einen oder mehrere Zugänge zu den Themen finden, die Sie gerade interessieren.

Ein letzter Buchtip für alle, die sich von der PC-Industrie nicht veräppeln lassen wollen:

Michael Nickles, PC-Tuning Report '97. Für alle, die maximale Leistung aus Ihrem PC rausholen wollen, ohne sich dafür dummzuzahlen, Franzis': Feldkirchen 1997, 752 Seiten, 29,95 Mark

Auch wenn der Titel dieses Buches nicht unbedingt so klingt, das Werk ist anfängertauglich. Es umfaßt eine Menge guter Ratschläge, auch zum Internet und zu Modems. Und wer es gelesen hat, der traut PC-Prospekten nicht mehr über den Weg. Lesen Sie wenigstens ein paar Kapitel in diesem Buch, bevor Sie sich einen PC kaufen.

Glossar

analog: ständig veränderbar. Analoge Systeme kennen praktisch unendlich viele Zwischenwerte. Gegensatz: *digital.*

ASCII: Abkürzung für American Standard Code for Information Interchange. Beim ASCII-Verfahren werden Buchstaben, Zahlen, Satzzeichen und sonstigen Zeichen numerische Werte zugewiesen. Der ASCII-Standard erlaubt es Computern und Computerprogrammen, Daten auszutauschen. Wenn Sie Texte aus einem Textverarbeitungsprogramm in das ASCII-Format umwandeln (bei MS Word heißt dieses Format »Nur Text«), löschen Sie sämtliche textverarbeitungsspezifischen Formatierungen wie etwa Fettdruck oder Absatzeinzüge. Sie erhalten den reinen Text. Oft reicht das ja.

Baud: Maß für die Zahl der in einer Sekunde auftretenden Zustandsänderungen oder Ereignisse. Wird oft fälschlicherweise benutzt, um die Datenübertragungsrate von Modems anzugeben. Ein Modem beispielsweise, das vier Bits pro Ereignis verarbeitet, erreicht bei einer Baudrate von 2400 eine Übertragungsleistung von 9600 Bits pro Sekunde (bps). Siehe auch: *bps.*

Bildschirmauflösung: wichtiger Wert zur Beurteilung der Qualität von Monitoren. Gibt Auskunft über die Zahl der dargestellten Bildpunkte. Ein 15-Zoll-Monitor sollte 800 (Punkte) × 600 (Zeilen) auflösen können, ein 17-Zoll-Gerät 1024 × 768. Siehe auch: *Bildwiederholrate.*

Bildwiederholrate (-frequenz): entscheidender Wert zur Beurteilung der ergonomischen Leistungsfähigkeit von Grafikkarten und Monitoren. Die Bildwiederholrate zeigt an, wie oft ein Bild pro Sekunde aufgebaut (aufgefrischt) wird. Sie hängt von der Horizontalfrequenz und der Bildschirmauflösung ab. Alles unter 70 Hertz (70 Bilder pro Sekunde) ist inakzeptabel. Viele Menschen brauchen höhere Raten, um kein Bildflimmern mehr zu erkennen. Heute gibt es längst bezahlbare Grafikkarten und Bildschirme, die 90 Hz bei einer Auflösung von 1024 × 768 leisten. Siehe auch: *Bildschirmauflösung*, *Horizontalfrequenz*.

binär: Eigenschaft eines Systems, nur zwei Werte anzunehmen oder auszugeben, die üblicherweise mit 0 oder 1 bezeichnet werden.

bps: bits per second. Gibt die Übertragungsgeschwindigkeit von Modems an. Standard sind heute 33 600 bps, die sogenannte V.34plus-Norm. Siehe auch: *Baud*.

Cache-Speicher: schneller Zwischenspeicher, der es schnellen Prozessoren ermöglicht, mit vergleichsweise langsamen Speichermodulen ohne allzu großen Leistungsverlust zusammenzuarbeiten. Auch die Zwischenspeicherung von Festplattendaten in einem Teil des Arbeitsspeichers nennt man (Festplatten-)Cache. Siehe auch: *PB Cache*.

Client: Computer oder Computerprogramme, die auf die Ressourcen eines Servers (Host) zugreifen; der PC eines Internet-Nutzers zum Beispiel, der auf einen WWW-Server zugreift.

Cookies: kleine Programme, mit denen ein Internet-Anbieter versucht, sich auf Ihrem Rechner zu verewigen; dient zum Beispiel dazu, Sie bei Ihrem nächsten Besuch auf der Web-Seite automatisch wiederzuerkennen. Eigentlich harmlos, nur sind Cookies mit der nötigen kriminellen Energie auch anders einzusetzen. Bemühen Sie einfach mal Ihre Phantasie, um sich vorzustellen, was ein wenig wohlgesonnener Programmierer mit Cookies auf Ihrem Rechner so alles anstellen könnte.

Cursor: ein in der Regel blinkender Bildschirmanzeiger, der an der Stelle steht, an der das nächste eingetippte Zeichen erscheint.

digital: Informationsverarbeitung mit Hilfe von Ziffern. Bei PCs handelt es sich um Kombinationen von binären Werten, also 0 oder 1. Gegensatz: *analog*.

DNS, Domain Name Service: eine verteilte Datenbank, mit deren Hilfe Internet-Adressen in numerische Äquivalente übersetzt werden und vice versa. Wenn Sie auf eine Internet-Adresse wie etwa *http://194.163.173.3* stoßen, können Sie unterstellen, daß hier jemand auf den Komfort des DNS verzichtet hat, sonst könnte das nämlich vielleicht so heißen: *http://goofy.micky-mouse.de* – oder wie auch immer der DNS es will.

DRAM, Dynamic Random Access Memory: Speicherbausteine, deren Inhalt in einem bestimmten Takt wiederaufgefrischt werden muß. Siehe auch: *SRAM*.

EDO-RAM, Enhanced Data Out Random Access Memory: besonders schnelle, da speziell programmierte DRAM-Bausteine. Siehe auch: *DRAM*.

E-Mail: electronic mail. Bezeichnet die Möglichkeit, über das Internet (und andere Netze) Nachrichten zu verschicken; das Postsystem der Netze.

E-Zine: electronic magazine. Virtuell (nicht in Papierform) dargebotene Zeitung im Internet, speziell: alle Magazine, die ausschließlich im Internet bestehen; nicht zu verwechseln mit Angeboten von Zeitschriften, die ihre Publikation teilweise auch im Netz zur Verfügung stellen.

E-Money: electronic money. Virtuelles Zahlungsmittel im Internet; die Entwicklung von E-Money befindet sich erst im Probebetrieb, da noch viele Sicherheitsfragen zu lösen sind.

FAQ, Frequently Asked Questions: eine Liste von häufig gestellten Fragen. Sie kann hilfreich sein, um Probleme mit Internet-Seiten oder -Anwendungen zu lösen. Oft gibt es diese Rubrik auch bei den Seiten der Hersteller von Hard- oder Software, die sich so die Beantwortung immer gleicher Fragen am Telefon ersparen wollen.

Farbtiefe: gibt die Zahl der gleichzeitig darstellbaren Farben an. In der Regel sinkt die Bildwiederholrate mit zunehmender Farbtiefe.

FAT, File Allocation Table: in gewisser Hinsicht das Inhaltsverzeichnis einer Festplatte oder Diskette unter MS-DOS und Windows. Oder eine Art Karte, auf der verzeichnet ist, wo welche Dateien und Dateiteile auf Datenträgern gespeichert sind. Weiterentwicklungen sind die VFAT (Windows 95) oder das HPFS (OS/2).

Firewall: Adapter plus Software, die Rechner von Providern gegen das unerwünschte Eindringen zum Beispiel von Hackern in ihr System schützt.

Freeware: Software, die Sie zeitlich unbegrenzt gebührenfrei benutzen dürfen.

FTP: siehe *Protokoll.*

Gopher: menügesteuerter Internet-Dienst, gewissermaßen der Vorläufer des World Wide Web (WWW).

Horizontalfrequenz (Zeilenfrequenz): entscheidender ergonomischer Wert von Grafikkarten und Monitoren, aus dem sich ergibt, wie schnell die Bildschirmzeilen gezeichnet werden. Je höher die Horizontalfrequenz, desto höhere Bildwiederholraten sind möglich. 15-Zoll-Monitore sollten eine Horizontalfrequenz von mindestens 64 kHz aufweisen, 17-Zoll-Monitore 80 kHz nicht unterschreiten. Siehe auch: *Bildwiederholrate.*

HTML, Hypertext Markup Language: die Seiten im World Wide Web sind in dieser Sprache geschrieben. HTML ist leicht zu erlernen und anzuwenden, zumal es viele kleine Helferlein in Softwareform gibt, die fast schon so bequem zu bedienen sind wie Textverarbeitungen. Leider entwickelt sich HTML in zwei verschiedene Richtungen (Netscape vs. Microsoft), so daß, was als Standard gedacht war, eigentlich keiner mehr ist.

HTTP, Hypertext Transfer Protocol: das Datenübertragungsprotokoll des World Wide Web. Siehe auch: *Protokoll.*

Hypertext: Texte, die über Verknüpfungen miteinander verbunden werden und über diese Verknüpfungen aufgerufen werden können. Hypertext-Dokumente können auch Grafiken und Klänge umfassen (dann spricht man auch von Hypermedia).

Internet: das größte weltweite Netz mit Informationsangeboten aller Art; ursprünglich programmiert für das US-Verteidigungsministerium zur Aufrechterhaltung der Kommunikation nach einem Atomschlag, stellt es heute Hundertausende (meist friedlicher) Server überall in der Welt zur Verfügung. Im Gegensatz zu Anbietern wie CompuServe wird das Internet nicht zentral gesteuert und überwacht, sondern bietet jedem Teilnehmer die Möglichkeit zu veröffentlichen, was er für richtig hält. Es gibt daher auch Angebote im Internet, die nicht den moralischen und ethischen Ansprüchen aller Benutzer genügen. Regierungen in aller Welt versuchen immer wieder, mit juristischen Mitteln gegen Anbieter des Internet vorzugehen.

Internet-Adresse: heißt auf internetdeutsch Uniform Resource Locator (URL). Die Adresse enthält immer an erster Stelle das Kürzel für das betreffende Übertragungsprotokoll (http, ftp, telnet usw.), dann folgen die Serveradresse und weitere lokale Angaben.

Eine typische Adresse im World Wide Web lautet: *http://www.urz.uni-heidelberg.de*

http ist das Kürzel für das Übertragungsprotokoll Hypertext Transfer Protocol.

www ist der Name für den Server. Der Name weist darauf hin, daß es sich um einen WWW-Server handelt.

urz ist ein Hinweis darauf, daß sich der Server im Unirechenzentrum befinden dürfte.

uni-heidelberg ist ein übergeordneter Adressenbereich.

de ist die Länderbezeichnung für Deutschland.

Wenn Sie die Adresse von rechts nach links lesen, ergibt sich folgendes: Es steht in Deutschland (*de*), und zwar an der Uni Heidelberg (*uni-heidelberg*), im Universitätsrechenzentrum (*urz*) ein Server namens *www*.

ISDN: Integrated Services Digital Network, das digitale Telekommunikationsnetz der Telekom. Viele Provider in Deutschland bieten Zugänge zum Internet über ISDN, was schnelle Antwortzeiten und hohe Datenübertragungsraten ermöglicht. Die notwendige Hard- und Softwareausstattung für Ihren Rechner ist schon zu einem Preis von unter 200 Mark zu haben und relativ problemlos zu installieren und zu konfigurieren (im Idealfall: *Plug and Play*).

Java: objektorientierte Programmiersprache für plattformübergreifende Internet-Programme.

Javascript: von Netscape entwickelte Programmiersprache, die kleine Programme in WWW-Seiten ermöglicht. Hat mit Java außer dem Namen nicht viel zu tun.

Kompatibilität: kompatible Geräte und Programme arbeiten nach gleichen Verfahren. Programme etwa, die für das Betriebssystem MS-DOS geschrieben sind, laufen auf allen Rechnern, die IBM-kompatibel sind.

Link: Verknüpfung in Hypertext-Dokumenten des World Wide Web, zum Beispiel mit einer anderen Web-Seite.

Meta-Suchmaschinen: Suchmaschinen, die in mehreren vorhandenen Suchmaschinen nach Einträgen suchen, sozusagen Über-Suchmaschinen (Beispiel: MetaGer).

MIME, Multi-purpose Internet Mail Extensions: ein Konvertierungsverfahren für E-Mails. MIME ermöglicht es, Sonderzeichen wie Umlaute und binäre Dateien per E-Mail zu versenden.

Modem: Modulator/Demodulator. Ein Gerät, das digitale Informationen in per Telefonleitung zu übertragende analoge Signale umwandelt und analoge Informationen aus dem Telefonnetz in digitale Informationen, die von PCs verarbeitet werden können. Modems sind Standardgeräte der Datenübertragung. Siehe auch: *Baud*, *bps*.

MPR II: wichtige ergonomische Norm. Bildschirme, die die MPR-II-Norm erfüllen, haben geringe Strahlungswerte. Siehe auch: *TCO*.

Parität: Bei der Datenübertragung bezieht sich Parität auf ein Fehlerprüfungsverfahren. Die beteiligten Modems tauschen dazu Paritätsbits aus.

PB Cache, Pipeline Burst Cache: besonders schneller, da speziell programmierter Cache-Speicher. Siehe auch: *Cache-Speicher.*

Pfad (path): Gibt den Weg an, in dem manche Betriebssysteme (MS-DOS, Windows) Dateien finden. Ein Pfad beginnt beim Hauptverzeichnis eines Datenträgers (Diskette, Festplatte, CD-ROM u.a.) und verweist auf das Verzeichnis, in dem sich eine Datei befindet. Der Pfad für den hilfreichen Windows-Systemeditor etwa lautet: C:\WINDOWS\SYSEDIT.EXE

Plug and Play: ab Windows 95 ein Standardverfahren, das es Windows erlaubt, neue Hardware nach dem Einbau sofort zu erkennen und automatisch zu konfigurieren, so daß Sie sofort mit neuen Komponenten arbeiten können. Lästige Installationsprozeduren sollen dadurch entfallen. Das klappt trotz der Versprechungen und dem von Microsoft an Firmen vergebenen Qualitätssiegel »Plug and Play« leider nicht immer.

PPP: siehe *Protokoll.*

Protokoll (Protocol): Wenn ein Staatsgast Bonn besucht, kommt das Protokoll zum Zug: Das ist eine Reihe von feststehenden Regularien, nach denen ein solcher Besuch abläuft. Wenn zwei Computer in Kontakt miteinander treten, brauchen auch sie Regeln, nach denen sie sich verständigen. Bei der Datenfernübertragung gibt es zahlreiche Protokolle. Auch im Internet ist der Datentransfer nur möglich, weil Protokolle vereinbart worden sind.

Im Internet regelt das Internet Protocol (IP), daß die Daten in kleine Pakete zerlegt werden. Damit die Pakete beim Empfänger richtig zusammengebaut werden, wurde das Transmission Control Protocol (TCP) entwickelt. Da beide Protokolle eng zusammengehören, spricht man auch vom TCP/IP-Protocol. Dieses Protokoll bildet gewissermaßen den Untergrund jeder Internet-Anwendung. »TCP/IP-Verbindung« ist ein Synonym für »Internet-Verbindung«.

Das Point-to-Point-Protocol (PPP) ermöglicht eine TCP/IP-Verbindung über Modem und Telefonleitung und löst allmählich das Serial Line Internet Protocol (SLIP) ab.

Telnet ist ein Terminal-Emulations-Protokoll und ermöglicht es Ihnen, fremde Rechner fernzusteuern; vor allem in Bibliotheken vorhanden.

Das File Transfer Protocol (FTP) hilft Ihnen, Dateien von FTP-Servern herunterzuladen oder auf sie heraufzuladen.

Provider: eigentlich »Versorger«. Unternehmen, die sowohl für Benutzer als auch für Anbieter einen Internet-Zugang zur Verfügung stellen.

Proxy-Server: ein spezieller Server mancher Provider. Er kann den Zugriff aufs World Wide Web beschleunigen, weil er Web-Seiten, die über ihn aufgerufen werden, zwischenspeichert. Wollen Sie eine Seite im WWW ansteuern, dann »schaut« der Proxy-Server erst einmal auf seiner Festplatte nach, ob die Seite dort schon vorliegt. Wenn ja, schickt er sie Ihnen sofort und braucht sie nicht erst im Internet zu suchen und zu übertragen.

Public Domain: Software, die frei vertrieben und kopiert werden darf.

Schnittstelle: Verbindungspunkt zwischen Geräten. Der Drucker etwa wird an die parallele Schnittstelle angeschlossen, das Modem und die Maus an serielle Schnittstellen.

Server: Computer, in dem Daten gespeichert sind, auf die andere Computer (Clients) zugreifen können.

Shareware: urheberrechtlich geschützte Software, die meist für eine bestimmte Zeit kostenlos benutzt werden darf, um sie auszuprobieren. Nach der Prüfzeit wird eine geringe Gebühr fällig. Dafür erhält der Nutzer eine Lizenz und in der Regel ein Handbuch.

SIMM, Single Inline Memory Module: moderner Speicherbaustein, bei dem nicht mehr zwei Reihen von Chipbeinchen in die Speicherbänke gesteckt werden müssen, sondern nur noch eine Leiste.

SLIP: siehe *Protokoll.*

Speicherbank: PCs haben mindestens zwei Speicherbänke mit jeweils zwei Steckplätzen. In die Steckplätze werden die SIMMs gesteckt. Damit der 64-Bit-Zugriff auf den Arbeitsspeicher möglich ist, muß mindestens eine Speicherbank, also zwei Steckplätze, vollständig bestückt sein. Wenn Sie 8 Megabyte installieren wollen, müssen Sie demnach zwei 4-MB-SIMMs in je einen Steckplatz stecken.

SRAM, Static Random Access Memory: ultraschnelle Speicherbausteine, deren Inhalt nicht immer wiederaufgefrischt werden muß. Typische Anwendung von SRAMs sind Cache-Speicher. Siehe auch: *DRAM*, *Cache-Speicher.*

Suchmaschinen: Internet-Server, die helfen, Internet-Adressen nach eingegebenen Suchbegriffen zu finden. Die beste Suchmaschine finden Sie unter der Adresse *http://altavista.digital.com*. Eine Zusammenstellung von wichtigen Suchmaschinen finden Sie unter den Adressen *http://www.search.com* und *http://home.netscape.com/home/internet-search.html*

TCO: wichtige ergonomische Norm, die noch geringere Strahlenemissionswerte zuläßt als MPR II. Die Norm TCO 92 ergänzt TCO um einen Energiesparaspekt und verlangt ein sogenanntes Power

Management von Monitoren. TCO 95 ist der heutige Stand der Dinge in Sachen Ergonomie und Ökologie. Siehe auch: *MPR II*.

TCP/IP: siehe *Protokoll*.

Telnet: siehe *Protokoll*.

URL, Uniform Resource Locator: siehe *Internet-Adresse*.

WWW, World Wide Web: die Multimedia-Oberfläche des Internet; sie beruht auf Hypertext. Siehe auch: *HTML*, *HTTP*.

Zeilenfrequenz: siehe *Horizontalfrequenz*.

Register

Campus Architektur

Dieter Hoffmann-Axthelm
Anleitung zum Stadtumbau
1996. 276 Seiten mit 36 s/w-Abbildungen
ISBN 3-593-35577-9

Florian Marten
Kaputtgeplant
Das Elend der Raum- und Stadtplanung
1997. 307 Seiten mit 26 Abbildungen
ISBN 3-593-35702-X

Walter Brune
Die Stadtgalerie
Ein Beitrag zur Wiederbelebung der Innenstädte
1996. 240 Seiten mit 200 teilweise farbigen Abbildungen
ISBN 3-593-35479-9

Francis D.K. Ching
Bildlexikon der Architektur
1996. 319 Seiten mit über 5000 Illustrationen, gebunden
ISBN 3-593-35579-5

Ulf Jonak
Die Frankfurter Skyline
1997. Ca. 130 Seiten mit ca. 80 Abbildungen
ISBN 3-593-35822-0

Campus Verlag · Frankfurt/New York